上海师范大学智库培育项目(2020)

休闲研究专著系列

长三角41个城市休闲化发展研究报告(2020)

THE ANNUAL REPORT ON URBAN RECREATION ALIZATION

DEVELOPMENT IN YANGTZE RIVER DELTA (2020)

楼嘉军　毛润泽　陈享尔　郭　薇　等　著

上海交通大学出版社
SHANGHAI JIAO TONG UNIVERSITY PRESS

内容提要

　　本书由上海师范大学与华东师范大学联合组成的"长三角城市休闲化指数"课题组发布的第二份我国区域层面的城市休闲化发展研究报告。本报告以理论模型和实证分析相结合的研究方式,从经济与产业发展、休闲服务与接待、休闲生活与消费、休闲空间与环境、交通设施与安全等五个维度,对长三角地区沪苏浙皖三省一市的41个地级及以上城市休闲化指数进行深入分析。本书由三部分组成。第一部分是总报告,包括绪论、研究对象与研究方法,以及城市休闲化报告等内容。第二部分是城市休闲化指数分类报告,包括分类指数评价与分析,以及长三角41个城市各自的休闲化指数评价与分析等内容。第三部分是专题研究。

　　本书可用作高等院校旅游、休闲、会展、文化以及社会学等专业师生的参考教材,也适合作为旅游管理、文化产业管理和城市公共服务管理部门的参考用书。

图书在版编目(CIP)数据

　　长三角41个城市休闲化发展研究报告. 2020 / 楼嘉
军等著. —上海:上海交通大学出版社,2021.11
　　ISBN 978 - 7 - 313 - 25430 - 6

　　Ⅰ.①长… Ⅱ.①楼… Ⅲ.①长江三角洲-城市-闲
暇社会学-研究报告- 2020 Ⅳ.①D669.3

　　中国版本图书馆 CIP 数据核字(2021)第 183945 号

长三角 **41** 个城市休闲化发展研究报告(**2020**)
CHANGSANJIAO 41 GE CHENGSHI XIUXIANHUA FAZHAN YANJIU BAOGAO (2020)

著　　者:楼嘉军　毛润泽　陈享尔　郭　薇　等

出版发行:上海交通大学出版社		地　　址:上海市番禺路 951 号
邮政编码:200030		电　　话:021 - 64071208
印　　制:上海景条印刷有限公司		经　　销:全国新华书店
开　　本:710 mm×1000 mm　1/16		印　　张:14.75
字　　数:181 千字		
版　　次:2021 年 11 月第 1 版		印　　次:2021 年 11 月第 1 次印刷
书　　号:ISBN 978 - 7 - 313 - 25430 - 6		
定　　价:68.00 元		

前　言

　　《长三角41个城市休闲化发展研究报告(2020)》由上海师范大学休闲与旅游研究中心和华东师范大学工商管理学院休闲研究中心联合组成的"长三角城市休闲化指数"课题组共同编制而成。是继2019年后,课题组为适应长三角区域一体化发展的现实需要推出的第二份基于我国区域层面的城市休闲化发展研究报告,以期为推动本地区城市休闲高质量发展提供决策参考与实践指导。

　　2020年8月20日,习近平总书记在合肥主持召开扎实推进长三角一体化发展座谈会,提出长三角发展要紧扣一体化和高质量两个关键词,推动实现国内大循环的主体作用,以改革开放的姿态向国内国际双循环发力,在夯实绿色发展基础上,补齐民生短板,在旅游观光、文化体验等方面率先实现"同城待遇"。全面实施长三角一体化发展国家战略,发挥龙头带动作用,成为我国经济建设、社会、文化等发展中的榜样。长三角一体化不仅是经济政策发展的一体化,更需要关注城市建设、文旅融合、社会发展的一体化推进,需要在一体化发展进程中关注城市居民幸福感和获得感。城市休闲化发展是实现美好生活向往的重要抓手。在长三角一体化发展进程中,积极完善城市休闲功能配置,释放城市休闲消费能力,推动社会生活高质量发展,将是未来长三角区域发展的重要议题。

本报告由以下三部分组成。第一部分是,总报告,包括绪论、研究对象与评价方法,以及城市休闲化报告等内容。第二部分是,城市休闲化指数分析,包括分类指数评价与分析、41个城市休闲化指数评价与分析等内容。第三部分是,专题研究。本报告得出以下几个结论。

从综合排名看,上海、杭州、苏州、南京和宁波排名前5位,六安、亳州、阜阳、淮北和宿州居于后5位。进入排行榜前5位的城市,在城市休闲化结构的协调性方面较为明显,因而能够成为长三角城市休闲化发展的领先城市。而位居综合排名后5位的城市在城市休闲化发展的各个方面还有较大发展潜力。

从五个维度的分类排名看,上海、苏州、南京、无锡和杭州排名经济与产业分类指数的前5位;上海、杭州、苏州、宁波和南京排名休闲服务与接待分类指数的前5位;上海、杭州、苏州、宁波和金华排名休闲生活与消费分类指数的前5位;上海、南京、杭州、宁波和苏州名列休闲空间与环境分类指数的前5位;上海、苏州、杭州、温州和南京排名交通设施与规模分类指数的前5位。

从城市之间的比较看,长三角城市之间的休闲化发展水平差异非常明显,排名第一的上海休闲化发展指数远超长三角其他城市。例如,城市排名中第一与末位的城市休闲化指数测度值差距依然有11倍。要完全实现长三角城市休闲化指数发展的和谐与均衡性目标,依然任重道远。从省份比较看,休闲化指数得分同地区GDP发展水平表现出较高的一致性。浙江省整体城市休闲化水平处于领先状态,安徽省整体城市休闲化水平相对滞后,这一现状也充分体现了社会经济发展水平是决定城市休闲化发展程度的重要前提条件。

从空间格局看,长三角区域内部城市休闲化水平发展存在较大的差异性,东部沿沪宁与沪杭甬通道两侧的城市休闲化水平相对领先,长江以北的苏北和皖北地区明显滞后,西部片区的城市休闲化水平介于东部与北部之间。课题组指出,各城市要依据自身条件,加强政策引领和保障,突破长三角城市休闲化发展不均衡的问题。

从城市级别看,41个被列入观察的城市中,苏州、宁波2个城市虽然不是省会城市,但由于其自身经济条件较好,所以在城市的休闲化指数综合排名方面,高于安徽的省会城市合肥。

从城市规模看,城市规模与城市休闲化发展水平之间存在一定的关系。排名前5名的城市,都是长三角地区经济最发达的城市,而且也属于超大或大型城市。而位列后5位的城市,总体上看经济发展比较薄弱,也是属于中型城市或小型城市。显然,至少在目前及今后一段时间内,城市规模越大,城市休闲化指数排名越靠前,提高城市休闲化发展质量的条件与优势越显著。这一现象与我国当前城市经济发展水平以及城市发展质量的分布态势基本吻合。

本报告提出,在新冠肺炎疫情防控常态化下,今后几年长三角城市休闲化将出现以下几大变化。

第一,在习近平总书记"人民城市人民建,人民城市为人民"重要理念的指引下,长三角一体化进程中将更加关注城市居民的幸福感、获得感和安全感,城市休闲功能配置将得到优化,长三角城市休闲化发展的均衡性与充分性将得到进一步体现。

第二,在以国内大循环为主体,国内国际双循环相互促进的新发展格局下,长三角城市居民的文化、旅游、体育等休闲消费潜力将得到进一步释放。长三角区域数字娱乐、夜间旅游、康体休闲、周边乡村度假等休闲消费市场将加速升温,城市居民休闲生活呈现出多样化、品质化、个性化特点。

第三,长三角将加速从"全域旅游"迈向"全域休闲"。上海、杭州、苏州、南京和宁波等 5 座城市,将有可能成为长三角率先进入全域休闲时代的城市。

本报告撰写分工如下。第一部分,由楼嘉军、毛润泽、陈享尔等负责完成。第二部分,由毛润泽、陈享尔、楼嘉军、郭薇等负责完成。第三部分,由王慎军、华钢、刘松等负责完成。此外,参加本报告沙龙讨论与材料收集的还有施蓓琦、马建瑜、李丽梅、马茜茜、贾增慧等。

2020 年度报告得以顺利完成,与课题组全体成员近一年来的辛勤工作,以及以上各位老师和研究生同学的全力配合密不可分。作为课题负责人,在此我谨向他们表示诚挚的敬意与真诚的感谢。《长三角 41 个城市休闲化发展研究报告(2020)》是 2020 年度上海师范大学智库培育项目,感谢上海师范大学康年副校长对该项目给予的无微不至的关怀;感谢宋波处长对该项目的支持与帮助,在此深表谢意。同时,还要感谢上海交通大学出版社的倪华老师和张勇老师对本报告的出版与审校工作付出的心血。由于本报告有关长三角 41 个城市休闲化发展水平的评价工作涉及的研究数据采集量比较大,来源又多元化,加上我们认识的局限性,在理论阐述、数据处理、材料分析等方面难免会存在不足,敬请学者与读者批评指正。

上海师范大学特聘教授、

上海师范大学休闲与旅游研究中心主任:

楼嘉军

2021 年 8 月

目 录

第一部分 总报告

1

第二部分　长三角 41 个地级及以上城市休闲化指数分析

第三部分　专题研究

第一部分

总报告

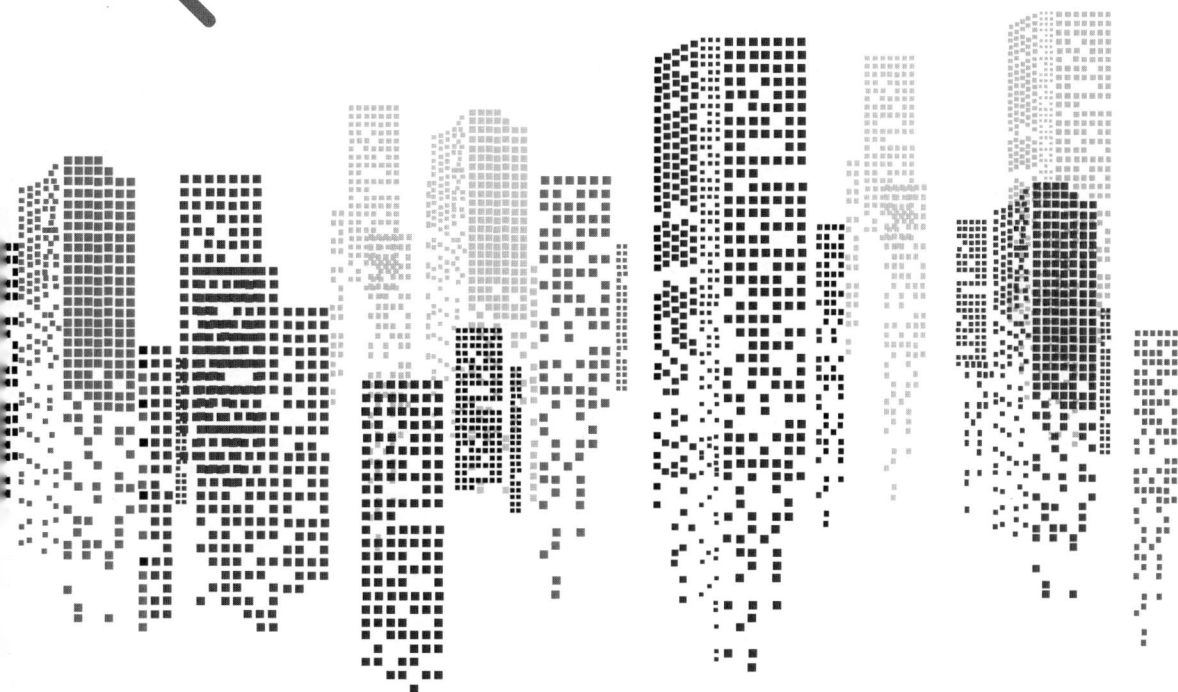

第一章 绪 论

长三角地区是我国经济发展最活跃、开放程度最高、创新能力最强的区域之一，具有人才富集、科技水平高、制造业发达、产业链供应链相对完备及市场潜力大等诸多优势。其经济总量约占全国的四分之一，有条件也有责任在加快形成以国内大循环为主体、国内国际双循环相互促进的新发展格局中先行探路、率先突破。立足于国家发展大局，扭住扩大内需战略基点，着力畅通区域"小循环"，努力成为国内大循环的中心节点、国内国际双循环的战略链接，为全国构建新发展格局注入强劲活跃的新动能。

长三角地区有坚实的城市休闲化发展基础，是"一带一路"和长江经济带的重要交汇点，在国家现代化建设大局和全方位开放格局中具有举足轻重的战略地位。长三角地区从基础设施到公共服务，从疫情防控到创新协同，亮点频现。疫情期间，杭州率先推出"健康码"助力防疫复工，随后长三角又推进"健康码"互通互认，支持产业链恢复运转，"数字长三角"领跑全国。长三角地区在抓好常态化疫情防控的前提下，落实党中央出台的各项政策，扎实做好"六稳"工作、全面落实"六保"任务。当前，长三角一体化发展已进入全方位加速推进的新阶段。

2019 年 12 月 1 日，中共中央、国务院印发了《长江三角洲区域一体化发展规划纲要》。《纲要》指出：到 2025 年，长三角一体化发展将取得实质性进展，在科创产业、基础设施、生态环境、公共服务等领域基本实现一体化发展。自党中央作出长三角一体化发展重大战略部署以来，三省一市推出了 30 多项一体化制度创新，签订了 120 多项合作协议，建设了 60 多个合作平台。从基础设施联通到公共服务基本均等化，从产业集群发展到创新要素集聚发力，从深入改革到扩大对外开放，规划政策体系"四梁八柱"稳步构建，长三角一体化高质量发展迈出稳健步伐。2020 年 8 月 20 日，国家主席习近平在合肥主持召开扎实推进长三角一体化发展座谈会并发表重要讲话。他强调，要深刻认识长三角区域在国家经济社会发展中的地位和作用，结合长三角一体化发展面临的新形势新要求，坚持目标导向、问题导向相统一，紧扣一体化和高质量两个关键词抓好重点工作，真抓实干、埋头苦干，推动长三角一体化发展不断取得成效。在习近平总书记"人民城市人民建，人民城市为人民"重要理念的指引下，长三角一体化进程中将更加关注城市居民的幸福感、获得感和安全感，城市休闲功能配置将得到优化，长三角城市休闲化发展的均衡性与充分性将得到进一步体现。本章将基于城市休闲化系统视角，从长三角居民消费方式、产业结构、城市功能、公共基础设施和生态环境五个方面阐述长三角城市的休闲化发展。

一、长三角居民消费方式休闲化

生产与消费是内生循环系统，消费高质量发展是经济高质量发展不可分割的重要内容。消费规模特别是居民消费规模是大国经济持续稳定增长的必要条件。近些年来，我国消费增速虽逐渐降低，但消费对经济发展所起的基础性作用却日益增强。以 2013 至 2018 年的数据为例，中国社会消费品零售总额增速由 13.1％降至 9.0％。与此同时，最终消费支出却对 GDP 增长的贡献率由 50.0％增加至 76.2％。城市的主导功能越来越多地向消费功能转化，消费发展在区域竞争格局中的作用日益重要。长三角城市群是中国城镇集聚程度最高、经济最发达的城市化地区。该区域整体处于后工业化阶段,其消费格局能较好地反映未来区域经济竞争格局,并能为城市群发展和区域一体化提供理论及实践支撑。面对新冠肺炎疫情带来的严峻考验及复杂多变的国内外环境,长三角地区坚持疫情防控和经济发展两手抓、两促进,区域"双循环"新发展格局正在加速构建,新兴动能扎实稳步推进,高质量一体化发展动能持续增强,经济运行质量不断改善。

在以国内大循环为主体,国内国际双循环相互促进的新发展格局背景下,长三角城市居民的文化、旅游、体育等休闲消费潜力将得到进一步释放。长三角区域数字娱乐、康体休闲、夜间旅游、周边乡村度假等休闲消费市场将加速升温,城市居民休闲生活呈现出多样化、品质化、个性化特点。随着我国对外开放程度的不断提升,我国居民消费受到了很大影响,这种影响不仅表现在物质产品全球化流动,即通过投资、贸易等方式对居民的收入、就业产生影响,进而导致居民消费行为发生变化;而且还表现在精神产品全球化流动,即通过国际间文化、体育、旅游和互联网等交流影响居民消费偏好,进而使居民消费行为发生改变。总的来看,相比于物质产品全球化流动,精神产品全球化流动对长三角地区居民消费影响程度相对明显,尤其是对电力、燃气、水的生产和供应业部门消费,以及交通运输和仓储业、文化、体育和娱乐业、金融保险业、旅游业、邮政业等其他社会服务业的影响更加显著。

随着疫情防控常态化,市场消费明显回暖,消费逐步复苏。2020 年前三季度,长三角区域社会消费品零售总额达 6.92 万亿元,比去年同期下降4.0%,降幅比全国小 3.2 个百分点,比上半年收窄 3.8 个百分点。上海、浙江、江苏和安徽降幅分别比上半年收窄 6.6、4.7、1.4 和 3.0 个百分点。疫情影响之下,人民生活仍在持续改善。2020 年前三季度,长三角居民人均可支配收入比去年同期增长 4.1%,增速比上半年提高 0.9 个百分点,略高于全国 0.2 个百分点。上海、江苏、浙江和安徽分别同比增长 3.5%、4.0%、4.1%和 6.0%。从城市来看,上海居民人均可支配收入为 54 126 元,在长三角城市中最高;杭州为 48 735 元、苏州为 47 151 元,分列第二、三位;安徽多个城市增速领先,9 个城市保持在 6.0%以上增长。在新的发展背景之下,长三角加速从"全域旅游"迈向"全域休闲"。上海、杭州、苏州、南京和宁波等 5 座城市,将有可能成为长三角率先进入全域休闲时代的城市。

新型消费在长三角地区呈现引领态势。2020 年前三季度,上海人均消费支出高居榜首,网络零售、智能配送、网络生鲜等在线新零售方式爆发式增长,全市网上零售额比去年同期增长 4.7%,占社会消费品零售总额的比重为 16.2%,占比提高 2.5 个百分点。江苏"无接触配送"为特点的网络消费快速发展。前三季度,全省限额以上批零企业通过公共网络实现商品零售额同比增长 30.5%,比上半年加快 4.7 个百分点。限额以上住餐企业通过公共网络实现餐费收入同比增长 49.9%,加快 11.4 个百分点。浙江新型消费高速增长,线上消费表现活跃,前三季度网络零售同比增长 12.1%。省内居民网络消费同比增长 9.1%。前三季度,安徽社会消费品零售总额整体增幅居全国首位,新业态表现持续活跃。限额以上线上商品零售额增长 28.7%,通过网络实现餐费收入增长 60.3%,快递业务量增长 39.5%。

二、长三角产业结构休闲化

面对国内外风险挑战明显上升的复杂局面,长三角地区全面落实长三角一体化发展国家战略,坚持稳中求进工作总基调,落实高质量发展要求,经济增长保持韧性,深入实施创新驱动发展战略,新旧动能加快转换,经济结构持续优化。数据显示,长三角地区人均地区生产总值超过中等收入国家水平。其内部发展水平不均衡,上海明显高于浙江和江苏,已向发达国家水平迈进。从产业增加值构成看,与国际标准相比,长三角地区第二产业比重继续下降,但占比仍然较高,第一产业偏低,第三产业贡献比重上升。如果与一些发达国家大都市同等发展水平时期的产业结构比,上海第三产业比重较高,与国际标准比,就业人员数量偏高,说明上海服务业的经济效率略低。

长三角地区实体经济基础良好,产业链条相对完善,参与国际化程度相对较高。在新一轮高质量发展过程中,在中美贸易摩擦加剧、全球制造业投资和贸易规则重构的大背景下,长三角地区率先参与到国际规则的制定及完善过程中,尤其是通过深化自贸区试点改革,加快对标国际最高标准,打造科创高地。整个长三角地区现拥有 146 家国家级开发区和 320 家省级开发区,产业体系较为完善,但长三角地区的产业结构具有较高的相似性。以长三角 41 个城市在"十三五"规划中的产业规划为例,有 36 个城市将金融业作为优先发展的产业,26 个城市将汽车产业作为优势产业或重点发展产业。因此,以产业布局一体化破解同质化竞争,推动科技创新水平,提高城市产业能级的任务就显得尤为紧迫。目前,由三省一市联合编制的"长三角产业和创新资源标识图"进展迅速,将成为后续产业布局的有力支撑。G60 科创走廊作为产业协同发展示范区,将"一廊一核九城"组建成为全国首个跨省实体化运作的一体化发展集群。

长三角地区生产总值增长走势与全国基本保持一致,经济增速总体快于全国水平。2020 年前三季度,长三角地区生产总值 17.46 万亿元,按可比价格计算,比去年同期增长 2.0%,增速比上半年提高 1.8 个百分点。长三角地区生产总值增速高于全国 1.3 个百分点,地区生产总值占全国比重为 24.2%,比去年同期提高 0.6 个百分点。从产业看,长三角地区第一产业增加值 5 680 亿元,比去年同期增长 1.1%,增速低于全国 1.2 个百分点;第二产业增加值 68 887 亿元,增长 1.4%,增速高于全国 0.5 个百分点;第三产业增加值 100 037 亿元,增长 2.5%,增速高于全国 2.1 个百分点。分省市看,上海市地区生产总值 27 302 亿元,比去年同期下降 0.3%,降幅比上半年收窄 2.3 个百分点;江苏省地区生产总值 73 809 亿元,同比增长 2.5%,增速比上半年提高 1.6 个百分点;浙江省地区生产总值 45 826 亿元,增长 2.3%,增速提高 1.8 个百分点;安徽省地区生产总值 27 668 亿元,增长 2.5%,增速提高 1.8 个百分点。

　　长三角区域主要指标增速较上半年均有所回升,但在各地呈现出不同特点。上海市场消费领域有明显回升,工业与服务业领域仍待加强,投资领域依然保持领先地位。上海市场消费领域在上半年表现乏力,社会消费品零售总额呈两位数下降,但在三季度末已有明显好转,降幅小于江苏、浙江两省,规模以上工业增加值与规模以上服务业企业营业收入增速仍未转正,落后于其余三省。上海固定资产投资突破两位数增长。同时,江苏房地产业恢复较快,但固定资产投资仍然表现乏力。前三季度,浙江规模以上服务业持续领先,企业营业收入同比增长 8.9%;利润降幅逐步收窄,同比下降 0.9%,而其他省市均保持两位数下降;江苏商品房销售面积增速高于长三角其他省市,同比增长 7.1%。固定资产投资依然处于下降通道,比去年同期下降 1.7%,其余省市均保持增长;安徽工业与货物进出口增速保持领先,利用外资增势相对较弱。规模以上工业增加值与货物进出口的增速分别为 3.9% 和 13.1%。

　　长三角地区规模以上服务业恢复增长。2020 年前三季度,长三角区域规模以上服务业企业营业收入 5.24 万亿元,比去年同期增长 1.7%,增速比上半年提高 2.6 个百分点。其中,江苏规模以上服务业企业营业收入比去年同期增长 0.7%,增速比上半年提高 3.7 个百分点;浙江增长 8.9%,增速提高 3.9 个百分点;安徽增长 4.0%,增速提高 4.9 个百分点;上海比去年同期下降2.6%,降幅比上半年收窄3.0个百分点。

受新冠肺炎疫情影响,2020年长三角地区部分产业领域的全面恢复存在一定压力。旅游业及相关行业发展受疫情影响较深,9月份的上海旅客发送量比去年同月下降25.3%,前三季度累计降幅为50.8%;1—8月份,江苏航空运输业营业收入同比下降48.0%;安徽民航、铁路、公路旅客运输量在前三季度分别下降40.2%、36.1%、52.4%,旅游接待人数、旅游总收入分别下降52.7%、60.8%。受此影响,住宿餐饮业经营处于低迷状态。上海住宿餐饮业零售额在前三季度同比下降25.4%;江苏住宿业营业额下降23.3%;浙江住宿和餐饮业营业额下降12.7%;安徽住宿业、餐饮业营业额分别下降19.3%、6.6%。与此同时,文化娱乐行业降幅较大,上海文化、体育和娱乐业营业收入在前三季度同比下降20.6%;1—8月份,江苏娱乐业、广播电视电影和录音制作业、文化艺术业分别下降16.2%、49.6%、43.1%;安徽规模以上文化、体育和娱乐业企业营业收入下降29.0%。

三、长三角城市功能休闲化

2018年《长三角地区一体化发展三年行动计划(2018—2020)》指出:长三角一体化建设目标是成为具有全球影响力、竞争力的世界级城市群。世界级城市群是当今世界经济活力和竞争的核心区。国际公认的五大世界级城市群包括美国东北部大西洋城市群、北美五大湖城市群、英国伦敦城市群、欧洲西北部城市群和日本太平洋城市群,目前均已形成产业互补、金融集聚、产业链齐全的城市群体系。从全球范围城市群的实践经验来看,城市群一体化发展的着力点在于政府规划引导、顶层设计推进、产业定位精准,上下游协同发展、金融资源集聚及创新优化配置。

长三角城市群从全球维度来看,其发展质量及国际竞争力仍有待提升。产业层面，长三角城市群高技术和服务经济发展相对滞后，城市间分工协作不够，低水平、同质化竞争重；金融层面，尽管上海已基本形成多层次、全类型的金融市场体系，上交所、上期所等市场的交易规模都已位居全球前列，但各类金融市场发育程度存在较大差距，数量优于质量。上海金融市场的定价影响力和全球资源配置能力都相对较弱，并且与周边地区的金融联系和辐射能力有待进一步增强。

长三角城市群在上海、江苏、浙江、安徽范围内，由以上海为核心、联系紧密的多个城市组成，主要分布于国家"两横三纵"城市化格局的优化开发和重点开发区域。长三角城市群规划的一个新亮点是"一核四带五圈"的网络化空间格局。一核就是上海；"四带"就是沪宁合杭甬发展带；"五圈"就是南京都市圈、杭州都市圈、合肥都市圈、苏锡常都市圈与宁波都市圈。

长三角城市群从公路时代走向大桥时代、高铁时代，城市群域的"同城效应"日益显著。原先的合肥、南京、上海、杭州、宁波等核心城市形成的"Z"形发展格局正在发生新变化。像"四带"所代表的沪宁合杭甬发展带，依托沪汉蓉、沪杭甬通道，发挥上海、南京、杭州、合肥、宁波等中心城市要素集聚和综合服务优势。

上海的城市首位度只占全国 GDP 不到 5%，与发达国家相比差距较大，如纽约占 24%，东京占 26%，伦敦占 22%，首尔占 26%。目前落户上海的世界 500 强企业总部仅为纽约的 10%，外国人口占常住人口比重仅为 0.9%。一般性加工制造和服务业比重过高，国际经济、金融、贸易和航运中心功能建设滞后，上海"大城市病"也较为突出。从长三角城市群规划来看，上海未来的目标定位是提升全球城市功能，引领长三角城市群一体化发展，提升服务长江经济带和"一带一路"等国家战略的能力。2017 年 12 月 15 日，《上海市城市总体规划（2017—2035 年）》（简称"上海

2035")获得国务院批复原则同意。"上海2035"以习近平新时代中国特色社会主义思想为指导,全面贯彻党的"十九大"精神,全面对接"两个阶段"战略安排,全面落实创新、协调、绿色、开放、共享的发展理念,明确了上海至2035年并远景展望至2050年的总体目标、发展模式、空间格局、发展任务和主要举措,为上海未来发展描绘了美好蓝图。

未来,上海的核心任务是加快提升上海核心竞争力和综合服务功能,加快建设具有全球影响力的科技创新中心,发挥浦东新区引领作用,推动非核心功能疏解,推进与苏州、无锡、南通、宁波、嘉兴、舟山等周边城市协同发展等。不同于上海,南京的定位是中心城市,打造与镇江、扬州抱团式发展的都市圈,加快建设南京江北新区,辐射带动淮安等市发展,促进与合肥都市圈融合发展。按照规划,杭州的目标定位是加快建设杭州国家自主创新示范区和跨境电子商务综合试验区、湖州国家生态文明先行示范区,建设全国经济转型升级和改革创新的先行区,与嘉兴、湖州、绍兴形成一个都市圈。而刚被划入并融入长三角格局的合肥,在推进长江经济带国家战略中发挥承东启西的区位优势和创新资源富集优势,打造区域增长新引擎。

休闲产业的发展离不开城市功能的配套与完善,长三角城市的功能正在经历三个转型:第一,城市的规划,从建筑布局向城市空间规划转型。第二,城市的建设,从建造房子向建设城市转型。第三,城市的管理,从依法管理向城市生活品牌打造转型。

四、长三角公共基础设施休闲化

区域一体化的本质是实现资源要素的无障碍自由流动和地区间的全方位开放合作。通过有效一体化,使长三角三省一市形成合力,其最终实现高质量发展。而各地区之间的公共服务和基础设施的不均等化,正是阻碍区域内各生产要素自由流动的重要原因之一。作为我国经济最具活力、开放程度最高、创新能力最强、吸纳外来人口最多的区域之一，长三角地区"底子深厚"，在此基础上实施基础服务和公共设施均等化的探索，其社会风险及政治风险是最小的。因此，在《长江三角洲区域一体化发展规划纲要》（以下简称《纲要》）中指出，当前长三角地区重大基础设施基本联通。交通干线密度较高，省际高速公路基本贯通，区域机场群体系基本建立。光纤宽带、4G 网络等信息基础设施水平在全国领先。

与此同时，区域内仍存在发展不平衡不充分、跨区域共建共享共保共治机制尚不健全等短板，基础设施、生态环境、公共服务一体化发展水平有待提高。为此，《纲要》明确提出"基础设施互联互通基本实现"的发展目标，具体包括：轨道上的长三角基本建成，省际公路通达能力进一步提升，世界级机场群体系基本形成，港口群联动协作成效显著。能源安全供应和互济互保能力明显提高，新一代信息设施率先布局成网，安全可控的水网工程体系基本建成，重要江河骨干堤防全面达标。在提升基础设施互联互通水平的部分，《纲要》把协同建设一体化综合交通体系放在了第一节。在协同建设一体化综合交通体系中，《纲要》提到共建轨道上的长三角、提升省际公路通达能力、合力打造世界级机场群、协同推进港口航道建设四方面。在共建轨道上的长三角方面，指出要加快建设集高速铁路、普速铁路、城际铁路、市域（郊）铁路、城市轨道交通于一体的现代轨道交通运输体系，构建高品质快速轨道交通网。在合力打造世界级机场群方面，《纲要》提出要规划建设南通新机场，成为上海国际航空枢纽的重要组成部分。《纲要》还指出，要共同打造数字长三角，其中重点提到要协同建设新一代信息基础设施，包括加快推进 5G 网络建设、深入推进 IPv6 规模部署、加快量子通信产业发展等内容。

当前长三角基础设施互联互通水平已得到显著提升，但仍存在枢纽分工协作水平不高和国际竞争力不强等问题。而就长三角内部基础设施网络看,"东强西弱"、"南密北疏"不均衡问题亟待解决。根据 2020 年 4 月 2 日印发的《长江三角洲地区交通运输更高质量一体化发展规划》,到 2025 年要以长三角一体化为重点构建长三角地区现代化综合交通运输体系,加强基础设施建设水平和互联互通,铁路密度达 507 km/万平方公里,高速公路密度达 500 km/万平方公里,中心城市之间享受 1～1.5 小时客运服务,世界级机场群和港口群全球竞争能力显著增强;大幅提升智能绿色安全发展水平,大城市中心城区绿色出行分担率超过 65％等。生态优先、绿色发展,基本建成"轨道上的长三角"。

长三角实施基础服务和公共设施均等化是长三角城市休闲化的重要保障,只有保证了公共基础设施的供应,长三角城市才能实现休闲化发展。

五、长三角生态环境休闲化

长三角区域四省市时空一体、山水相连,生态环境休戚相关。此外,长三角区域内城市频繁举办具有国际性影响的大型活动,合力开展大气环境保障的任务十分繁重。这些都要求长三角地区要构建区域生态环境保护共同体,协调一致开展污染防治和生态环境保护。在长三角区域一体化发展上升为国家战略、大力推进生态文明建设、打好污染防治攻坚战的大背景下,深化长三角区域生态环境保护协作,构建生态环境保护共同体,实现生态环境保护工作一体化,是亟待加强的一项重点工作。

2018 年,长三角区域生态环境协同保护进入了新阶段,包括分阶段提前实施了船舶排放控制区措施,提前落实了国六油品升级,制定方案深化了重污染天气区域应急联动,联合制定实施了首个区域秋冬季大气污染综合治理攻坚行动方案,印发实施了太浦河水质预警联动方案等。同年 6

月,三省一市信用办及环保部门于长三角地区主要领导座谈会期间签署了《长三角地区环境保护领域实施信用联合奖惩合作备忘录》,发布首个区域严重失信行为认定标准、联合惩戒措施。在安徽合肥召开的长三角区域大气污染防治协作小组办公室厅局长例会提出,2019 年,将以长三角一体化发展上升为国家战略为契机,深度开展长江生态治理与保护等区域生态环境联合研究,共同破解共性环境问题;同时探索推进区域标准统一,在目前实践基础上尽可能向高标准看齐;加强区域流动源联合监管,改善区域交通结构。

2019 年,三省一市政府分管副省(市)长联合签署《加强长三角临界地区省级以下生态环境协作机制建设工作备忘录》;上海市青浦区、江苏省苏州市吴江区、浙江省嘉兴市嘉善县政府主要负责同志联合签署《关于一体化生态环境综合治理工作合作框架协议》;太湖流域管理局,上海市、江苏省、浙江省水利(水务)和生态环境部门主要负责同志联合签署《太湖流域水生态环境综合治理信息共享备忘录》。

长三角区域在区域大气污染联防联控、水污染综合防治、跨界污染应急处置、区域危废环境管理等方面做了大量积极探索,摸索建立了一套良好的生态环境保护协商机制,为区域环境共治共建共享打下了坚实基础。生态环境共保联治持续深化。长三角生态环保信息互认、标准相通、治理协同等工作机制加快完善。2020 年上半年,空气质量优良天数比例达84.1%,同比提高 10.5 个百分点,PM2.5 平均浓度下降 21.3%,333 个地表水国考断面水质优Ⅲ类及以上比例达 85.9%,区域大气和水环境质量持续改善。

目前,长三角地区持续加强生态环境共治,打造践行"绿水青山就是金山银山"理念的长三角样板。坚决抓好长江十年禁渔的贯彻落实,做好退捕渔民安置保障工作。狠抓生态环境突出问题整改,大力推进沿江城镇污水垃圾、化工园区污染、农业面源污染、船舶污染和上中游尾矿库污染等生态环境污染治理的"4＋1"工程。率先完成新一轮长江入河排污口排查并开展整治行动。建设环太湖城乡有机废弃物处理利用示范区,探索形成垃圾焚烧发电市场化运作模式。制定一体化示范区重点跨界水体联保方案,加快推进饮用水水源地保护提升、污水处理厂扩容、河湖生态环境综合整治。

长三角区域三省一市相互毗邻,生态环境问题休戚相关。放眼整个长三角,除了共同治水,聚焦生态环保产业发展外,三省一市还在其他生态领域不断寻求合作,深耕项目培育,致力于为长三角居民提供"绿色"的休闲空间。

第二章 指标体系与评价方法

第一节 指标体系

为保证数据的持续性和可比性,2020 年长三角城市休闲化指数继续沿用以往的指标体系,共包括经济与产业发展、休闲服务与接待、休闲生活与消费、休闲空间与环境、交通设施与规模在内的 5 个一级指标、10 个二级指标,共计 31 个三级指标(见表 2-1)。评价方法沿用了《中国城市休闲化报告》的算法框架,使得城市间的数据可以进行横向和纵向对比。

表 2-1 长三角城市休闲化评价指标体系

一级指标	二级指标	三级指标	单位	变量	属性
经济与产业发展	经济水平	地区生产总值	亿元	X1	正向
		人均生产总值	元	X2	正向
	城市化水平	城市化率	％	X3	正向
	产业发展	第三产业占地区生产总值比重	％	X4	正向
		第三产业就业人数占全部就业人数的比重	％	X5	正向
		社会消费品零售总额	亿元	X6	正向
		住宿和餐饮业零售总额	亿元	X7	正向
		批发、零售、住宿和餐饮业从业人数	万人	X8	正向
		限额以上批发、零售、住宿和餐饮业企业个数	个	X9	正向

（续表）

一级指标	二级指标	三 级 指 标	单位	变量	属性
休闲服务与接待	文化设施	每百人公共图书馆藏书	册/件	X10	正向
		剧场、影剧院个数	个	X11	正向
		国家重点文物保护单位数量	个	X12	正向
	休闲旅游接待	星级饭店数量	个	X13	正向
		国家4A级及以上景区数量	个	X14	正向
		公园个数	个	X15	正向
	游客接待规模	国内旅游人数	万人次	X16	正向
		入境旅游人数	万人次	X17	正向
休闲生活与消费	居民消费	城镇居民家庭恩格尔系数	%	X18	负向
		城市居民人均可支配收入	元	X19	正向
		城市居民消费价格指数（以上一年为100）	%	X20	正向
		城市居民家庭人均消费性支出	元	X21	正向
		城市居民人均家庭设备用品及服务消费支出	元	X22	正向
		城市居民人均医疗保健消费支出	元	X23	正向
		城市居民人均交通通信消费支出	元	X24	正向
		城市居民人均教育文化娱乐服务消费支出	元	X25	正向
休闲空间与环境	城市绿化	城市（建成区）绿化覆盖率	%	X26	正向
		城市绿地面积	公顷	X27	正向
		公园绿地面积	公顷	X28	正向
	环境荣誉	国家荣誉称号数	个	X29	正向
交通设施与规模	城市交通	公共汽车、电车客运量	万人次/年	X30	正向
		公路运输客运量	万人次/年	X31	正向

第一类，经济与产业发展。主要反映地区城市居民进行休闲消费的宏观经济产业环境，包括地区生产总值、人均生产总值、城市化率、第三产业占地区生产总值比重、第三产业就业人数占全部就业人数的比重、社会消费品零售总额、住宿和餐饮业零售总额、批发/零售/住宿和餐饮业从业人数及限额以上批发/零售/住宿和餐饮业企业个数在内的 9 个指标。这是影响城市休闲化发展的先决条件。

第二类，休闲服务与接待。主要反映城市为满足本地居民的休闲需求和外来游客的旅游需求而提供的休闲服务设施规模以及城市的休闲接待能力，包括每百人公共图书馆藏书、剧场/影剧院个数、国家重点文物保护单位数量、星级饭店数量、国家 4A 级及以上景区数量、公园个数、国内旅游人数和入境旅游人数在内的 8 个指标。这是表征一座城市休闲功能水平的重要指标，是城市休闲化发展的内在驱动力。

第三类，休闲生活与消费。主要反映城市居民的休闲生活质量和休闲消费结构，包括城市居民家庭恩格尔系数、城市居民人均可支配收入、城市居民消费价格指数、城市居民家庭人均消费支出、城市居民人均家庭设备用品及服务消费支出、城市居民人均医疗保健消费支出、城市居民人均交通通信消费支出、城市居民人均教育文化娱乐服务消费支出在内的 8 个指标。这是城市居民休闲生活质量的体现，是城市休闲化发展的核心内容。

第四类，休闲空间与环境。主要反映地区城市居民的居住条件、城市荣誉以及城市绿化环境等，包括城市（建成区）绿化覆盖率、城市绿地面积、公园绿地面积和国家荣誉称号数在内的 4 个指标。这是构成本地居民与外来游客从事户外游憩活动的基本条件，是促进城市休闲化发展的重要载体。

第五类，交通设施与规模。主要反映城市内外交通的通畅程度，包括公共汽车和电车客运量、公路运输客运量在内的 2 个指标。这是城市本地居民和外来游客开展休闲活动的前提，是城市休闲化发展的基础条件。

第二节　研究对象与评价方法

一、研究对象

本报告选取长三角地区沪苏浙皖三省一市地级及以上城市为研究对象,其中包括上海市 1 个直辖市、江苏省 13 个地级市、浙江省 11 个地级市和安徽省 16 个地级市,共计 41 个城市。见表 2-2。

表 2-2　长三角地区地级及以上城市分布

省　份	地级及以上城市	数量
上海市	上海	1
江苏省	南京、无锡、徐州、常州、苏州、南通、连云港、淮安、盐城、扬州、镇江、泰州、宿迁	13
浙江省	杭州、宁波、温州、嘉兴、湖州、绍兴、金华、衢州、舟山、台州、丽水	11
安徽省	合肥、淮北、亳州、宿州、阜阳、蚌埠、淮南、滁州、六安、芜湖、马鞍山、铜陵、安庆、池州、宣城、黄山	16

本报告中的数据均来自《中国统计年鉴》《中国城市统计年鉴》《上海市统计年鉴》《江苏省统计年鉴》《浙江省统计年鉴》《安徽省统计年鉴》,以及苏浙皖三省各地级市统计年鉴或国民经济和社会发展统计公报等国家、省级及地区有关管理部门公开出版或发布的统计数据。

二、评价方法

(一)数据处理

本研究所有指标口径概念均与国家统计局制定的城市基本情况统计

制度保持一致,以保证评价结果的客观公正性。按照评价指导思想与评价原则要求,所有指标分为两类,一是正向指标,即指标数据越大,评价结果越好;二是负向指标,即这类指标的数值与评价结果成反向影响关系,即指标数值越大,评价结果就越差。本报告中"城镇居民家庭恩格尔系数"就属于负向指标。本研究对负向指标进行一致化处理,转换成正向指标,具体采用如下公式。

$$X' = \frac{1}{x}(x > 1)$$

对所有负向指标的 X 数据进行变化,统一为正向指标。

(二)指标赋权方法

在以往相关研究文献中,计算权重通常采用主观判断法和客观分析法。前者通过对专家评分结果进行数学分析实现定性到定量的转化,后者则通过提取统计数据本身的客观信息来确定权重。主观判断法对先验理论有很强的依赖性,受调查者往往以某种先验理论或对某种行为的既定认识来确定指标权重,所以使用主观判断法会造成指标选取和权重确定上的主观性和随意性,从而降低综合评价分析的科学性。客观分析法是通过对评价指标数据本身的客观信息进行提取分析,从而确定权重大小,其特点是客观性强,但其忽略了专家经验在确定权重中应用的重要性,赋权结果有时说服力不强。

在本指标体系中由于指标较多,数据信息量较大,为避免数据处理的失真,本文主要按照客观分析法,依靠可得性客观数据,并运用基于客观数据分析的"差异驱动"原理,对长三角 41 个城市的休闲相关变量进行赋权,目的在于消除人为因素的影响,提高评价的科学性。本研究将指标变量数列的变异系数记为

$$V_j = S_j / \overline{X}_j$$

其中 $\overline{X}_j = \dfrac{1}{41} \sum_{i=1}^{41} X_{ij}$

$$S_j = \sqrt{\frac{1}{41} \sum_{i=1}^{41} (X_{ij} - \overline{X}_j)^2} \ (i=1,\ 2,\ 3,\ \cdots,\ 41;$$

$$j = 1,\ 2,\ 3,\ \cdots,\ 31)$$

由此,变量的权重为:

$$\lambda_j = \frac{V_j}{\sum\limits_{j=1}^{31} V_j} \tag{2-1}$$

（三）综合评价模型

变量集聚是简化城市休闲化评价指标体系(Urban Recreationalization Index,简称 URI)的有效手段,即指数大小不仅取决于独立变量的作用,也取决于各变量之间形成的集聚效应。非线性机制整体效应的存在,客观上要求经济与产业发展(EI)、休闲服务与接待(SH)、休闲生活与消费(LC)、休闲空间与环境(SE)、交通设施与规模(TS)全面协调发展,产生协同作用。

本评价指标根据柯布道格拉斯函数式构建如下评价模型。

$$\mathrm{URI} = EI_j^a + \mathrm{SH}_j^b + \mathrm{LC}_j^c + \mathrm{SE}_j^d + \mathrm{TS}_j^e \tag{2-2}$$

式中,a、b、c、d、e 分别表示经济与产业发展、休闲服务与接待、休闲生活与消费、休闲空间与环境、交通设施与规模的偏弹性系数。从式(2-2)中可以看出,该函数体现的是城市休闲化各变量指标之间的非线性集聚机制,强调了城市休闲化各指标协调发展的重要性。

在指标数据处理上,由于评价指标含义不同,各指标量纲处理差异比较大,所以不能直接使用各指标数值进行评价。为了使数据具有可比性,

采用最大元素基准法对指标数据进行无量纲处理,将实际能力指标值转化为相对指标,即:

$$Y_{ij} = X_{ij} / \max_{\substack{1 \leqslant j \leqslant 31 \\ 1 \leqslant i \leqslant 41}} [X_{ij}]$$

经过处理后的城市休闲化评价模型为:

$$URI = \sum_{j=1}^{9} Y_{ij}^a + \sum_{j=10}^{17} Y_{ij}^b + \sum_{j=18}^{25} Y_{ij}^c$$
$$+ \sum_{j=26}^{29} Y_{ij}^d + \sum_{j=30}^{31} Y_{ij}^e \qquad (2-3)$$

总的来说,城市休闲化评价指标的非线性组合评价法具有以下特点。一是强调了城市休闲化评价指标变量间的相关性及交互作用;二是着眼于系统性观点,突出了评价变量中较弱变量的约束作用,充分体现了城市休闲化水平的"短板效应",即城市休闲化水平就像 31 块长短不同的木板组成的木桶,木桶的盛水量取决于长度最短的那块木板;三是采用了指数形式,导致变量权重的作用步入线性评价法明显,但对于变量的变动却比线性评价法更为敏感。

第三章 长三角 41 个地级及以上城市休闲化评价报告

第一节 城市休闲化指数综合评价

根据对经济与产业发展、休闲服务与接待、休闲生活与消费、休闲空间与环境、交通设施与规模等五个方面,共计 31 个指标相关数据的统计与分析,得出了长三角 41 个城市 2020 年城市休闲化发展指数的综合结果。其中,上海、杭州、苏州、南京和宁波排名前 5 位[①],表明其城市休闲化程度位居长三角前列。这一排名也与上述城市在长三角地区内的社会经济发展排名相符合,体现了经济与休闲互动发展的和谐特征。无锡、温州、合肥、金华、绍兴综合得分排名在第 6 至第 10 位,表明这些城市休闲化发展的和谐性、均衡性也比较显著,进而能够成为长三角城市休闲化发展水平居于较领先地位的城市。相比较而言,安徽省的六安、亳州、阜阳、淮北和宿州综合评价分值相对较低,位列综合排名的后 5 位,反映了这 5 个城市在城市休闲化发展的整体性方面还存在比较明显的薄弱环节,发展的任务比较艰巨。见图 3-1。

[①] 此图以评价值为第一的城市作为 100 进行绘制,下同。

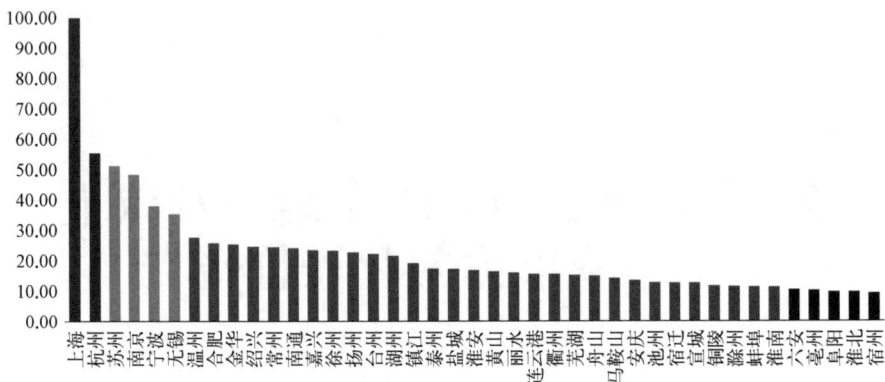

图 3-1　长三角 41 个城市休闲化综合水平排名

第二节　城市休闲化指数
分类指标评价

一、经济与产业发展

经济与产业发展是促进城市休闲化发展的前提条件。从经济与产业分类指数看，上海、苏州、南京、无锡和杭州排名前 5 位，表明上述城市经济发展实力雄厚，为城市休闲化发展奠定了扎实的基础。而六安、亳州、淮北、池州、宿州等城市则位列后 5 位，表明经济发展的相对薄弱制约了上述城市休闲化发展的水平。见图 3-2。

二、休闲服务与接待

城市的休闲文化、娱乐、旅游等设施是重要的休闲消费场所，依靠各种休闲消费场所形成的接待规模是城市休闲吸引力的重要表现。在城市休闲服务与接待分类指数排名中，上海、杭州、苏州、宁波、南京进入前 5

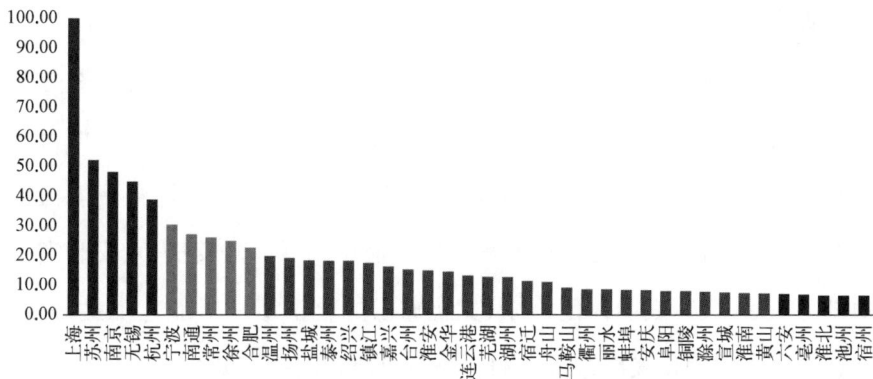

图 3-2 长三角 41 个城市经济与产业发展水平排名

位,表明 5 个城市休闲娱乐和文旅融合发展结构相对成熟,休闲文化产业
发展的整体性优势比较明显。而铜陵、宿州、滁州、阜阳和淮北则位居后 5
位,虽然以上城市在文化、旅游方面一些具体指标上体现一定的优势,但
是在整体性发展方面存在不少明显的缺陷,以致影响了休闲服务与接待
维度的排名。见图 3-3。

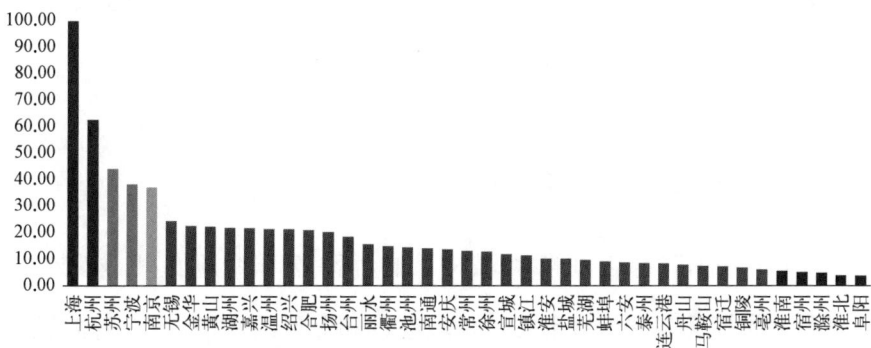

图 3-3 长三角 41 个城市休闲服务与接待水平排名

三、休闲生活与消费

城市居民的消费支出结构、家庭恩格尔系数、人均可支配收入、消费
价格指数、家庭人均消费性支出是反映城市休闲化质量的关键指标。在 5

个一级指标中,各城市在休闲生活与消费上的差距最为平缓,由此可见,长三角 41 个城市在该指标上的得分较为均衡。从休闲生活与消费分类指数排名看,上海、杭州、苏州、宁波、金华排名前 5 位,反映了上述城市休闲娱乐和文旅市场繁荣,本地居民用于与休闲相关的综合性消费能力比较强,而外来游客消费支出也比较旺盛。而阜阳、蚌埠、安庆、六安和宿州则排名最后 5 位,表明休闲娱乐、文化旅游综合消费相对能力不足,是以上这些城市休闲化发展过程中的一个突出瓶颈因素。见图 3-4。

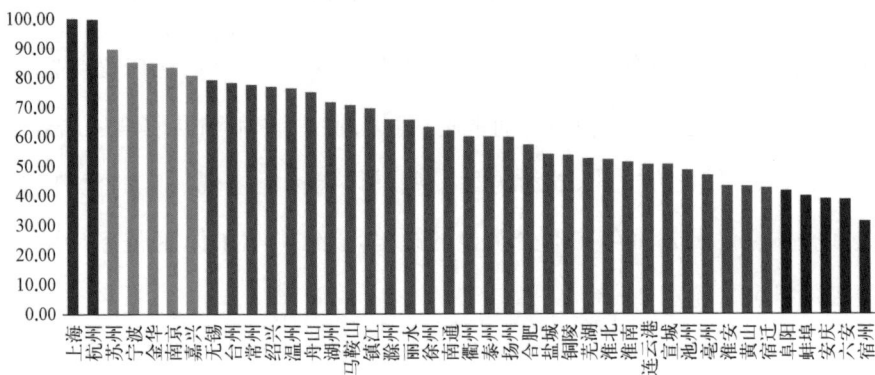

图 3-4　长三角 41 个城市休闲生活与消费水平排名

四、休闲空间与环境

城市(建成区)绿化覆盖率、城市绿地面积、公园绿地面积、国家荣誉称号数等指标代表一个城市自然环境建设和发展的水平,成为衡量居民与游客从事户外游憩活动载体环境质量的重要指数。从休闲空间与环境分类指数排名看,上海、南京、杭州、宁波和苏州名列前 5 位。而宣城、阜阳、池州、六安和滁州则处于排名的最后 5 位,一定程度上表明以上 5 个城市在户外游憩环境总体质量方面还存在一些不尽如人意的地方,成为上述城市休闲化发展的短板。见图 3-5。

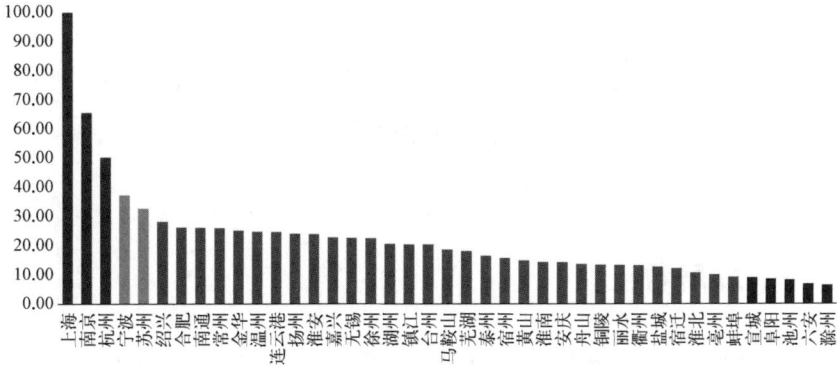

图 3-5　长三角 41 个城市休闲空间与环境水平排名

五、交通设施与规模

交通设施与规模是城市休闲化发展的基础条件。从交通设施与规模分类指数看，上海、苏州、杭州、温州和南京排名前 5 位。交通条件完善，交通枢纽功能强大，使得上述城市居民在本地日常的休闲活动与外来游客在当地的旅游观光活动能够互动协调发展。而丽水、马鞍山、铜陵、淮北和池州位居最后 5 位。上述城市交通设施与规模评价指数相对较弱，对本地居民从事日常的休闲娱乐活动以及外来游客开展观光度假活动都会产生相应的抑制作用。见图 3-6。

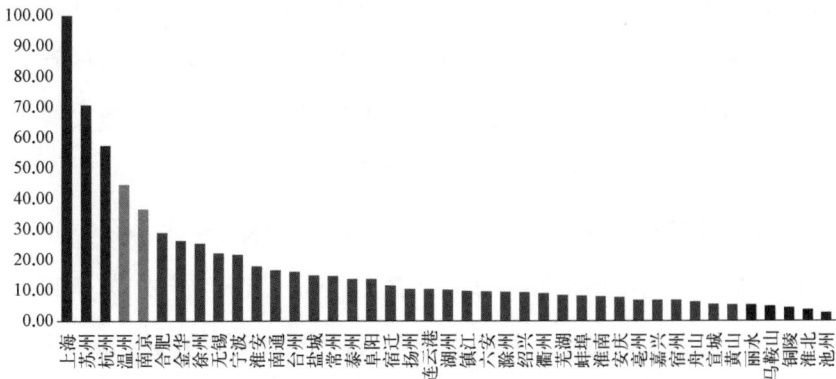

图 3-6　长三角 41 个城市交通设施与规模水平排名

第三节　长三角 41 个城市休闲化
发展特征与趋势

一、发展特征

通过对数据的梳理与分析，可以发现 2020 年长三角 41 个城市的休闲化水平呈现如下特征。

第一，从整体发展水平看，长三角地区 41 个城市的休闲化水平呈持续稳步增长态势，其中上海、杭州、苏州、南京、宁波稳居前五。与 2019 年相比，苏州赶超南京，位次前进一名。

第二，从城市之间的比较看，长三角地区 41 个城市之间的休闲化发展水平差距依然非常显著。例如，综合排名第一的城市与位于末位的城市之间休闲化指数测度值差距达到 11 倍之多。显而易见，要完全实现长三角地区 41 个城市之间休闲化指数发展的和谐性与均衡性目标，任务很艰巨，需要花费较长时间，付出较大努力。

第三，从省市之间的比较看，休闲化指数得分同地区生产总值发展水平之间表现出较高的一致性。在三省一市中，上海、江苏和浙江社会经济发展水平总体较高，而安徽省的发展水平相对低一些。因此，安徽省城市休闲化水平整体上相对滞后，这一现状也充分体现了社会经济发展水平是决定城市休闲化发展程度的重要前提条件。

第四，从空间分布看，长三角地区 41 个城市休闲化水平在空间上也呈现较明显的不均衡性特征。总体上看，以上海、杭州、宁波、苏州和南京为代表的长三角地区的超大和特大城市与位于长三角地区西部和北部地区的大型或中等城市之间的休闲化发展水平存在明显差距。具体而言，江苏省的苏南地区和浙江省的杭州湾沿岸地区城市休闲化发展程度相对较好,江苏省的苏北地区和浙江省的西南地区相对弱一些;安徽省的皖南地区相比于皖北地区的发展也要略胜一筹。

第五,从城市规模看,位于综合排名前七位的城市,都是长三角地区的超大或特大型城市,排在后五位的城市大都属于人口规模 300 万以下的 II 型大城市。也就是说,在现阶段城市规模与城市休闲化发展水平密切相关,城市规模越大,休闲化水平越高;反之,则相对较低。

二、发展趋势

在新冠疫情常态防控下,中央及时提出构建"国内国际双循环相互促进的新发展格局"。习总书记强调,面对严峻复杂的形势,要更好推动长三角一体化发展,必须深刻认识长三角区域在国家经济社会发展中的地位和作用,长三角区域要率先形成新发展格局。根据观察,今后几年长三角城市休闲化将出现以下几大变化。

第一,在习近平总书记"人民城市人民建,人民城市为人民"重要理念的指引下,在长三角一体化进程中将更加关注城市居民的幸福感、获得感和安全感,城市休闲功能建设将进一步优化,城市休闲设施配置将进一步均衡化,城市休闲化水平提升与休闲化质量发展的均衡性与充分性也将得到进一步体现。

第二,在以国内大循环为主体,国内国际双循环相互促进的新发展格局下,长三角城市居民的文化、旅游、体育等休闲消费潜力将得到进一步释放。长三角区域数字娱乐、夜间旅游、康体休闲、周边乡村度假等休闲消费市场将加速升温,城市居民休闲生活呈现出多样化、品质化、个性化特点。

第三,在新冠肺炎疫情防控常态化的背景下,长三角将加速从"全域旅游"迈向"全域休闲"。上海、杭州、苏州、南京和宁波等 5 座城市,将有可能成为长三角率先进入全域休闲时代的城市。

第四章　分类指数评价与分析

第一节　经济与产业发展

一、经济水平

（一）地区生产总值

地区生产总值是反映一座城市经济综合发展能力的重要指标，也是影响城市休闲化发展指数高低的重要因素。根据对长三角 41 个城市地区生产总值的统计，上海、苏州、杭州、南京和无锡排名前五。其中，上海市地区生产总值最高，超过 3 万亿元。

从具体排列看，大致可以分成以下几个层次。第一层次是 3 万亿以上，仅有上海一个。第二层次 1.5～2 万亿之间，有苏州一个城市。第三层次是 1～1.5 万亿之间，有杭州、南京、无锡、宁波 4 个城市。第四层次是 0.5～1 万亿元之间，有南通、合肥、常州等 9 个城市。第五层次是 0.1～0.5 万亿元之间，有台州、嘉兴、金华等 23 座城市。第六层次是 0.1 万亿元以下，有淮北、池州和黄山 3 座城市。各城市在地区生产总值指标上表现出较大差异，如城市地区生产总值最高的上海与最低的黄山之间相差将近 50 倍。见图 4-1。

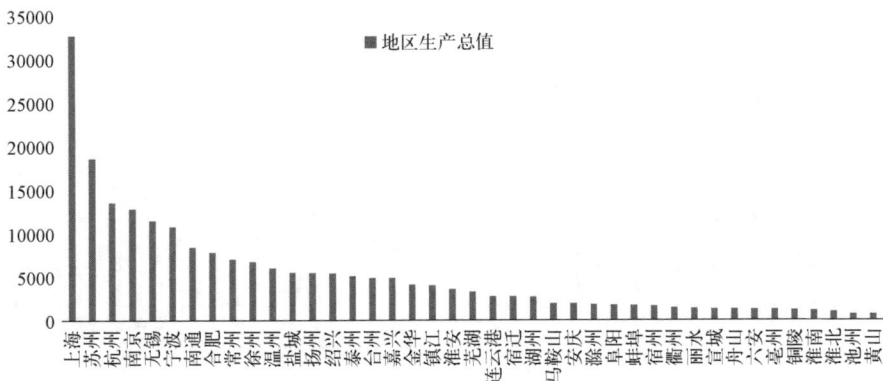

图 4-1　长三角 41 个城市地区生产总值排名一览图　单位：亿元

（二）人均生产总值

人均生产总值是观察城市发展重要的经济指标之一，也是衡量居民生活水平的一个重要标准，还可用作测度居民休闲消费能力的一个客观指标。根据长三角 41 个城市人均生产总值的实际状况进行排序，可以看清楚我国长三角地级以上城市人均生产总值分布的一个基本格局。无锡、苏州、南京、常州、杭州名列前 5 名。其中，居于前 4 位的均为江苏省的城市，浙江省省会城市杭州位列第 5 名。值得注意的是地区生产总值居于第一的上海，在人均生产总值的排名中则位列第 6 名，这一排名的变化从一个侧面揭示，上海在居民休闲生活质量提升方面还存在较大的发展空间。另外，各城市在人均生产总值指标上也存在一定的差异，如位居第一的无锡与排名末位的阜阳之间差距约为 8 倍，远小于各城市在地区生产总值方面的差距。见图 4-2。

二、城市化水平

城市化水平在一定意义上反映了城市规模不断扩大的过程，涵盖了经济规模、人口规模、用地规模三个方面。自改革开放以来，我国城市化

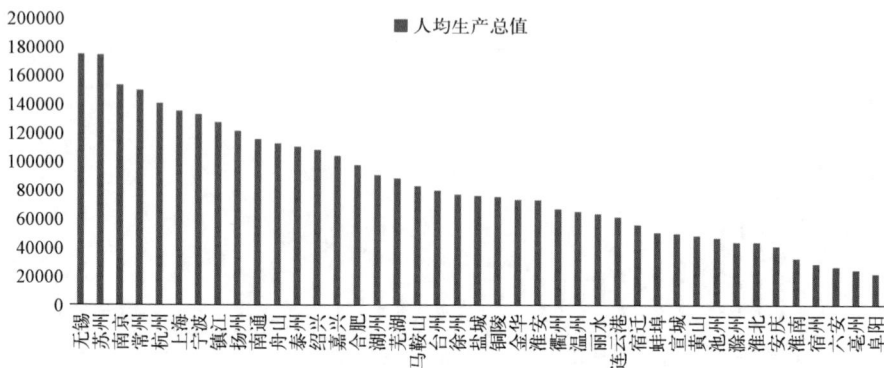

图 4-2　长三角 41 个城市人均生产总值排名一览图　单位：元

水平的发展已取得长足进步。在 2018 年，上海和南京的城市化水平突破 80%，而达到 70% 以上的城市有 10 座城市。总体来看，长三角 41 座地级以上城市的城市化水平较高，均值为 61.83%。见图 4-3。

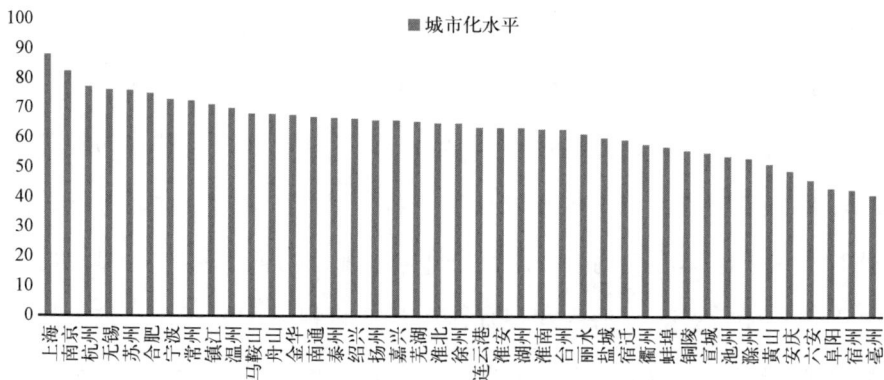

图 4-3　长三角 41 个城市的城市化水平一览图　单位：%

三、产业发展

（一）第三产业占地区生产总值比重

一般来说，如果一个城市的服务业产出占到地区生产总值总量达 50%，就意味着这个城市的产业结构开始以服务经济为主；如果比重达到

60％,就可以认为基本形成了以服务经济为主的产业结构。第三产业包含了旅游娱乐、文化、艺术教育和科学等以提供非物质性产品为主的部门。在现阶段,居民各种形式的休闲活动几乎涉及所有的第三产业门类。一方面,第三产业的发展为居民休闲活动的发展创造了条件;另一方面,居民休闲活动的深入,也促进了第三产业的优化发展。根据统计材料整理,在各城市第三产业占地区生产总值的比重分布中可以发现,上海、杭州、南京、温州和黄山位居前5名。见图4-4。

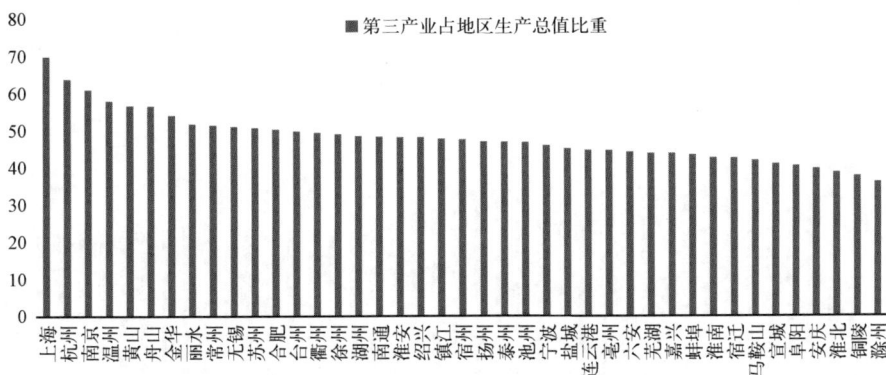

图4-4　长三角41个城市第三产业占地区
生产总值比重一览图　单位:％

据统计,2018年我国长三角地区41个地级以上城市中,已有12座城市第三产业占地区生产总值比重达50％以上,约占总数的29％。其中,上海、南京、杭州均已超过60％。当然,也需要指出,长三角地区各城市之间在第三产业占地区生产总值比重方面也存在一定的不平衡性,例如还有4座城市的占比低于40％,而且都在安徽省内。总体上看,近年来以服务经济为主的第三产业的快速发展,也为长三角各地级以上城市休闲产业的深入发展和居民休闲活动的转型升级奠定了扎实的基础。

（二）第三产业就业人数占全部就业人数比重

第三产业就业人数占全部就业人数的比重，通常反映了第三产业结构调整的进程和服务经济质量的高低。目前我国第三产业发展相对落后，第三产业就业较低且地区发展不均衡。由于第三产业主要以服务业为主，就业人数在一定程度上反映了城市休闲产业发展的状况。我国长三角地区各地级及以上城市第三产业就业人数占全部就业人数的比重统计见图 4-5。其中，上海、南京、杭州、镇江、合肥排名前 5 位。

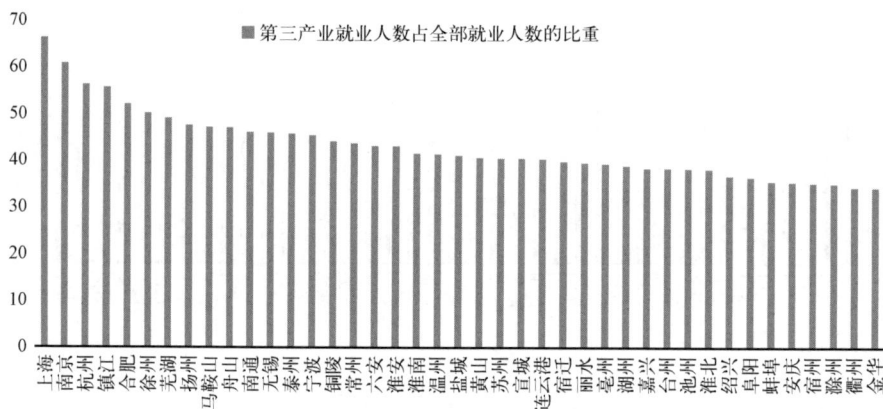

图 4-5　长三角 41 个城市第三产业就业人数占
全部就业人数的比重一览图　单位：％

上海、南京第三产业的就业人数占全部就业人数的比重已经超过60％，紧随其后的是杭州、镇江、合肥。上海是国内服务业最发达的城市，这与上海休闲产业发展的综合实力名列前茅相吻合。尤其值得一提的是，镇江则从原来的中等水平跃升至现在的前五，说明镇江市在包括休闲产业在内的第三产业的就业人数方面具有一定的发展优势，也凸显出近年来镇江市在休闲与旅游产业方面所取得的发展成效。另外，苏州、无锡等经济较发达的地区却在第三产业的就业人数占全部就业人数指标方面排名靠后,这说明在业态服务化和经济休闲化方面需要加快步伐。

（三）社会消费品零售总额

城市社会消费品零售额反映了一定时期内城市居民休闲物质文化生活水平的变化情况,也反映一座城市社会商品购买力的实现程度,以及零售市场规模和业态规模等状况,在国际上通常是作为衡量城市商业服务经济景气度的重要指标。从统计数据看,上海、南京、苏州、杭州、宁波居于前五位,其中上海社会消费品零售总额远超长三角其他城市,优势地位明显,见图4-6。

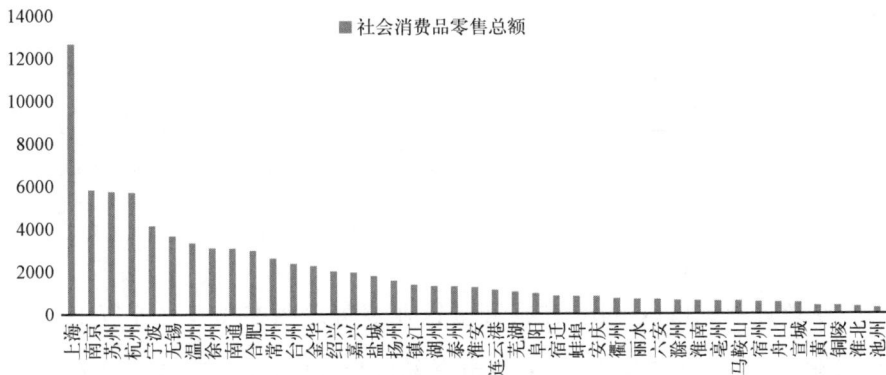

图4-6　长三角41个城市社会消费零售总额一览图　单位:亿元

从图4-6可以看出,上海在居民生活水平、商品购买力和市场规模等方面在国内城市中具有无可比拟的综合优势。排名第一的上海市社会消费品零售总额是第二名南京的两倍多,这说明除上海以外的长三角地级市社会消费品零售业发展较弱。从省份来看,江苏、浙江省整体排名靠前,而安徽省排名靠后,表明区域发展不平衡性显著。

（四）住宿和餐饮业零售总额

城市住宿和餐饮业零售总额是社会消费品零售总额进行分类的一

个统计。从居民日常休闲活动与游客各种形式的旅游消费活动看,或多或少都与住宿和餐饮服务业产生直接关系,所以从住宿和餐饮业零售总额入手,有助于进一步了解居民和游客在住宿与餐饮方面消费的状况。从各城市统计数据排名看,上海、苏州、南京、无锡和南通名列前5位。见图4-7。

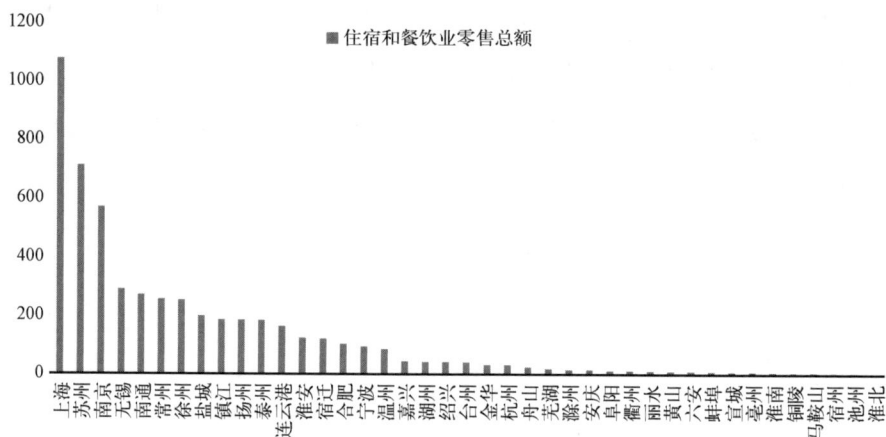

图4-7 长三角41个城市住宿和餐饮业零售总额一览图 单位:亿元

从统计数据可以看出,住宿和餐饮业零售总额在100亿元以上的有15座城市,其中江苏省13个地级市全部位列其中,这说明江苏省本地居民的日常休闲消费与外来游客的旅游消费水平都比较高。10亿元以下的城市有11个,且全部属于安徽省,表明该省区域内部的发展差距较为明显。

(五)批发、零售、住宿和餐饮业从业人数

批发、零售、住宿和餐饮业从业人员人数是第三产业的重要组成部分,也是劳动力聚集的行业。近年来各大城市批发、零售、住宿和餐饮行业随着经济的发展日益繁荣,行业结构日益优化,吸纳了大量劳动力就业,是提高城市就业率的重要渠道,也是城市居民休闲生活方式丰富、休闲消费能力提高的必然结果。各城市统计结果见图 4 - 8。其中,上海、无锡、南京、苏州、杭州名列前五名。

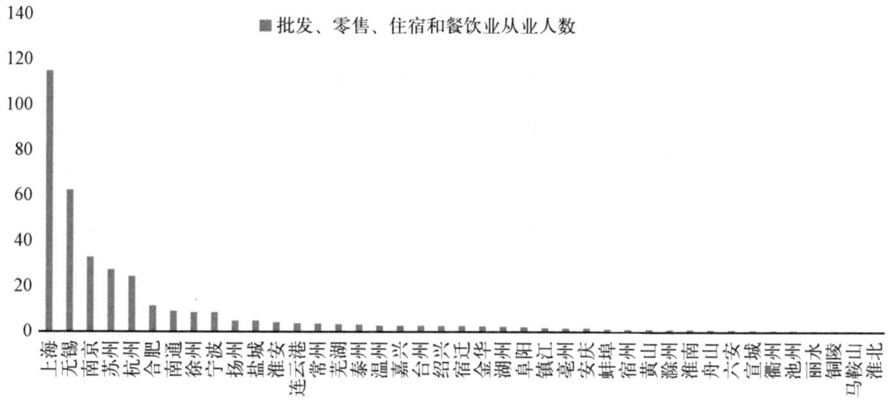

图 4 - 8　长三角 41 个城市批发、零售、住宿和
餐饮业从业人数一览图　单位:万人

从数据分析看,各地级市发展极不平衡。首先,上海在批发、零售、住宿和餐饮业的从业人数最多,这与上海休闲产业发达相符。其次,从层次上看,上海批零住餐就业人数在 100 万以上,属于第一层次,占总数的 32%。无锡批零住餐就业人数在 50 万以上,为第二层次,占总数的 17%。南京、苏州、杭州、合肥批零住餐就业人数在 10 万~50 万之间,是第三层次,占总数的 26%。第四层次为南通、徐州、宁波等 35 座城市批零住餐就业人数在 10 万以下,约占总数的 25%。此外,从差异上看,排名首位的上海批发、零售、住宿和餐饮业从业人员人数约为 114.95 万人,而末位的淮北约为 0.36 万人,两者相差 319 倍,表明了不同规模的城市之间差距悬殊。但是整体上来看,相较去年批发、零售、住宿和餐饮业从业人数略显下降。

（六）限额以上批发、零售、住宿和餐饮业企业个数

限额以上批发、零售、住宿和餐饮业企业个数反映了城市商业服务经

济发展的市场环境和产业态势,与城市本地居民与外来游客的休闲消费活动密切相关。限额以上评价内容主要由批发业、零售业、住宿业和餐饮业等内容构成。见表4-1。

表4-1 限额以上批发、零售、住宿和餐饮业的划分标准

行业类别	统计指标名称	计量单位	限额以上企业
批发业	年主营业务收入	万元	2 000 及以上
	年末从业人员	人	20 及以上
零售业	年主营业务收入	万元	500 及以上
	年末从业人员	人	60 及以上
餐饮业	年主营业务收入	万元	200 及以上
	年末从业人员	人	40 及以上
住宿业	是否已评定星级	—	一星级及以上
	或是否为旅游饭店	—	或为旅游饭店

各城市限额以上批发、零售、住宿和餐饮业企业个数统计见图4-9。其中,上海、杭州、宁波、苏州、南京名列前五名。

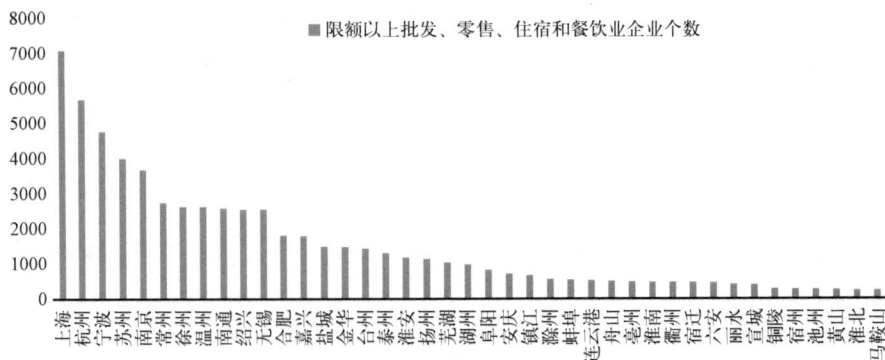

图4-9 长三角41个城市限额以上批发、零售、住宿
和餐饮业企业个数一览图 单位:个

从图 4-9 来看,上海在该项指标水平上遥遥领先,随后是杭州、宁波和苏州。宁波和苏州并非省会城市,但是在商业服务业方面发展突出,尤其是宁波,居民休闲活动与游客度假活动发展迅速,推动了城市休闲化发展。从企业数量上看,可以分成 5 个层次,上海、杭州限额以上批零住餐企业个数超过 5 000 个,属于第一层次,占总数的 20.09%;宁波、苏州、南京在第二个层次,占总数的 19.61%;常州、徐州、温州、南通、绍兴和无锡在第三层次,占总数的 24.67%;合肥、嘉兴、盐城等 9 个城市属于第四层次,占总数的 18.73%;湖州、阜阳、安庆等 21 个城市的限额以上批零住餐企业数量在 1 000 个以下,属于第五层次,占总数的 16.9%。

第二节　休闲服务与接待

一、文化设施

（一）每百人公共图书馆藏书

图书馆蕴藏着丰富的文化遗产密码,是人类社会教育、科学文化事业的重要组成部分,同时也是城市休闲文化产业服务体系的重要组成部分。图书馆担负着保存人类文化果实、开展社会教育、传递科技信息、开发资源的重要任务,长三角各地级及以上城市每百人公共图书馆藏书数量统计见图 4-10。上海、杭州、苏州、丽水、嘉兴位居前五位,其中,上海图书馆藏书数量遥遥领先,而舟山、阜阳、六安、淮南每百人公共图书馆藏书数量不到 20 册件。

值得注意的是,江苏省省会城市南京和安徽省省会城市合肥分别位于第 18 名和第 20 名,处于中等水平,需要引起相关部门高度重视。

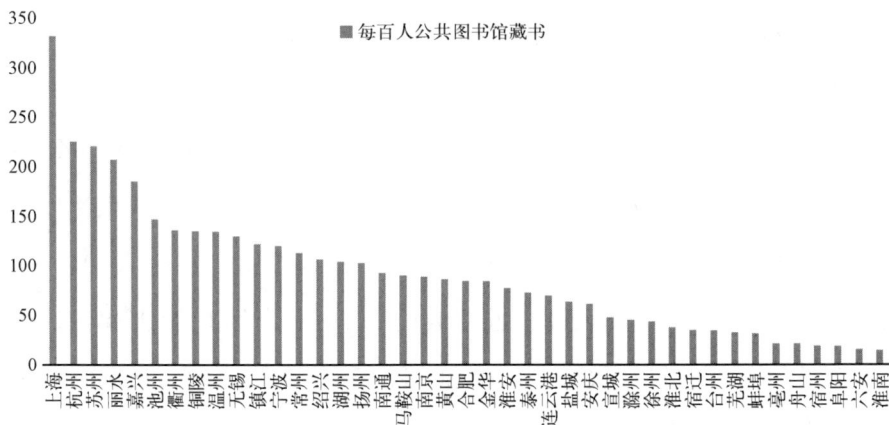

图 4 - 10 长三角 41 个城市每百人公共图书馆藏书一览图 单位：册/件

（二）剧场、影剧院个数

剧场、影剧院是城市居民和外来游客休闲娱乐的重要场所，还是多元文化沟通的载体和桥梁，在一定程度上代表了城市文化娱乐设施发展的水平。具体数据见图 4 - 11。其中，上海、杭州、宁波、南京、合肥位列前五名，而亳州、泰州、池州、滁州、徐州位于后五名。

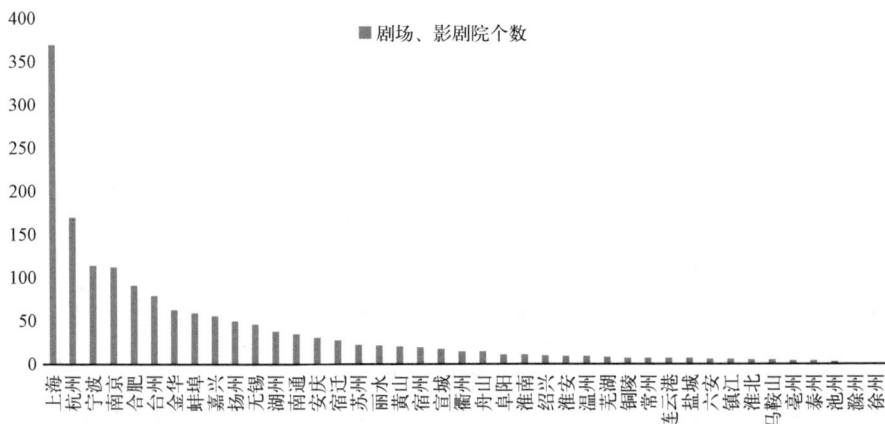

图 4 - 11 长三角 41 个城市剧场、影剧院个数一览图 单位：个

从统计数据可以看出，剧场、影剧院个数可以分成四个层次。上海、杭州、宁波、南京在 100 个以上，为第一层次，占总数的 47.96%；合肥、台

州、金华等 6 个城市在 50～100 个,属于第二层次,占总数的 24.92％;无锡、湖州、南通等 15 个城市在 10～50 个,属于第三层次,占总数的21.54％;淮安、温州、芜湖等 16 个城市剧场、影剧院个数在 10 个以下,属于第四层次,占总数的 5.57％。

（三）国家重点文物保护单位数量

我国历史悠久,拥有丰富的文化遗产。文物作为文化遗产的重要组成部分,对于社会主义精神文明建设具有深远的意义。根据 2002 年 10月 28 日第九届全国人民代表大会常务委员会第三十次会议通过的《中华人民共和国文物保护法》第十三条的规定,中国国务院所属的文物行政部门(国家文物局)在省、市、县级文物保护单位中,选择具有重大历史、艺术、科学价值者确定为全国重点文物保护单位,或者直接确定,并报国务院核定公布。因此,国家重点文物保护单位是具有重大历史、艺术、科学等价值的不可移动的文物,不仅是文化有形实体的体现,同时也传递了一座城市无形的历史文化,具有较高的价值内涵。一个城市的国家重点文物保护单位拥有量从一个方面客观地反映了该地区历史文化资源的丰富度,也从侧面体现了该地区精神文化的建设水平,这是城市休闲文化资源建设的重要基础。具体数据见图 4－12。苏州、南京、上海、杭州、无锡名列前 5 名,盐城、宿州、滁州、铜陵、阜阳位列后 5 名。

从数据可以看出,苏州作为我国著名历史文化名城和风景旅游城市,拥有 61 个国家重点文物保护单位,位列第一名,其中苏州园林被联合国教科文组织列为世界文化遗产。紧接着是中国四大古城之一的南京,拥有 56 个国家重点文物保护单位,它是首批国家历史文化名城,拥有历史悠久的文化遗址和纪念建筑。上海较往年名次排名进步,以 40 个国家重点文物保护单位的拥有量位居第三,说明江南传统吴越文化与西方传入的工业文化相融合形成的海派文化具有较大的发展潜力。

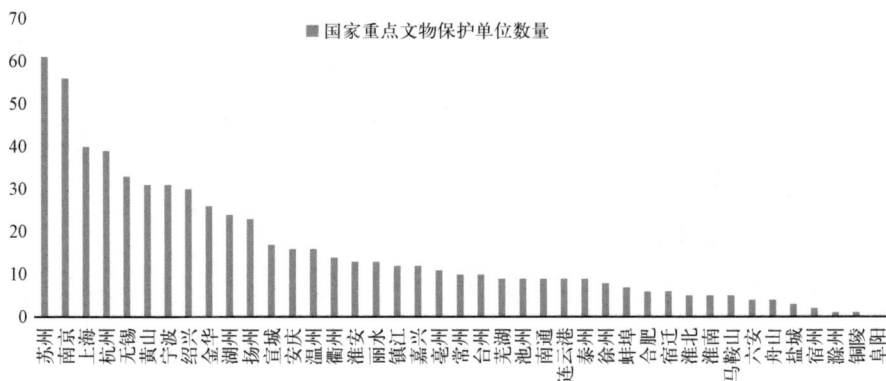

图 4-12　长三角 41 个城市国家重点文物保护单位数量一览图　单位：个

二、休闲旅游接待

(一)星级饭店数量

星级饭店是由原国家(省级)旅游局评定的能够以夜为时间单位向旅游客人提供配有餐饮及相关服务的住宿设施(按不同习惯也被称为宾馆、酒店、旅馆、旅社、宾舍、度假村、俱乐部、大厦、中心等),通常分为五个等级。一个城市的星级饭店数量在一定程度上反映了当地旅游发展水平和旅游接待服务能力。具体数据见图 4-13。其中,上海、杭州、宁波、苏州、

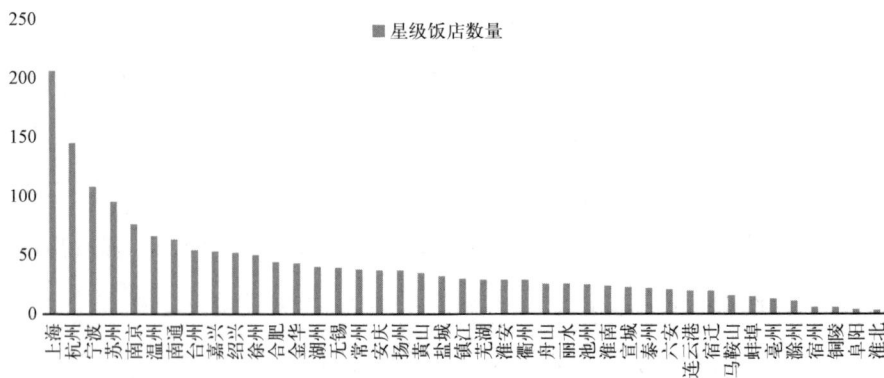

图 4-13　长三角 41 个城市星级饭店数量一览图　单位：座

南京位于前五名,滁州、宿州、铜陵、阜阳、淮北位列后五名。

从数据来看,上海、杭州和宁波的星级饭店数量均在 100 个以上,其中上海凭借 206 个星级饭店数量遥遥领先,表明上海在长三角地区内具备极强的旅游接待能力,这一现状与上海公务旅游、商务旅游、都市旅游及其他各种形式的中高档次旅游活动发达相吻合。在长三角 41 个城市中,有 30 座城市星级饭店数量在 50 家以下,表明它们在旅游接待方面具有较大的发展空间。

（二）国家 4A 级及以上景区数量

旅游景区是指以旅游及其相关活动为主要功能或主要功能之一的区域场所,能够满足游客参观游览、休闲度假、康乐健身等旅游需求,具备相应的旅游设施并提供相应的旅游服务的独立管理区。旅游景区是旅游业的核心要素,是旅游产品的主体成分,是旅游产业链中的中心环节,是旅游消费的吸引中心,是旅游产业面的辐射中心。旅游景区应有统一的经营管理机构和明确的地域范围,包括风景区、文博院馆、寺庙观堂、旅游度假区、自然保护区、主题公园、森林公园、地质公园、游乐园、动物园、植物园及工业、农业、经贸、科教、军事、体育、文化艺术、学校等各类旅游景区。根据规定,我国采用 A 级划分标准,从高到低依次为 5A、4A、3A、2A 和 1A 级。在 4A 级及以上景区中,规定要求在旅游交通、游览安全、旅游购物、景区卫生、邮电服务、经营管理、游客满意度等方面都有较高的水准。具体数据见图 4－14。其中,上海、苏州、杭州、宁波、无锡排在前五位,滁州、舟山、淮北、阜阳、蚌埠位于后五位。

从数据来看,位列前五名的城市中国家 4A 级及以上景区数量均在 30 个以上,占总数的 29.46％,说明这五个城市的旅游景区资源优势十分显著,也从侧面揭示了上海市、江苏省和浙江省是长三角地区吸引游客的

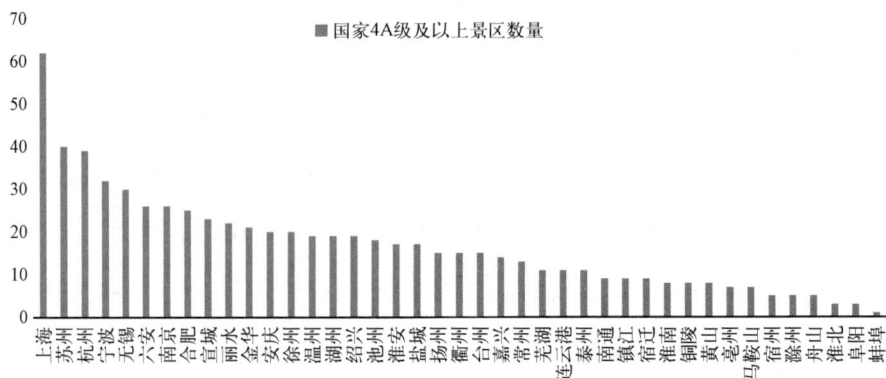

图 4-14　长三角 41 个城市国家 4A 级及以上景区数量一览图　单位：个

重要目的地。六安、南京、合肥、宣城、丽水等 8 个城市的国家 4A 级及以上景区个数有 20 余家,但是南通、镇江、宿迁、淮南等 14 个城市仅有不到10 个的国家 4A 级及以上景区,这说明长三角地区城市间旅游发展差距较大。

（三）公园个数

城市公园一般是指政府修建并经营的作为自然观赏区和供公众休息游玩的公共区域,具有改善城市生态、防火、避难等作用,体现公共属性。在城市化休闲发展中,城市公园已经成为当地居民从事户外游憩的重要场所,同时为外来游客提供休闲观光等功能,是城市休闲资源的重要组成部分。根据长三角 41 个城市相关城市公园资料的统计,杭州、上海、宁波、苏州、南京名列前五,铜陵、马鞍山、淮南、安庆、池州位于后五位,见图 4-15。

从数据上看,杭州以比上海多一个城市公园的优势位于首位。杭州是浙江省经济文化中心,人文古迹众多,西湖及其周边有大量的自然及人文景观遗迹。该地区居民生活水平较高,居民的日常休闲需求也较为成熟,有助于推动城市公园的建设和发展。位列杭州、上海之后的是宁波、

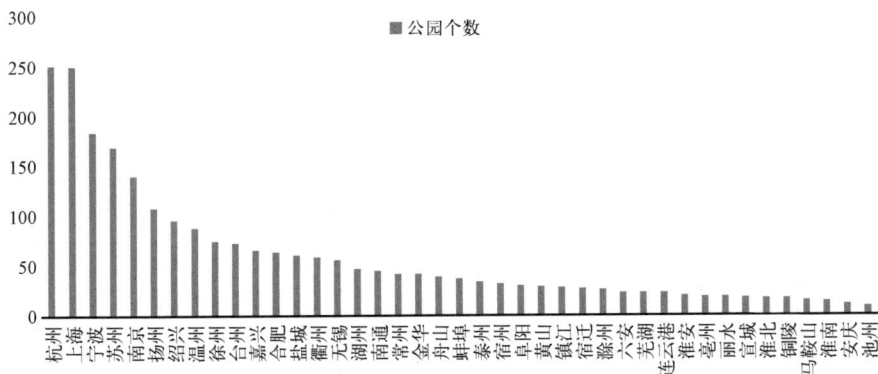

图 4-15　长三角 41 个城市公园个数一览图　单位：个

苏州、南京和扬州,公园个数都在 100 个以上。从整体上看,安徽省各地级市在公园个数的排名中相对靠后,省会城市合肥排在第 12 位。根据相关城市的发展经验,随着城市社会经济发展水平提高,安徽省各城市的城市公园将会进入一个比较快的发展时期。

三、游客接待规模

(一)国内旅游人数

国内旅游人数指我国大陆居民和在我国常住 1 年以上的外国人、华侨、港澳台同胞离开常住地,在境内其他地方的旅游设施内至少停留一夜,最长不超过 6 个月的人数。国内旅游人数通常是衡量一个地区接待国内旅游者的重要指标。长三角各城市统计数据,见图 4-16。其中,上海、杭州、苏州、合肥、宁波位于前五位,而宿州、铜陵、宿迁、台州、淮北位于后五位。

从各城市接待国内旅游人数的规模来看,可以分为以下几个层次:第一层次是上海,年接待国内旅游者人数在 3 亿人次以上,遥遥领先于长三角其他城市;第二层次是杭州、苏州、合肥、宁波、南京、金华、温州、台州、

45

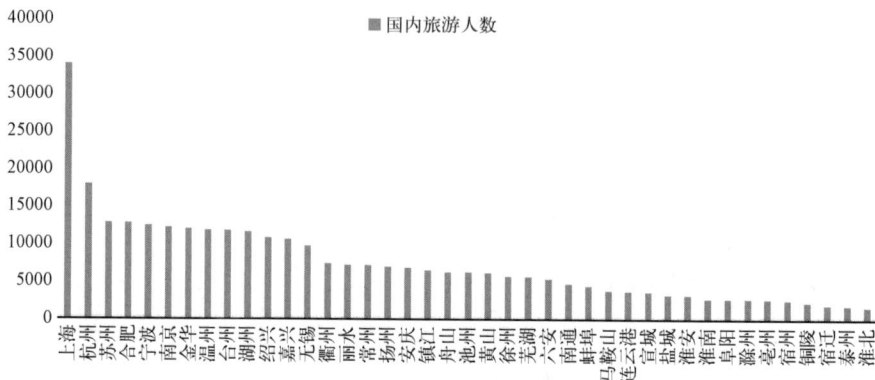

图 4-16　长三角 41 个城市国内旅游人数一览图　单位：万人次

湖州、绍兴、嘉兴，年接待国内旅游者人数在 1 亿人次以上；第三层次是无锡、衢州、丽水、常州、扬州、安庆、镇江、舟山、池州、黄山、徐州、芜湖、六安，年接待国内旅游者人数在 5 000 万人次以上；其他 16 座城市为第四层次，年接待国内旅游者人数低于 5 000 万人次。

（二）入境旅游人数

入境旅游人数是指来中国（大陆）观光、度假、探亲访友、就医疗养、购物、参加会议或从事经济、文化、体育、宗教活动，且在中国（大陆）的旅游住宿设施内至少停留一夜的外国人、港澳台同胞等游客。旅游目的地国家或地区通常根据这一指标来了解旅游市场对其旅游产品的需求数量和变化情况。因此，入境旅游人数是衡量一个国家或地区旅游业发达水平的重要尺度之一。从城市休闲功能的外向型特征出发，综合反映了城市休闲产业能力能够满足外来游客的观光及其他相关需求。具体数据见图 4-17。其中，上海、杭州、黄山、苏州、池州位列前五名，淮北、衢州、阜阳、宿迁、丽水位居后五位。

从整体上看，上海市以 894 万人次入境旅游者接待人数的绝对优势遥遥领先，上海红色文化、海派文化、江南文化资源丰富，国际化程度高，

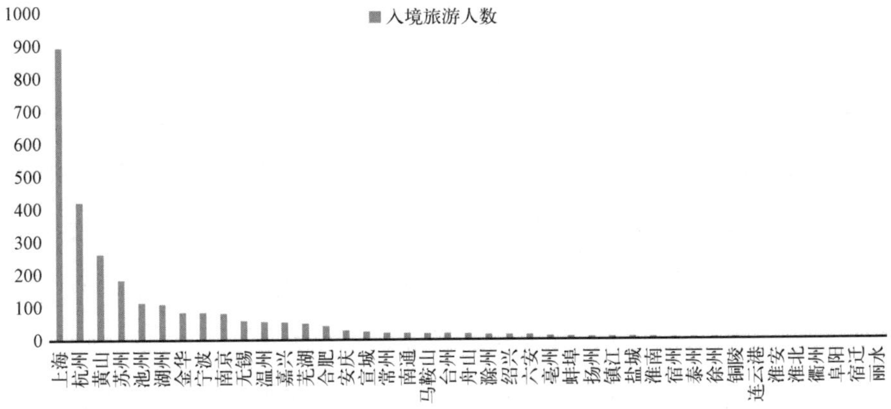

图 4-17 长三角 41 个城市入境旅游人数一览图 单位：万人次

交通便利、公共服务精细，城市智慧化水平日益提升，这是上海持续吸引国外游客来沪的重要原因。前五名中长三角三个省份均位列其中，浙江省省会城市杭州以 420 万人次排名第二，黄山凭借世界自然和文化双遗产、世界地质公园、中国十大名胜古迹之一和国家 5A 级旅游景区排名第三，排在第四位的苏州主要是由于自身独特的人文和自然资源优势，不断扩大其在国际旅游市场中的影响力。

第三节 休闲生活与消费

一、居民消费

（一）城镇居民家庭恩格尔系数

恩格尔系数是指食品支出总额占个人消费支出总额的比重。一个家庭收入越少，家庭收入中（或总支出中）用来购买食物的支出所占的比例就越大，反之则会下降。在其他条件（消费品价格比价、居民生活习惯、社会经济制度等）相同的情况下，恩格尔系数大小代表了这座城市的富裕程度。根据联合国粮农组织提出的标准,恩格尔系数在 60％以上为贫困,50％～60％为温饱,40％～50％为小康,30％～40％为富裕,20％～30％为富足,低于 20％为极其富裕。改革开放以来,我国城市居民家庭恩格尔系数持续下降,一定程度上体现出我国城市居民生活质量不断提高、消费结构逐步升级的发展趋势。因此,对一个城市来说,居民家庭平均恩格尔系数是衡量其富裕程度的主要标准之一。在本报告中,恩格尔系数作为负向指标。长三角各城市的城镇居民家庭恩格尔系数的统计数据见图 4-18。其中,上海、杭州、金华、苏州、衢州依次为最低的五位,蚌埠、安庆、宣城、宿迁、六安为最高的五位。

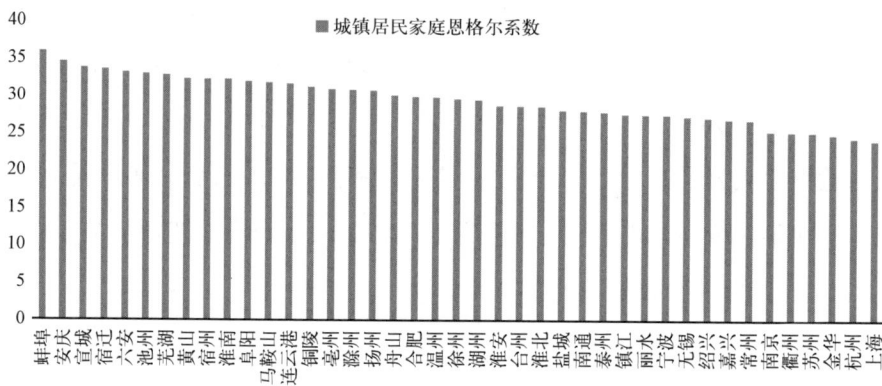

图 4-18　长三角 41 个城市的城镇居民家庭恩格尔系数一览图　单位:％

根据联合国的划分标准,在长三角 41 个城市中,蚌埠、安庆、宣城等 18 座城市的恩格尔系数在 30％～40％之间,处于富裕水平;其余 23 座城市的恩格尔系数均在 20％～30％,处于富足状态。从整体上看,经过 40 年来改革开放的发展,我国长三角地区居民生活水平有了很大的提高,也为居民休闲生活质量的提升奠定了基础。

(二)城市居民人均可支配收入

城市居民人均可支配收入是指居民可用于最终消费支出和储蓄的总

和,即居民可用于自由支配的收入,既包括现金收入,也包括实物收入。按照收入的来源,可支配收入包括工资性收入、经营净收入、财产净收入和转移净收入。一般认为,人均可支配收入是影响居民休闲消费最重要的因素,常被用来衡量一个家庭的生活水平状况。一个城市的人均可支配收入往往可以反映这个城市居民的消费能力,从而对居民消费的购买倾向和消费喜好产生影响。从长三角各城市的城市居民人均可支配收入可以看出,上海、苏州、杭州、宁波、南京位列前五名,阜阳、宿州、亳州、六安、宿迁位于后五名。见图4-19。

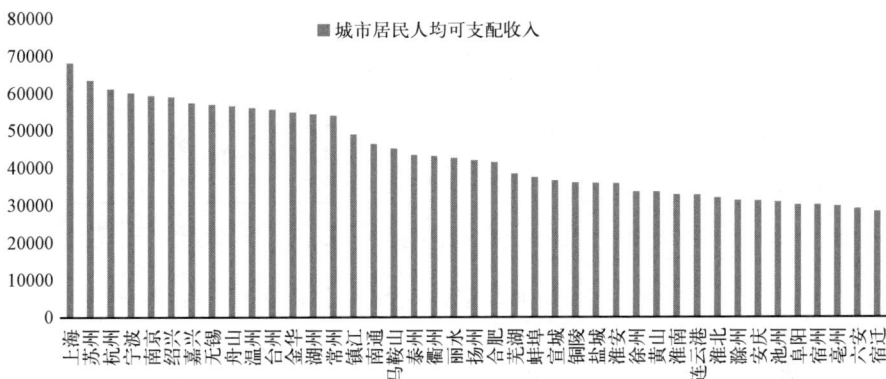

图4-19 长三角41个城市的城市居民人均可支配收入一览图 单位:元

从统计数据可以看出,长三角所有城市的人均可支配收入均在20 000元以上。其中上海高达68 034元排在首位,在60 000元以上的城市共有4个:上海、苏州、杭州、宁波;处于50 000~60 000元的城市共有10个:南京、绍兴、无锡、舟山等;处于40 000~50 000元的城市共有8个:镇江、南通、马鞍山、泰州等;处于30 000~40 000元的共有16个:芜湖、蚌埠、宣城、铜陵等;处于30 000元以下的仅有3个:亳州、六安、宿迁。

(三)城市居民消费价格指数

城市居民消费价格指数(以上一年为100),是反映城市居民家庭所购买的生活消费品价格和服务项目价格变动趋势和程度的相对数,可以观察和分析消费品的零售价格和服务项目价格变动对居民货币工资的影响,作为研究居民生活和确定工资政策的依据,一般可以用来反映通货膨胀(紧缩)程度。根据统计数据,长三角各城市的城市居民消费价格指数排名如下,见图 4-20。其中,舟山、苏州、丽水、黄山、南京排在前五位,淮南、滁州、池州、马鞍山、上海排在后五位。

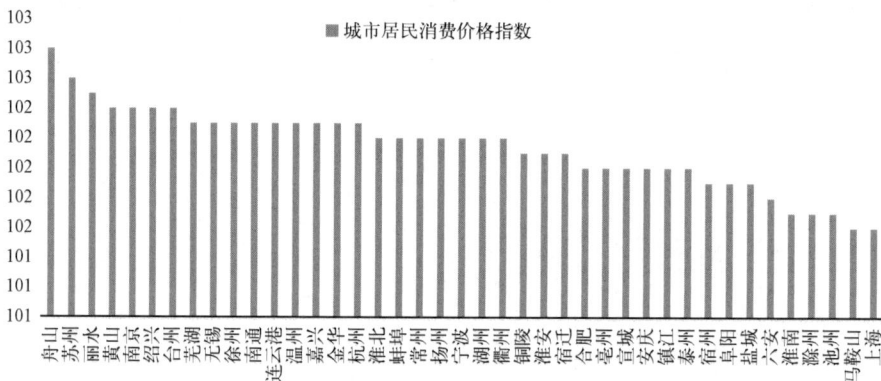

图 4-20　长三角 41 个城市的城市居民消费价格指数一览图　单位:%

由于消费价格指数反映了城市居民家庭所购买的生活消费品价格和服务项目价格变动趋势和程度的相对数,所以通过观察价格指数的变化,一定程度上可以表明价格波动对居民休闲生活的影响程度。值得注意的是,上海市居民消费价格指数位于末位,与上年数据相差不大,这说明上海市的价格波动对居民休闲生活影响较小。

（四）城市居民家庭人均消费性支出

城市居民家庭人均消费支出是居民家庭人均用于日常生活的全部支出,包括购买实物支出和各种服务性支出。人均消费支出既是衡量居民生活水平和生活质量的重要指标,也是推动城市经济增长的直接因素。城市居民家庭人均消费性支出中有一部分用于休闲消费支出,因此居民人均消费支出的高低与休闲生活水平及质量高低有很大联系。根据统计数据可以看出,上海、杭州、苏州、宁波、温州家庭人均消费性支出排在前五位,蚌埠、安庆、宿迁、淮安、宿州位于后五位。见图4-21。

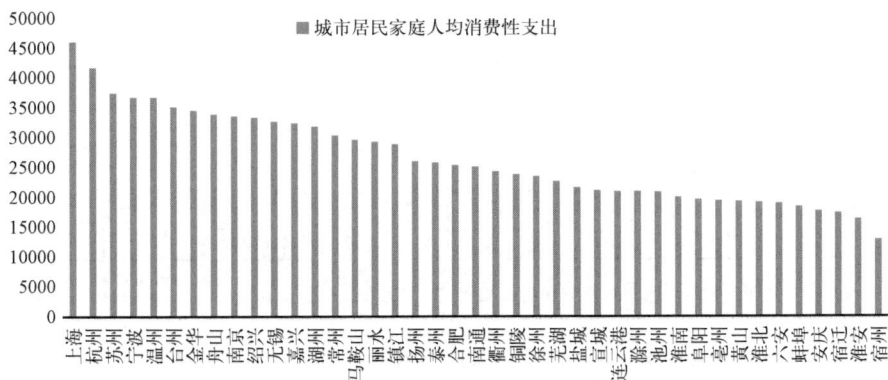

图4-21 长三角41个城市的城市居民家庭
人均消费性支出一览图 单位:元

一般而言,居民人均收入较高的城市往往消费支出也比较大,因此从整体上看,居民人均消费的分布曲线大致与收入曲线相一致,但是个别城市也会有所变化。例如温州、台州和金华三座城市在居民收入方面排在第10、11、12名,但是在消费支出方面却排在第5、6、7名,这也是值得关注的现象。

(五)城市居民人均家庭设备用品及服务消费支出

城市居民人均家庭设备用品及服务性消费水平的高低是反映居民生活质量的重要标志。随着居民家庭收入水平的不断提高,居民对发展型、享受型消费资料的需求也同步增加,而发展型与享受型生活在提高居民日常生活质量的同时,也极大地丰富了居民休闲生活。今天服务性消费已逐步成为居民生活领域的一个消费热点,也成为反映我国居民休闲消费需求逐步高涨的一个缩影。从统计数据看,滁州、杭州、上海、台州、金华位于前五位,淮安、安庆、六安、池州、宿州位于后五位。见图 4 - 22。

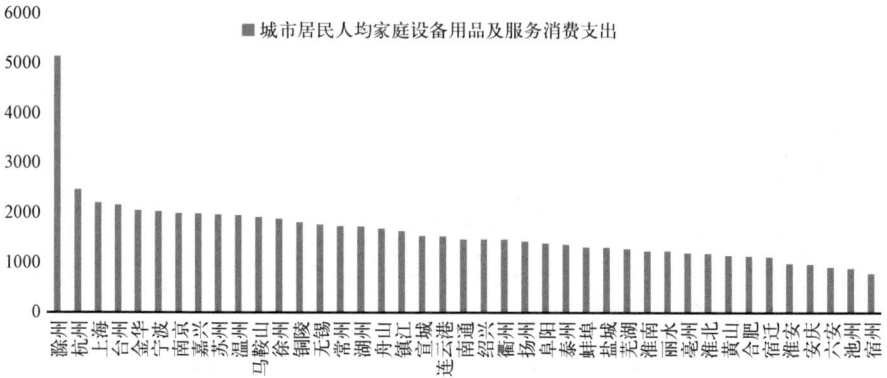

图 4 - 22　长三角 41 个城市的城市居民人均家庭设备
用品及服务消费支出一览图　单位:元

从数据可以看出,滁州以 5 146 元的人均家庭设备用品及服务消费支出排在首位,遥遥领先于长三角其他 40 个城市,也是唯一一个消费支出超过 5 000 元的城市。这一现象反映了滁州市居民重视发展型、享受型消费,居民的日常生活质量提高,休闲方式丰富。此外,安徽省省会合肥在这一方面较弱,位于第 35 名,这说明合肥市在居民休闲活动上发展潜力较大。

(六)城市居民人均医疗保健消费支出

从城市居民生活角度出发,医疗保健消费支出相较于衣、食、住、行等基本生活消费而言,是一种弹性较小的消费品。随着生活条件的改善,居民对身体保健的观念发生了很大的转变。"预防为主"是医疗卫生工作的重要经验之一,保健和养生的生活方式逐渐被居民认同与接受,从而使保健消费成为当今时代居民家庭消费中的重要部分,支出比重也在不断提高。从统计数据来看,杭州、上海、丽水、金华、徐州排在前五位,淮安、蚌埠、六安、苏州、阜阳排在后五位,见图4-23。

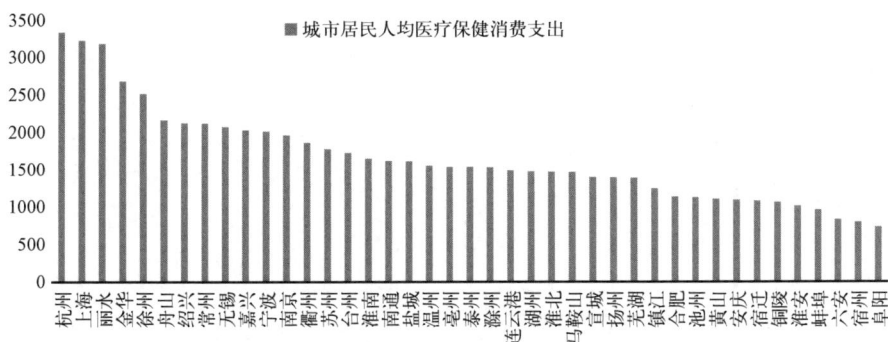

图4-23　长三角41个城市的城市居民人均医疗
保健消费支出一览图　单位:元

从数据可以看出,长三角地区城市居民人均医疗保健消费支出主要在2 000元上下浮动,且消费区域性明显。超过3 000元的城市有杭州、上海、丽水3座城市,其中有2座城市属于浙江省。第四位同样是浙江省的金华市,由此可见浙江省整体上在医疗保健消费支出方面具有明显优势。上海市位于第二位,与其生活水平和居民消费观念相吻合。但是,安徽省在这一指标中整体排名靠后,省会城市合肥排在30名,这一消费现象值得引起相关部门的重视。

（七）城市居民人均交通通信消费支出

随着人们收入的增加,交通和通信产品不断升级换代,使得交通和通信消费成为城镇居民家庭的消费热点。交通和通信是反映居民生活质量的重要指标。近年来居民消费需求逐渐向发展型、品质型转变,居民消费能力明显增强,消费结构得到优化。网络的普及使得居民通信消费占比加大。随着城镇基础设施不断完善,公路交通快速发展,公交线路不断向外延伸,出行增多带动了交通费快速增长。根据城市居民人均交通通信消费支出的数据来看,杭州、苏州、嘉兴、宁波、金华排在前五位,六安、宿迁、淮安、蚌埠、宿州排在后五位。见图 4 - 24。

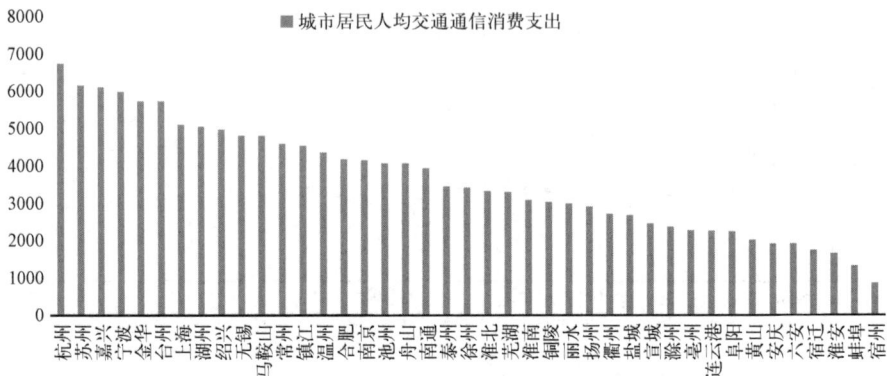

图 4 - 24　长三角 41 个城市的城市居民人均交通
通信消费支出一览图　单位:元

从数据可以看出,城市居民用于交通和通信消费支出的层次性比较清晰,大致可以分成三个层次:杭州、苏州、嘉兴、宁波等 8 个城市的人均交通通信突破 5 000 元,其中杭州以 6 743 元排在第一位,属于第一层次;绍兴、无锡、马鞍山、常州等 17 个城市居民人均交通通信消费支出在 3 000~4 000 元,属于第二层次,约占总数的 45.72%;丽水、扬州、衢州、盐城等 16 个城市低于 3 000 元,属于第三层次,约占总数的 22.97%。其中,宿迁居民人均交通通信消费支出仅有 860 元,相较其他城市偏低。

(八)城市居民人均教育文化娱乐服务消费支出

教育文化娱乐服务消费支出,包括文化娱乐用品、文化娱乐服务、教育三类消费,是反映居民生活消费结构变化的一个重要指标,也是反映居民休闲生活质量甚至休闲生活方式变化的一个重要指标。近年来,随着政府管理部门加大了对教育乱收费问题的治理,一定程度上使教育支出费用比重有所降低,而与居民休闲生活高度相关的文化娱乐服务消费支出则不断增加,比重不断提高。当然,各城市经济发展程度不同,消费支出也有差异,见图 4-25。从统计数据看,南京、苏州、上海、温州、常州位居前 5 位,而池州、阜阳、蚌埠、宿州、安庆排在后五位。

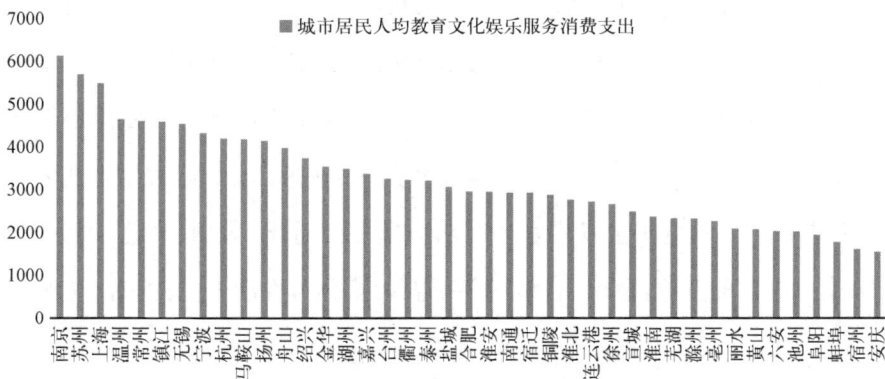

图 4-25　长三角 41 个城市的城市居民人均教育文化
娱乐服务消费支出一览图　单位:元

数据显示,南京市城镇居民在教育文化娱乐服务消费方面的支出最高,突破 6 000 元,这一现象也与南京市娱乐文化设施完善、娱乐方式丰富,以及相关休闲产业成熟的环境息息相关。长三角各城市居民人均教育文化娱乐服务消费整体上发展状况不均衡。安徽省排名最高的城市马鞍山位于第十名,而且省内有 4 个城市居民人均教育文化娱乐服务消费低于 2 000 元,从整体上看,与江苏省、浙江省相关城市差距较大。

第四节　休闲空间与环境

一、城市绿化

(一)城市(建成区)绿化覆盖率

城市(建成区)绿化覆盖率,是指市(建成区)内各类型绿地绿化垂直投影面积(包括公共绿地、居住区绿地、单位附属绿地、防护绿地、生产绿地、道路绿地、风景林地的绿化种植覆盖面积、屋顶绿化覆盖面积以及零散树木的覆盖面积)占城市总面积的比率。城市(建城区)绿化覆盖率是反映城市生态环境保护状况的重要指标,也是中国环境保护模范城市和创建文明城市考核的重要指标。城市休闲化水平的提升与休闲环境的改善和优化紧密相关,即一个城市绿化覆盖率的高低,在一定程度上代表了一座城市休闲环境质量发展水平。从数据可以看出,黄山、淮北、湖州、淮南、南京排在前五位,宿州、上海、嘉兴、温州、亳州排在后五位,见图 4-26。

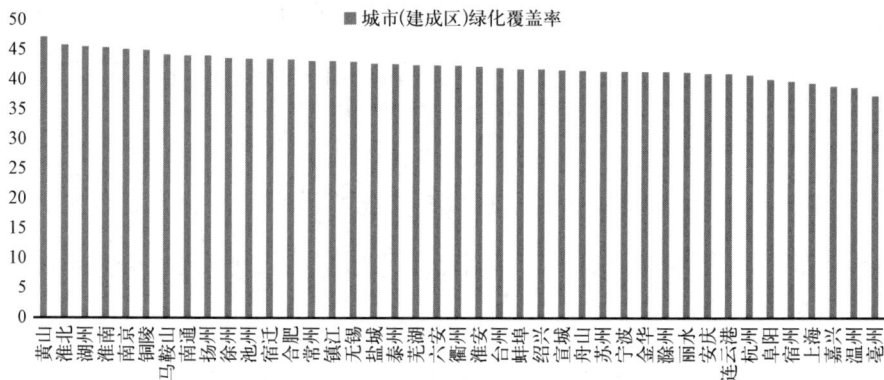

图 4-26　长三角 41 个城市的城市(建成区)
绿化覆盖率一览图　单位：%

从数据可以看出,长三角 41 个城市的城市(建成区)绿化覆盖率差距并不悬殊,主要集中在 37%～47%之间,居于首位的黄山与居于末位的亳州仅相差 9.85%。可以看出长三角 41 个城市在城市绿化率建设工作中成效较为可观。其中,绿化覆盖率在 40%～50%之间的城市有 36 座,在 30%～40%之间的城市有 5 座。从数据看出,上海在城市绿化覆盖率方面排名靠后,位列倒数第四位。尽管自 20 世纪 90 年代开始,上海建立了大量的林地、绿地,绿化覆盖率逐年上升,公共绿地面积增长明显,但是与长三角其他城市相比,仍然存在一定差距,值得引起相关部门关注。

（二）城市绿地面积

城市绿地面积指用作园林和绿化的各种绿地面积，包括公共绿地、居住区绿地、单位附属绿地、防护绿地、生产绿地、道路绿地和风景林地面积。它是反映一个城市的绿化数量和质量、一个时期内城市经济发展、城市居民生活福利保健水平的重要指标，也是评价城市环境质量的标准和城市精神文明的标志之一。从统计数据来看，长三角41个城市绿地面积拥有量差异悬殊，其中上海、南京、杭州、宁波、连云港排名前五，丽水、淮北、宣城、六安、池州排在后五位。见图4-27。

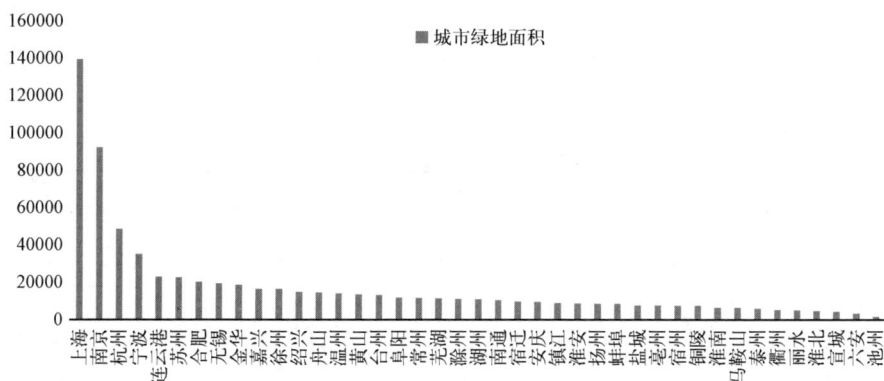

图4-27 长三角41个城市的城市绿地面积一览图　单位：公顷

首先从整体上看，长三角各城市间的城市绿地面积差距较大，排在首位的上海拥有近14万公顷绿地面积，但排在末位的池州却仅拥有约1 500公顷绿地面积，两者相差90多倍。其次长三角地区拥有10万公顷以上绿地面积的城市仅有上海市，拥有1万～10万公顷绿地面积的城市有21座，19座城市的绿地面积在1万公顷以下，平均绿地面积不到两万公顷。

（三）公园绿地面积

公园绿地是城市向公众开放的、以游憩为主要功能，有一定的游憩设施和服务设施，同时兼有生态维护、环境美化、减灾避难等综合作用的绿化用地,是城市建设用地、城市绿地系统和城市市政公用设施的重要组成部分,也是展示城市整体环境水平和居民生活质量的一项重要指标。其规模可大可小。在城市发展过程中,通常会将公园绿地面积作为考核政府作为的一种尺度,考察政府对公共绿地资源进行再分配的能力。根据长三角各城市公园绿地面积的数据统计可以看出,上海、南京、杭州、宁波、合肥排在前五位,滁州、黄山、亳州、宣城、池州排在后五位,见图 4-28。

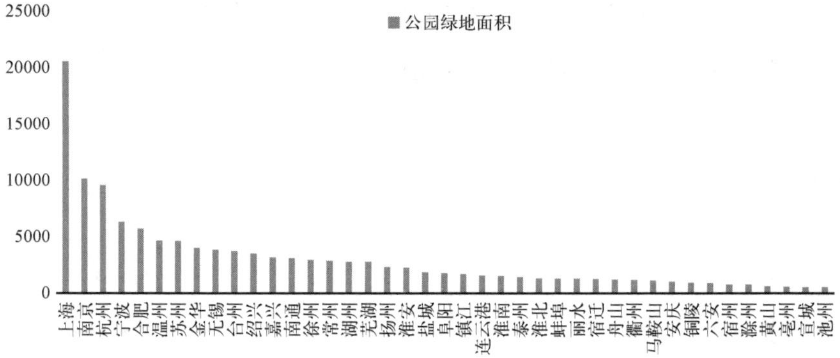

图 4-28　长三角 41 个城市的公园绿地面积一览图　单位:平方米

从统计数据来看,长三角地区公园绿地面积拥有量呈现不平衡的状态。公园绿地面积过万公顷的城市有上海、南京;在 5 000～10 000 公顷的城市杭州、宁波、合肥 3 座;在 1 000～5 000 公顷之间的城市有温州、苏州、金华等 28 座;在 1 000 公顷以下的城市有 8 座。长三角地区公园绿地面积拥有量主要集中在 1 000～5 000 公顷。其中作为拥有量最高的城市,上海公园绿地面积分摊在 2 428.14 万常住人口这一庞大群体的身上,数量就明显偏低。由此说明上海虽然公园绿地面积拥有量大,但人均面积这一指标仍然挑战严峻,任重道远。

二、环境荣誉

在城市"国家荣誉称号数"类目中,包含了国家历史文化名城、全国文明城市、国家文明城市、国家园林城市、国家环境保护模范城市以及中国优秀旅游城市六个方面的内容。对城市而言,这些荣誉称号不仅是一个城市文化精神和形象特征的映射,也是城市休闲资源多面性的体现。

（一）国家历史文化名城

根据《中华人民共和国文物保护法》,历史文化名城是指保存文物特别丰富,具有重大历史文化价值和革命意义的城市。国家历史文化名城突出体现了中华民族文化多样性,集中反映了本地区文化特色、民族特色或见证多民族交流融合,是一种特殊的休闲旅游资源。

（二）全国文明城市

全国文明城市是指在全面建设小康社会中市民整体素质和城市文明程度较高的城市,在全国所有城市品牌中含金量最高、创建难度最大,是反映城市整体文明水平的综合性荣誉称号,也是目前国内城市综合类评比中的最高荣誉,最具有价值的城市品牌。创建全国文明城市实质上是在更高层次、更高水平上推动城市发展,是贯彻落实科学发展观的具体实践;创建全国文明城市既是构建和谐社会的重要载体,也是构建和谐社会的重要推动力。文明城市已成为引导我国城市化、现代化建设的理想范式。城市休闲化是建立在较高城市文明水平基础之上的一个发展过程,城市的文明水平是城市综合发展条件的体现,在为本地居民提供良好的工作和生活文明环境的同时,也成为吸引外来旅游者的重要因素。

（三）国家卫生城市

国家卫生城市是指各项指标均已达到《国家卫生城市标准》要求,由各省、市、自治区爱卫会向全国爱卫会推荐,并经过中国全国爱国卫生运动委员会办公室考核组验收鉴定,而评选出的卫生优秀城市。申报的城市必须同时具备以下 5 个基本条件:① 城市生活垃圾无害化处理率≥

80％；② 城市生活污水处理率≥30％；③ 建成区绿化覆盖率≥30％，人均绿地面积≥5 平方米；④ 大气总悬浮微粒年日平均值（TSP）：北方城市≤0.350 毫克立方米，南方城市≤0.250 毫克/立方米；⑤ 城市除四害有三项达到全国爱卫会规定的标准。显然，国家卫生城市建设与城市休闲质量提升紧密相关，良好的卫生状况是构成城市名片和形象的主要内容，也是居民休闲品质的保障。因此，将国家卫生城市荣誉称号纳入休闲特色资源体系中，也是兼顾了当地居民与外来游客对于城市休闲卫生环境资源的特定需求。

（四）国家园林城市

国家园林城市是根据中华人民共和国住房和城乡建设部的《国家园林城市标准》，评选出分布均衡、结构合理、功能完善、景观优美，人居生态环境清新舒适、安全宜人的城市。创建园林城市（城区）是一项社会系统工程，符合当前社会进步和经济发展形势需要，有助于促进城市可持续发展。国家园林城市称号是综合判断一座城市园林休闲环境资源建设的一种方式，能够获得这一称号的城市，无论是在城市园林结构分布还是园林景观环境建设方面，都能为居民与游客提供较为理想的休闲环境。

（五）国家环境保护模范城市

国家环境保护模范城市是遵循和实施可持续发展战略并取得成效的典型。它涵盖了社会、经济、环境、城建、卫生、园林等方面的内容，在已具备全国卫生城市、城市环境综合整治定量考核和环保投资达到一定标准的基础上才能有条件创建，涉及面广、起点高、难度大。"国家环境保护模范城市"是我国城市 21 世纪初期发展的方向和奋斗目标，同时也是我国环境保护的最高荣誉。国家环境保护模范城市的创建工作有利于城市遵循可持续发展原则，标志着生态良性循环、城市优美洁净，为居民提供舒适便捷的休闲环境。

（六）中国优秀旅游城市

中国优秀旅游城市评选工作自 1998 年开始,依据《创建中国优秀旅游城市工作管理暂行办法》和《中国优秀旅游城市检查标准》,由原国家旅游局(现为文化和旅游部)进行评选的城市称号。根据《中国优秀旅游城市检查标准》,包含了对于城市旅游发展水平、城市旅游定位与规模、旅游产业投入和支持、城市旅游业发展机制、城市旅游业管理体系、城市旅游业文明建设、城市的生态自然环境、城市的现代旅游功能、城市旅游交通、城市旅游开发管理、旅游促销与产品开发、城市旅游住宿设施等 20 个项目的综合评定情况,能够全面地反映城市旅游发展情况。旅游城市建设是城市休闲化过程的重要组成部分,在休闲特色资源评价中,优秀旅游城市荣誉称号能够在一定程度上反映出城市休闲资源特点与资源发展及保护的状况。见图 4 - 29。

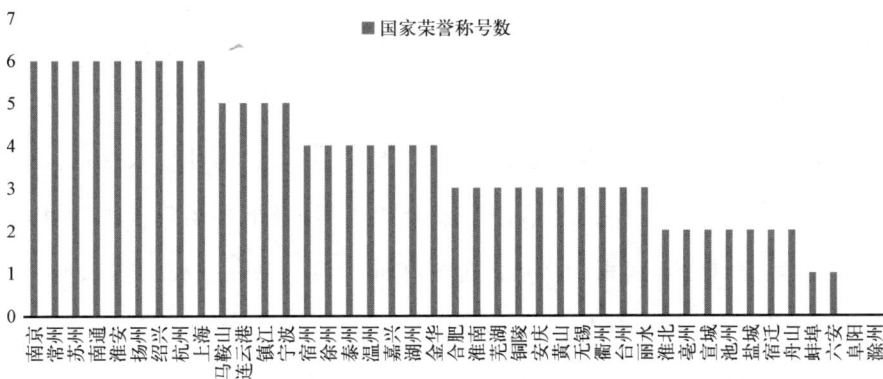

图 4 - 29　长三角 41 个城市的国家荣誉称号数一览图　单位:个

从统计数据可以看出,长三角 41 个城市的国家荣誉称号数呈现阶梯状分布。上述 6 个相关荣誉称号中,拥有全部称号的有南京、常州、苏州、南通等 9 座城市,拥有 5 个荣誉称号的是马鞍山、连云港、镇江、宁波 4 座城市,拥有 4 个荣誉称号的城市有宿州、徐州、泰州等,拥有 3 个荣誉称号的有合肥、淮南、芜湖、铜陵等 10 座城市,拥有 2 个荣誉称号的有淮北、亳州、宣城、池州等 7 座城市,蚌埠、六安仅有 1 个荣誉称号,而阜阳、滁州两座城市的荣誉称号为零。

第五节　交通设施与规模

一、城市交通

交通设施与规模指标主要反映城市内外交通的便捷程度和交通规模,包括公共汽车、电车客运量,公路运输客运量。这一类指标是城市居民和外来游客开展休闲活动的前提,是城市休闲化发展的基础条件。

（一）公共汽车、电车客运量

公共汽车、电车是城市公共交通的重要组成部分,为社会公众日常出行提供基础运输服务保障。一个城市公共汽车、电车网络布局的完整性与运载量的有效性,不仅是城市内部交通发达与城市典型的体现,而且更是城市居民外出从事休闲活动在频度上递增、空间上延伸以及在时间上节约的综合展现。根据长三角各城市公共汽车、电车客运量数据统计可以看出,上海、杭州、南京、苏州、合肥排在前五位,湖州、宿州、亳州、池州、黄山排在后五位。见图 4 - 30。

从统计数据可以看出,上海公共汽车、电车客运量远超长三角其他城市,高达 37 亿人次,也反映了上海在交通运输方面承受的压力,在一定程度上也会降低人们的幸福指数。杭州年客运量达到 15 亿人次以上,排名第二。南京、苏州、合肥、宁波、无锡 5 座城市的年客运量也都在 5 亿人次以上。公共汽车、电车客运量与城市经济发展的成熟度有很大的联系,同

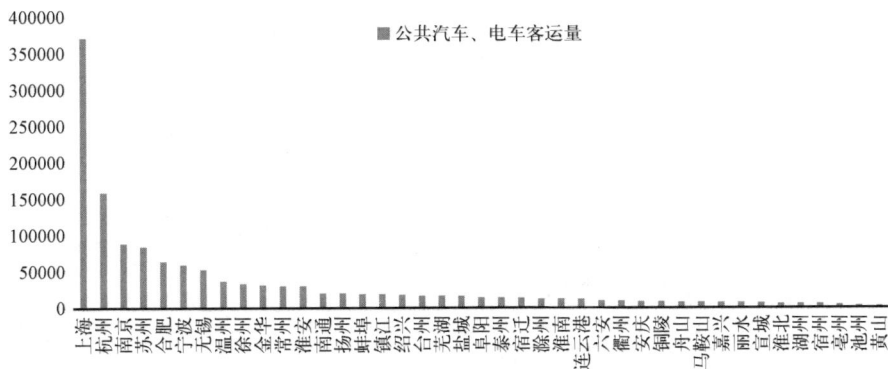

图 4 - 30　长三角 41 个城市的公共汽车、电车
客运量一览图　单位：万人次/年

时也反映出城市内部公共交通运输任务十分繁重。可以预见，随着城市
休闲化程度的加快，城市的公交调配面临了巨大的挑战。

（二）公路运输客运量

公路运输就是城市通向外界的一种渠道和方式，具有适应性强、运输
速度较快的特点，在中短途旅行中被较多的旅游者所选择。公路运输客
运量体现的是开放空间条件下，同城化地区内部的城市乃至中远程以外
地区的城市之间，旅客依靠交通大巴进行互相流通的状况。根据公路运
输统计资料得出的指标，大致反映了长三角 41 个城市公路客运的基本情
况。其中，苏州、温州、金华、杭州、徐州位列前五，蚌埠、马鞍山、铜陵、淮
北、池州处于后五位。见图 4 - 31。

从数据统计分析看，在公路交通运输客运量方面，各城市之间差别比
较显著。苏州公路运输完成客运量近 3 亿人次，与长三角其他城市拉开
差距，与末位池州相比，相差将近 30 倍。温州的公路运输客运量位居第
二名，这与温州密集的公路网有关。此外，还可以看到，公路运输客运量
较多的城市主要集中江浙地区，这是因为城市公路客运量有赖于城市周

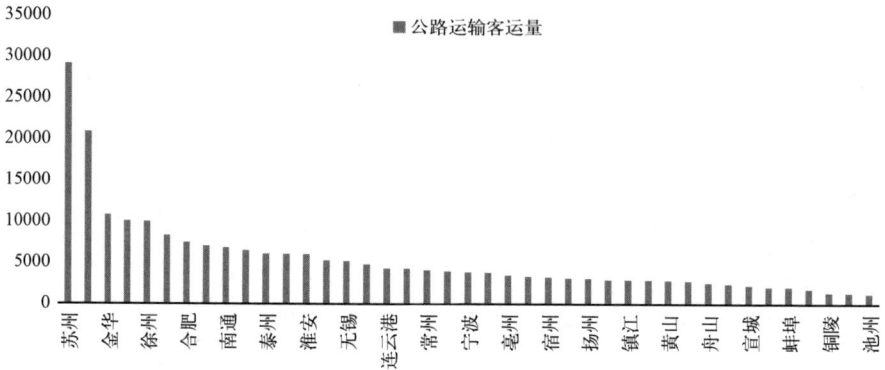

图 4 - 31　长三角 41 个城市的公路运输客运
量一览图　单位：万人次/年

边公路系统的完善程度以及各种基础设施的配套与完备。从数据看到，
作为全国超大城市的上海，在公路运输客运量方面排在第 26 名。这一情
况与上海交通设施十分完善有关，尤其是以高铁为代表的交通工具成为
近年来人们出行的首选，而对公路交通的依赖程度大幅度下降，以至于上
海公路交通运输量连续出现不断萎缩的趋势。

第一部分参考文献

［1］刘松,楼嘉军,李丽梅,许鹏.上海、南京和杭州城市休闲化协调发展比较研究［J］.现代城市研究,2017(11)：123－129.

［2］刘瑾.长江三角洲主要城市休闲体育发展现状及对策研究［J］.杭州师范大学学报(社会科学版),2009,31(02)：103－107.

［3］张冬亮.新时代背景下城市休闲体育发展的现状研究［J］.国际公关,2020(02)：30.

［4］徐爱萍,楼嘉军.中国城市休闲化区域差异及成因解读［J］.世界地理研究,2019,28(06)：98－108.

［5］冯凌宇.公园城市视角下的城市公共休闲空间建设——以成都为例［J］.中共成都市委党校学报,2019(05)：92－96.

［6］王炳兴. 全域提升打造城市休闲后花园［N］.绍兴日报,2019－09－30(027).

［7］李洪.城市休闲文化旅游发展策略探析——以重庆市为例［J］.现代经济信息,2019(14)：347＋350.

［8］王心蕊,孙九霞.城市居民休闲与主观幸福感研究：以广州市为例［J］.地理研究,2019,38(07)：1566－1580.

［9］王晖. 城市休闲产业集群化发展理论与创新研究［D］.天津：天津大学,2006.

［10］生延超,吴昕阳.城市休闲化水平区域差异动态研究［J］.湖南工业大学学报(社会科学版),2018,23(03)：18－26.

［11］俞心恬. 2020 年前三季度长三角区域经济运行情况与全年形势展望［J］.统计科学与实践,2020(12)：4－8.

[12] 毛中根,武优勐,谢迟. 长三角城市群消费水平空间格局及其影响机制[J]. 经济地理,2020, 40(12): 56 - 62.

[13] 欧阳峣,傅元海,王松. 居民消费的规模效应及其演变机制[J]. 经济研究,2016, 51(2): 56 - 68.

[14] 宋歌. 我国区域经济新格局的驱动因素及趋势展望[J]. 未来与发展,2019(8): 1 - 32.

[15] 鹿嫒嫒. 构建长三角一体化协同创新机制探讨[J]. 未来与发展,2020(11): 104 - 107.

[16] 国务院发展研究中心课题组. 长三角区域一体化发展的战略路径[M]. 北京: 中国发展出版社,2021.

[17] 刘德谦,石美玉. 中国城市休闲和旅游竞争力报告(2020)[M]. 北京: 社会科学文献出版社,2020.

[18] 吕宁,赵亚茹. 中国休闲城市发展报告[M]. 北京: 旅游教育出版社,2020.

[19] 王振. 长三角地区经济发展报告(2018—2019)[M]. 北京: 社会科学文献出版社,2020.

[20] 于秋阳. 高铁加速长三角旅游一体化研究[M]. 上海: 上海社会科学院出版社,2018.

[21] 刘松,楼嘉军,李丽梅,许鹏. 上海、南京和杭州城市休闲化协调发展比较研究[J]. 现代城市研究,2017(11): 123 - 129.

[22] 楼嘉军,刘松,李丽梅. 中国城市休闲化的发展水平及其空间差异[J]. 城市问题. 2016(11): 29 - 35.

[23] 楼嘉军,李丽梅,杨勇. 我国城市休闲化质量测度的实证研究[J]. 旅游科学,2012, 26(5): 45 - 53.

长三角41个地级及以上城市休闲化指数分析

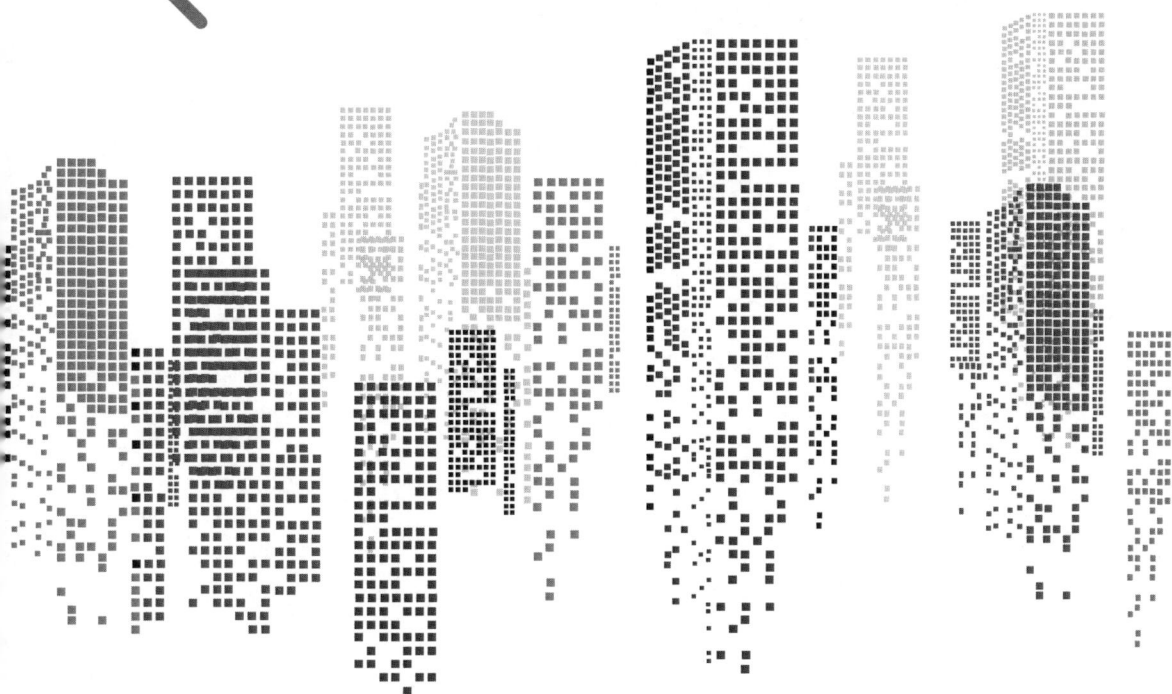

第五章　城市休闲化
指数分析

第一节　城市规模的划分标准及分类

改革开放以来,随着国民经济的大力发展和工业化进程的不断推进,我国的城镇化已经取得巨大成就,城市数量和规模都有了明显增长。2014 年 11 月 20 日,国务院发布了《关于调整城市规模划分标准的通知》,对我国原有城市规模划分标准进行了调整,明确了新的城市规模划分标准以城区常住人口为统计口径[①],将城市划分为五类七档。第一类,城区常住人口 50 万以下的城市为小城市,其中 20 万以上 50 万以下的城市为Ⅰ型小城市,20 万以下的城市为Ⅱ型小城市。第二类,城区常住人口 50 万以上 100 万以下的城市为中等城市。第三类,城区常住人口 100 万以上 500 万以下的城市为大城市,其中 300 万以上 500 万以下的城市为Ⅰ型大城市,100 万以上 300 万以下的城市为Ⅱ型大城市。第四类,城区常住人口 500 万以上 1 000 万以下的城市为特大城市。第五类,城区常住人口 1 000 万以上的城市为超大城市。依据这一划分标准,可以将本研究对象涵盖的 41 个城市划分为以下五类城市,超大城市 2 个,特大城市

---

① 常住人口:指全年经常在家或在家居住 6 个月以上,也包括流动人口在所在的城市居住。

8 个,Ⅰ型大城市 9 个,Ⅱ型大城市 18 个,中等城市 4 个。见表 5-1。

表 5-1 41 个城市人口规模类型

城 市	城区人口(万人)	类 型
上海	2 423.78	超大城市
苏州	1 041.84	超大城市
杭州	980.6	特大城市
南京	843.62	特大城市
合肥	808.70	特大城市
宁波	820.20	特大城市
温州	690.80	特大城市
无锡	617.82	特大城市
徐州	596.19	特大城市
南通	544.29	特大城市
金华	480.81	Ⅰ型大城市
盐城	430.17	Ⅰ型大城市
台州	410.47	Ⅰ型大城市
常州	406.79	Ⅰ型大城市
嘉兴	385.29	Ⅰ型大城市
绍兴	374.34	Ⅰ型大城市
阜阳	344.20	Ⅰ型大城市
扬州	323.89	Ⅰ型大城市
泰州	307.12	Ⅰ型大城市
淮安	299.22	Ⅱ型大城市
连云港	282.96	Ⅱ型大城市
芜湖	263.53	Ⅱ型大城市
镇江	255.08	Ⅱ型大城市
滁州	246.57	Ⅱ型大城市
宿州	233.00	Ⅱ型大城市
宿迁	233.00	Ⅱ型大城市

（续表）

城　　市	城区人口（万人）	类　　型
安庆	231.25	Ⅱ型大城市
湖州	221.06	Ⅱ型大城市
六安	213.03	Ⅱ型大城市
亳州	212.35	Ⅱ型大城市
淮南	185.27	Ⅱ型大城市
蚌埠	181.56	Ⅱ型大城市
丽水	155.02	Ⅱ型大城市
马鞍山	154.86	Ⅱ型大城市
宣城	152.05	Ⅱ型大城市
衢州	131.05	Ⅱ型大城市
淮北	126.41	Ⅱ型大城市
铜陵	86.80	中等城市
舟山	83.24	中等城市
池州	80.14	中等城市
黄山	77.56	中等城市

第二节　超大型城市休闲化
指数分析

　　超大型城市的常住人口规模在 1 000 万以上，长三角洲 41 个城市中符合这一标准的城市有上海市、苏州市。从城市所属区域看，上海市和苏州市距离较近，同享长三角经济发展福利；从城市行政级别看，上海市为直辖市，苏州市为省辖地级市。一般来说，城市人口规模与城市活力和生活品质高度相关，人口规模越大，城市的休闲娱乐设施的供给度越高，相关休闲娱乐资源和业态的丰富度也更高。社会经济的核心就是休闲，休闲逐渐成为社会经济发展五大动力之首，这在长三角各城市发展过程中也得到了充分的体现。本部分接下来将分析上海和苏州两个超大型城市在 31 个休闲化指标属性方面呈现出来的特征。

一、上海

上海是我国经济、金融、贸易、航运和科技创新中心，是首批沿海开放城市之一、长江经济带的龙头城市，也是世界上规模和面积最大的都市区之一。从城市现代化角度来讲，城市现代化共有六个维度，其中一个便是生活的休闲化，目前上海正在朝着城市休闲化趋势发展。上海城市休闲功能转变经历了多个阶段：从最初的封闭型，到后来的外向型，逐渐发展到内外兼顾型，直至当前的全域全面型。从数据分析看，上海 31 个指标水平值区间在 0～10 之间，均值水平是 3.012。高于均值水平的指标有 13 个，占指标总数的 41.94％，主要有批发、零售、住宿和餐饮业从业人数，入境旅游人数，公共汽车、电车客运量，住宿和餐饮业零售总额，剧场、影剧院个数，城市绿地面积，公园绿地面积，地区生产总值，社会消费品零售总额，限额以上批发、零售、住宿和餐饮业企业个数，公园个数，星级饭店数量和国内旅游人数。其中，指标水平值最高的是批发、零售、住宿和餐饮业从业人数（9.075），其次是入境旅游人数（9.012）。从中可以看出，上海的住宿和餐饮业、公共服务设施等方面指标较高，这说明上海住宿餐饮业业态丰富、服务设施齐备对城市休闲化进程的推动作用显著。此外，上海的交通网络通达性、游憩设施多样性以及绿化环境的普及性，对上海休闲功能的提升、休闲空间的融合和休闲活力的激发起到助推作用。

低于均值水平的指标有 18 个，占总数的 58.06％，主要是每百人公共图书馆藏书，国家 4A 级及以上景区数量，国家重点文物保护单位数量，国家荣誉称号数，人均生产总值，城市居民人均医疗保健消费支出，城市居民人均教育文化娱乐服务消费支出,城市居民人均交通通信消费支出,城市居民家庭人均消费性支出,城市居民人均可支配收入,城市居民人均家庭设备用品及服务消费支出,第三产业就业人数占全部就业人数的比重,城市化率,第三产业占地区生产总值比重,公路运输客运量,城镇居民家庭恩格尔系数,城市(建成区)绿化覆盖率,城市居民消费价格指数。其中,指标水平值最低的是城市居民消费价格指数(0.010),还有是城市(建成区)绿化覆盖率(0.159)。从中可以发现,上海低于均值水平的指标主要集中在人均类型的指标中,这一现象与上海的人口规模直接相关。其次还体现在城市休闲化经济指标等方面。总之,上海在景区和重点文物保护单位数量、休闲旅游接待、城市绿化覆盖率、公路交通规模、居民消费等方面均存在很大的改进空间,无法与上海这座城市在全球的地位相匹配,表明上海在城市休闲品质和休闲文化建设水平方面有待提升,见图5-1。

二、苏州

苏州是首批国家历史文化名城之一,全球首个"世界遗产典范城市",有近2 500年历史。苏州园林是中国私家园林的代表,被联合国教科文组织列为世界文化遗产,中国大运河苏州段入选世界遗产名录。2017年苏州被评为首批"中国旅游休闲示范城市"。从数据分析可以看出,苏州31个指标水平值区间在0~4.5之间,均值水平是1.540。高于均值水平的指标有15个,占指标总数的48.39%,主要有住宿和餐饮业零售总额,公路运输客运量,国家重点文物保护单位数量,公园个数,地区生产总值,限额以上批发、零售、住宿和餐饮业企业个数,批发、零售、住宿和餐饮业从业人数,社会消费品零售总额,人均生产总值,每百人公共图书馆藏书,国家荣誉称号数,入境旅游人数,国家4A级及以上景区数量,星级饭店数量,公共汽车、电车客运量。其中,指标水平值最高的是住宿和餐饮业零售总

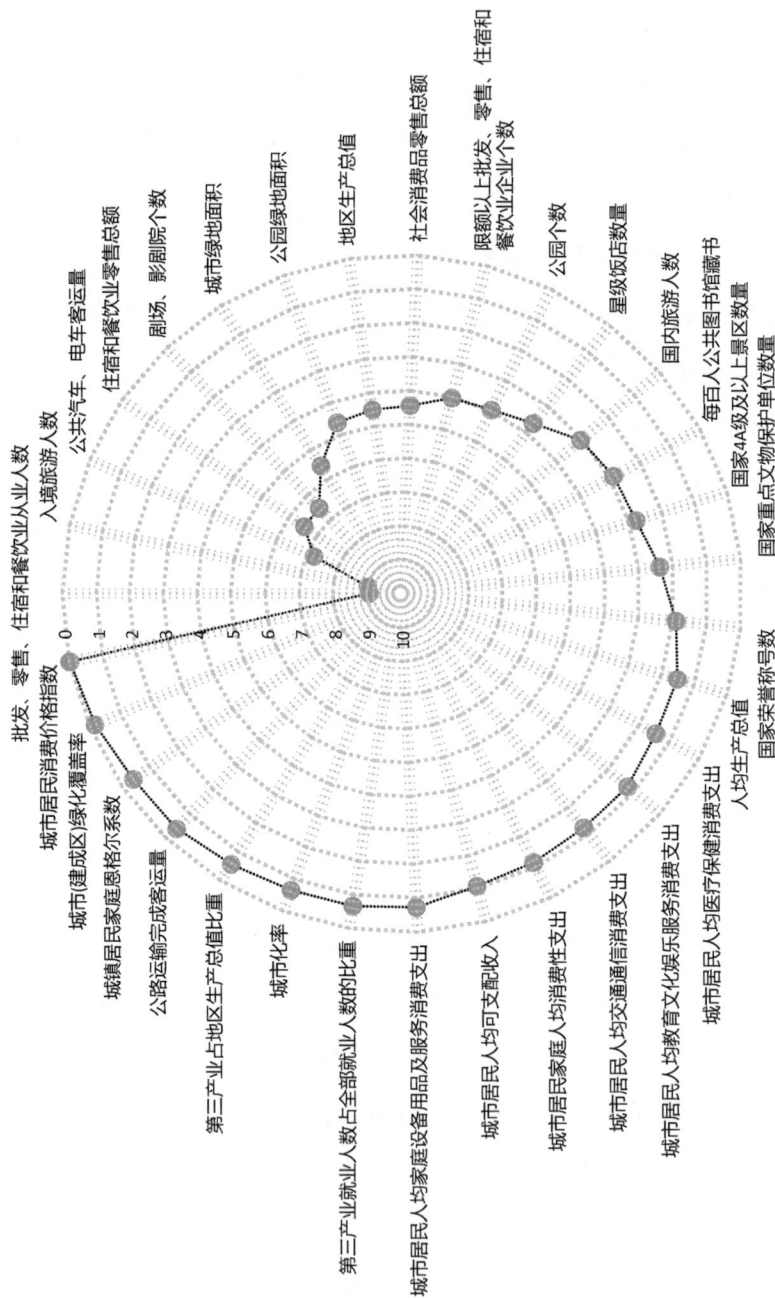

图 5-1 上海 31 个指标水平排列图

额(4.324),其次是公路运输客运量(3.750)。从中可以看出,苏州在休闲化进程中,住宿餐饮业规模、城际交通客运规模、文化设施规模、入境旅游接待规模等指标发展较好,表明苏州文化和旅游资源丰富,城市休闲功能突出。同时,苏州市发达的交通网络也为居民休闲化的生活方式提供便利。

低于均值水平的指标有16个,占指标总数的51.61%,主要有城市居民人均交通通信消费支出,城市居民人均教育文化娱乐服务消费支出,国内旅游人数,公园绿地面积,城市居民人均可支配收入,城市居民家庭人均消费性支出,城市绿地面积,城市居民人均医疗保健消费支出,城市居民人均家庭设备用品及服务消费支出,城市化率,剧场、影剧院个数,第三产业占地区生产总值比重,第三产业就业人数占全部就业人数的比重,城镇居民家庭恩格尔系数,城市(建成区)绿化覆盖率,城市居民消费价格指数。其中,指标水平值最低的是城市居民消费价格指数(0.010),其次是城市(建成区)绿化覆盖率(0.167)。从中可以看出,苏州在城市休闲化进程中表现较弱的方面主要在国内旅游接待规模、人均休闲消费水平、第三产业发展状况、城市绿化环境等方面,苏州的人均休闲供给产品和居民消费需求之间匹配度有待加强,见图5-2。

第三节 特大城市休闲化指数分析

特大城市的常住人口规模在500万以上1000万以下,符合这一标准有杭州、南京、合肥、宁波、温州、无锡、徐州、南通8个城市。从上述城市所属的地区看,有4个城市属于江苏省,有3个城市属于浙江省,有1个城市属于安徽省。从城市行政级别看,杭州、南京、合肥属于省会城市,宁波属于计划单列市,其余为省辖地级市。8个特大型城市在31个休闲化指标属性方面呈现出来的特征如下。

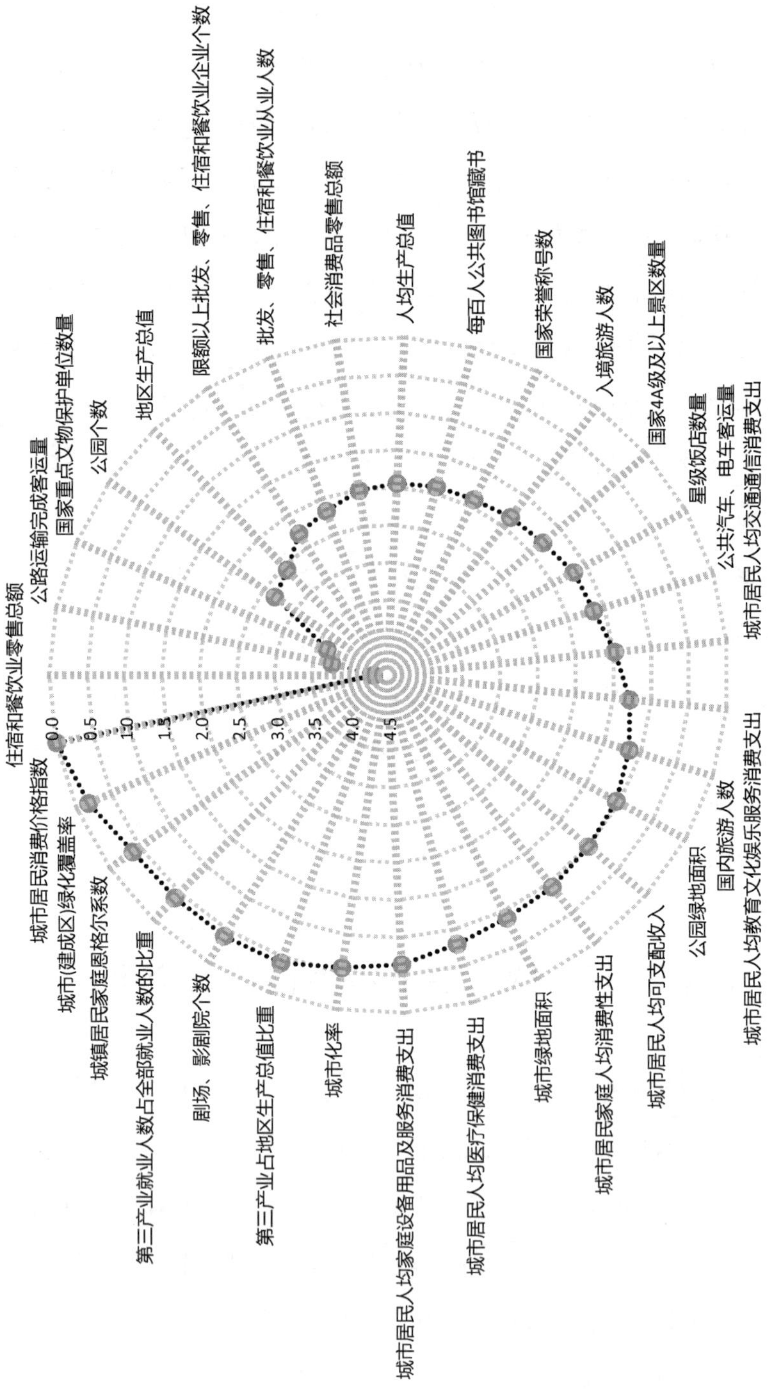

图 5 - 2　苏州 31 个指标水平排列图

一、杭州

杭州是国务院批复确定的中国浙江省省会和全省经济、文化、科教中心,也是环杭州湾大湾区核心城市、沪嘉杭 G60 科创走廊中心城市、国际重要的电子商务中心。杭州人文古迹众多,西湖及其周边有大量的自然及人文景观遗迹,杭州具有代表性的文化有西湖文化、良渚文化、丝绸文化、茶文化,以及流传下来的许多故事传说。从数据分析可以看出,杭州 31 个指标水平值区间在 0～4.5 之间,均值水平是 1.667。高于均值水平的指标有 15 个,占指标总数的 48.39%,主要有入境旅游人数,公园个数,限额以上批发、零售、住宿和餐饮业企业个数,公共汽车、电车客运量,剧场、影剧院个数,星级饭店数量,国家重点文物保护单位数量,公园绿地面积,社会消费品零售总额,每百人公共图书馆藏书,批发、零售、住宿和餐饮业从业人数,城市绿地面积,国家荣誉称号数,地区生产总值,国家 4A 级及以上景区数量。其中,指标水平值最高的是入境旅游人数(4.24),其次是公园个数(3.877)。从中可以看出,杭州重视旅游接待服务、住宿餐饮服务、公共设施服务、交通客运服务等,共同推动了杭州市休闲化进程。

低于均值水平的指标有 16 个,占指标总数的 51.61%,主要有城市居民人均交通通信消费支出,国内旅游人数,人均生产总值,城市居民人均医疗保健消费支出,公路运输客运量,城市居民家庭人均消费性支出,城市居民人均可支配收入,城市居民人均教育文化娱乐服务消费支出,城市居民人均家庭设备用品及服务消费支出,城市化率,第三产业就业人数占全部就业人数的比重,第三产业占地区生产总值比重,城镇居民家庭恩格尔系数,住宿和餐饮业零售总额,城市(建成区)绿化覆盖率,城市居民消费价格指数。其中,指标水平值最低的是城市居民消费价格指数(0.010),

其次是城市(建成区)绿化覆盖率(0.165)。从中可以看出,杭州在城市休闲化进程中发展较弱的指标有经济发展水平、人均休闲消费水平、城市生态环境建设等方面,这说明杭州在城市生态文明建设方面和经济发展程度方面需要加强,见图 5-3。

二、南京

南京是中国四大古都之一,是我国首批国家历史文化名城,拥有 6 000 多年的文明史、近 2 500 年的建城史和近 500 年的建都史,是中华文明的重要发祥地,长期是中国南方的政治、经济和文化中心,历史文化资源丰富。随着经济迅速发展,南京已成为长三角辐射带动中西部地区发展的国家重要门户城市。从数据分析可以看出,南京 31 个指标水平值区间在 0~4 之间,均值水平是 1.453。高于均值水平的指标有 13 个,占指标总数的 41.94%,主要有城市绿地面积,住宿和餐饮业零售总额,国家重点文物保护单位数量,批发、零售、住宿和餐饮业从业人数,公园绿地面积,公园个数,限额以上批发、零售、住宿和餐饮业企业个数,社会消费品零售总额,剧场、影剧院个数,国家荣誉称号数,地区生产总值,公共汽车、电车客运量,人均生产总值。其中指标水平值最高的是城市绿地面积(3.677),其次是住宿和餐饮业零售总额(3.462)。从中可以看出,南京在城市休闲化进程中的城市绿化、住宿餐饮业规模、交通客运规模、文化娱乐规模等发展态势较好,表明南京休闲生活服务业整体发展状况良好。

低于均值水平的指标有 18 个,占指标总数的 58.06%,主要有城市居民人均教育文化娱乐服务消费支出,星级饭店数量,国家 4A 级及以上景区数量,国内旅游人数,公路运输客运量,城市居民人均交通通信消费支出,城市居民人均可支配收入,城市居民人均医疗保健消费支出,城市居民家庭人均消费性支出,每百人公共图书馆藏书,入境旅游人数,城市居

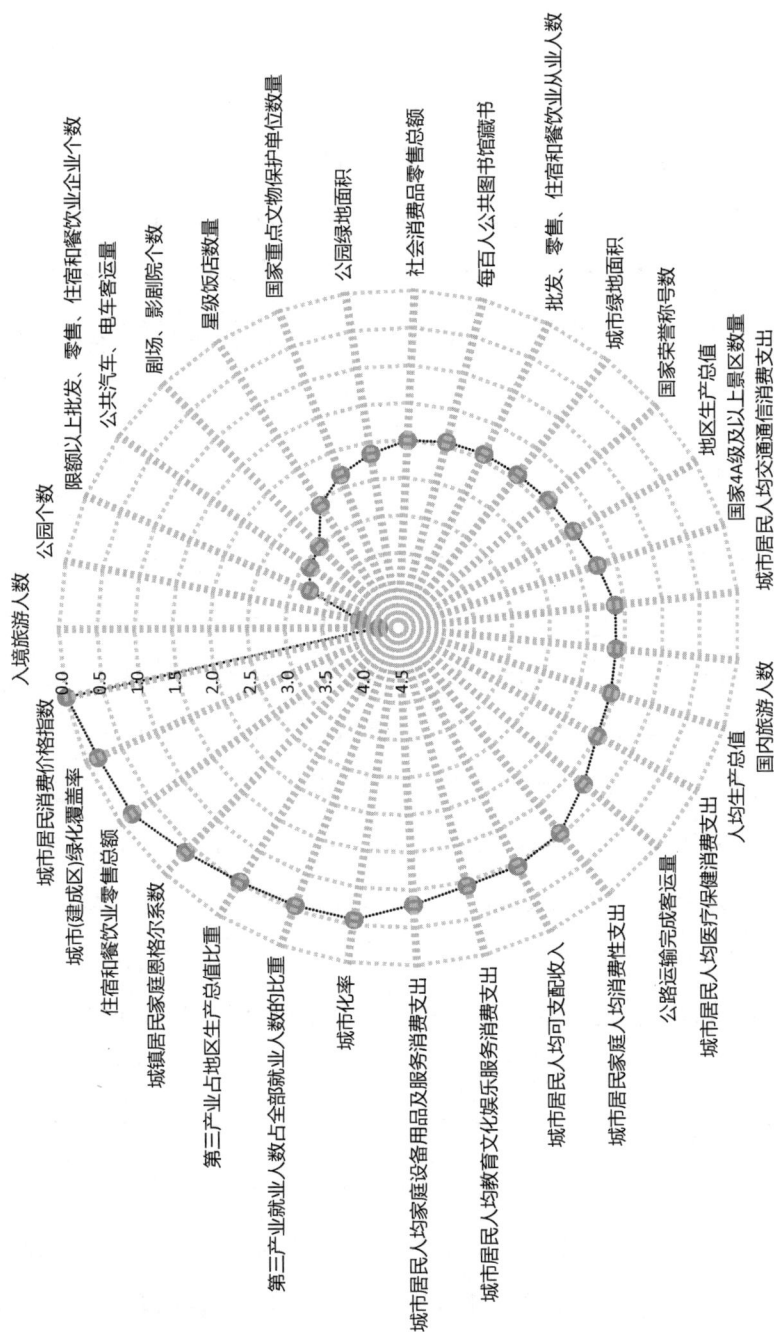

图 5 - 3 杭州 31 个指标水平排列图

民人均家庭设备用品及服务消费支出,城市化率,第三产业就业人数占全部就业人数的比重,第三产业占地区生产总值比重,城镇居民家庭恩格尔系数,城市(建成区)绿化覆盖率,城市居民消费价格指数。其中,指标水平值最低的是城市居民消费价格指数(0.010),其次是城市(建成区)绿化覆盖率(0.182)。从中可以看出,南京市低于均值水平的指标主要体现在公共服务设施规模、旅游接待规模以及各项人均指标,这表明南京在城市休闲进程中公共服务水平相对较低,城市对外吸引力也较弱,见图 5-4。

三、合肥

合肥是安徽省省会,长三角城市群副中心,综合性国家科学中心,"一带一路"和长江经济带战略双节点城市。同时,也是世界科技城市联盟会员城市、中国最爱阅读城市、中国集成电路产业中心城市、国家科技创新型试点城市、中国四大科教基地之一,有"江淮首郡、吴楚要冲"的美誉。从数据分析可以看出,合肥 31 个指标水平值区间在 0~2 之间,均值水平是 0.776。高于均值水平的指标有 16 个,占指标总数的 51.61%,主要有剧场、影剧院个数,公园绿地面积,公共汽车、电车客运量,国内旅游人数,国家 4A 级及以上景区数量,人均生产总值,地区生产总值,社会消费品零售总额,限额以上批发、零售、住宿和餐饮业企业个数,公园个数,城市居民人均交通通信消费支出,公路运输客运量,国家荣誉称号数,批发、零售、住宿和餐饮业从业人数,城市绿地面积,星级饭店数量。其中,指标水平值最高的是剧场、影剧院个数(1.603),其次是公园绿地面积(1.285)。从中可以看出,合肥在城市休闲化进程中,公共服务设施规模、交通运输规模、住宿餐饮业规模、城市绿化规模等发展较好,这说明合肥的休闲产业供给和本地居民休闲消费需求之间相对协调。

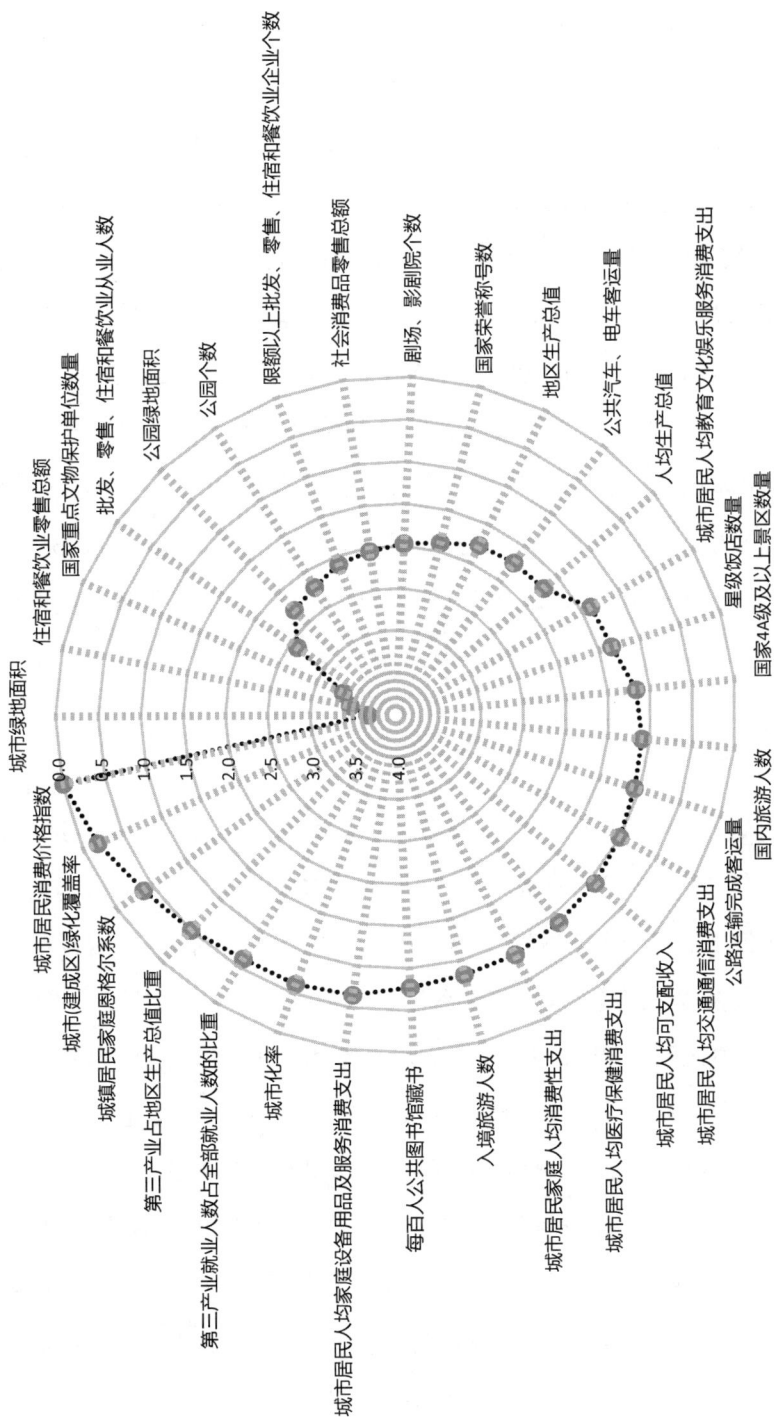

图 5-4　南京 31 个指标水平排列图

低于均值水平的指标有 15 个,占指标总数的 48.39%,主要有每百人公共图书馆藏书,城市居民人均教育文化娱乐服务消费支出,城市居民人均可支配收入,城市居民家庭人均消费性支出,住宿和餐饮业零售总额,城市化率,第三产业就业人数占全部就业人数的比重,城市居民人均医疗保健消费支出,入境旅游人数,第三产业占地区生产总值比重,城市居民人均家庭设备用品及服务消费支出,国家重点文物保护单位数量,城镇居民家庭恩格尔系数,城市(建成区)绿化覆盖率,城市居民消费价格指数。其中,指标水平值最低的是城市居民消费价格指数(0.010),其次是城市(建成区)绿化覆盖率(0.175)。从中可以看出,合肥在城市休闲化进程中表现较弱的方面主要在各项人均休闲消费水平、第三产业发展状况、入境旅游接待规模等方面,说明合肥对外吸引力不强,第三产业服务业供给不足。此外,各项人均消费水平指标也相对较弱。见图 5-5。

四、宁波

宁波属于典型的江南水乡兼海港城市,是中国大运河南端出海口、"海上丝绸之路"东方始发港,是首批沿海开放城市、中国东南沿海重要的港口城市、长江三角洲南翼经济中心,国家历史文化名城,中国著名的院士之乡,历史文化悠久,人文底蕴深厚。从数据分析可以看出,宁波 31 个指标水平值区间在 0~3 之间,均值水平是 1.139。高于均值水平的指标有 14 个,占指标总数的 45.16%,主要有公园个数,限额以上批发、零售、住宿和餐饮业企业个数,剧场、影剧院个数,星级饭店数量,国家重点文物保护单位数量,国家荣誉称号数,人均生产总值,地区生产总值,社会消费品零售总额,城市居民人均交通通信消费支出,国家 4A 级及以上景区数量,公园绿地面积,城市绿地面积,公共汽车、电车客运量。其中,指标水平值最高的是公园个数(2.915),其次是限额以上批发、零售、住宿和餐饮

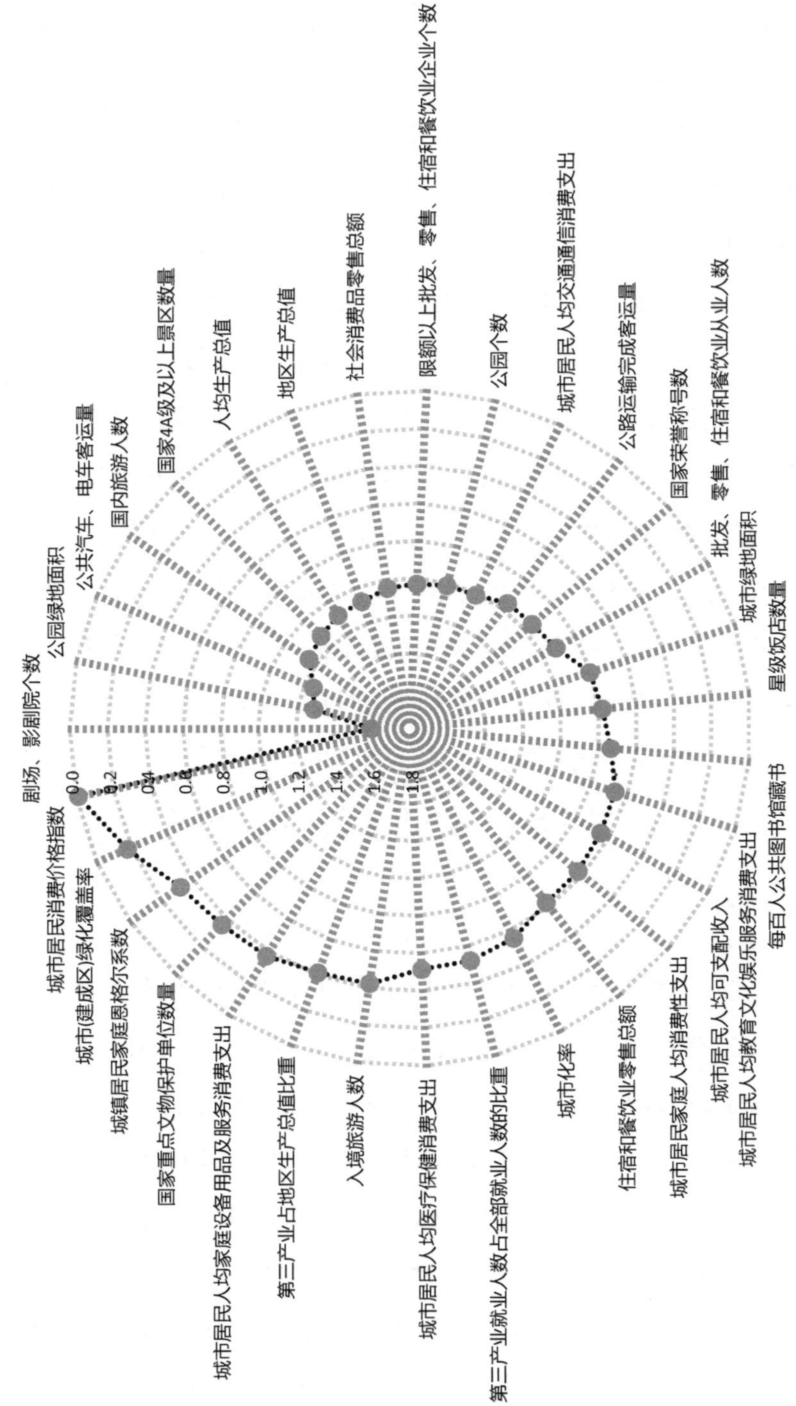

图 5 - 5　合肥 31 个指标水平排列图

业企业个数(2.715)。从中可以看出,宁波在城市休闲化进程中,住宿餐饮业规模、公共设施规模、休闲旅游接待设施规模等方面发展较好,这说明宁波的休闲娱乐产业供给相对充足,相关硬件服务设施比较完备。

低于均值水平的指标有 17 个,占指标总数的 54.84%,主要有国内旅游人数,每百人公共图书馆藏书,城市居民人均教育文化娱乐服务消费支出,城市居民人均可支配收入,城市居民家庭人均消费性支出,城市居民人均医疗保健消费支出,入境旅游人数,批发、零售、住宿和餐饮业从业人数,城市居民人均家庭设备用品及服务消费支出,住宿和餐饮业零售总额,城市化率,公路运输客运量,第三产业就业人数占全部就业人数的比重,第三产业占地区生产总值比重,城镇居民家庭恩格尔系数,城市(建成区)绿化覆盖率,城市居民消费价格指数。其中,指标水平值最低的是城市居民消费价格指数(0.010),其次是城市(建成区)绿化覆盖率(0.167)。从中可以看出,宁波在城市休闲化发展进程中表现较弱的指标有旅游接待规模、城市生态环境建设、各项休闲消费水平等方面,这说明宁波的旅游业发展还有很大的发展空间,在休闲消费水平提升和休闲环境改善方面还需努力,见图 5 - 6。

五、温州

温州是东南沿海重要的商贸城市和区域中心城市。温州是国家历史文化名城,素有"东南山水甲天下"之美誉。温州历史悠久,拥有丰厚的文化底蕴和独特的自然资源,非物质文化遗产资源十分丰富。从数据分析可以看出,温州 31 个指标水平值区间在 0~3 之间,均值水平是 0.829。高于均值水平的指标有 15 个,占指标总数的 48.39%,主要有公路运输客运量,限额以上批发、零售、住宿和餐饮业企业个数,公园个数,国家荣誉称号数,星级饭店数量,社会消费品零售总额,每百人公共图书馆藏书,国内旅游人数,公园绿地面积,城市居民人均交通通信消费支出,城市居民

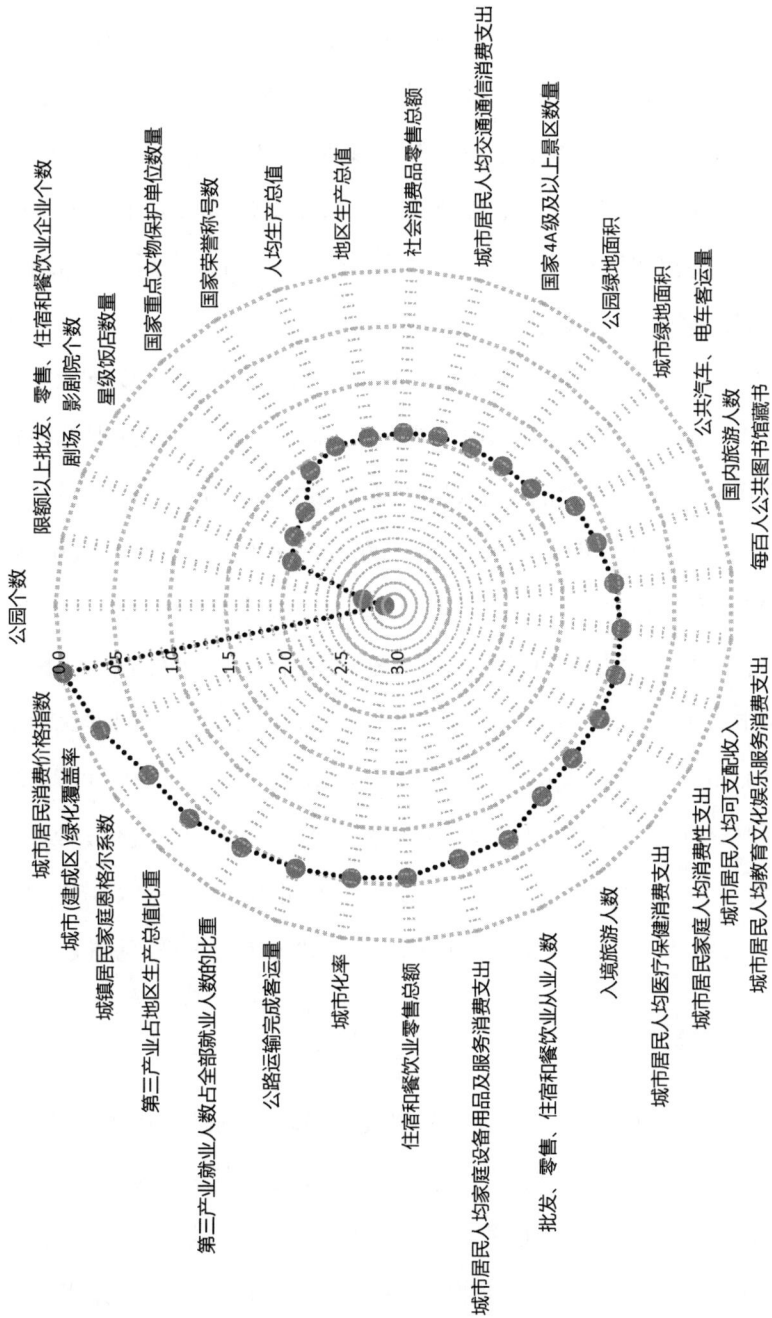

图 5-6 宁波 31 个指标水平排列图

人均教育文化娱乐服务消费支出,国家重点文物保护单位数量,城市居民家庭人均消费性支出,城市居民人均可支配收入,国家 4A 级及以上景区数量。其中,指标水平值最高的是公路运输客运量(2.682),其次是限额以上批发、零售、住宿和餐饮业企业个数(1.494)。从中可以看出,交通客运规模、住宿餐饮业规模、旅游接待规模等方面在温州城市休闲化进程中占有重要地位,表明温州的城市居民休闲消费需求较高,生活相对舒适,休闲需求与休闲供给较为匹配。

低于均值水平的指标有 16 个,占指标总数的 51.61%,主要有地区生产总值,人均生产总值,公共汽车、电车客运量,城市居民人均医疗保健消费支出,城市居民人均家庭设备用品及服务消费支出,入境旅游人数,城市绿地面积,住宿和餐饮业零售总额,城市化率,第三产业占地区生产总值比重,第三产业就业人数占全部就业人数的比重,城镇居民家庭恩格尔系数,批发、零售、住宿和餐饮业从业人数,剧场、影剧院个数,城市(建成区)绿化覆盖率,城市居民消费价格指数。其中,指标水平值最低的是城市居民消费价格指数(0.010),其次是城市(建成区)绿化覆盖率(0.149)。从中可以看出,温州在城市休闲化发展进程中表现较弱的指标有城市生态环境建设、各项休闲消费水平、文化设施规模等方面,这说明温州的休闲生态文明建设还有很大的发展空间,在休闲产业结构优化方面还要做大量工作,见图 5-7。

六、无锡

无锡北倚长江、南滨太湖,被誉为“太湖明珠”,是国家历史文化名城。无锡自古就是鱼米之乡,素有布码头、钱码头、窑码头、丝都、米市之称。无锡有鼋头渚、灵山大佛、无锡中视影视基地等景点,是我国优秀旅游城市,休闲旅游资源丰富。从数据分析可以看出,无锡 31 个指标水平值区间在 0~5 之间,均值水平是 1.062。高于均值水平的指标有 10 个,占指

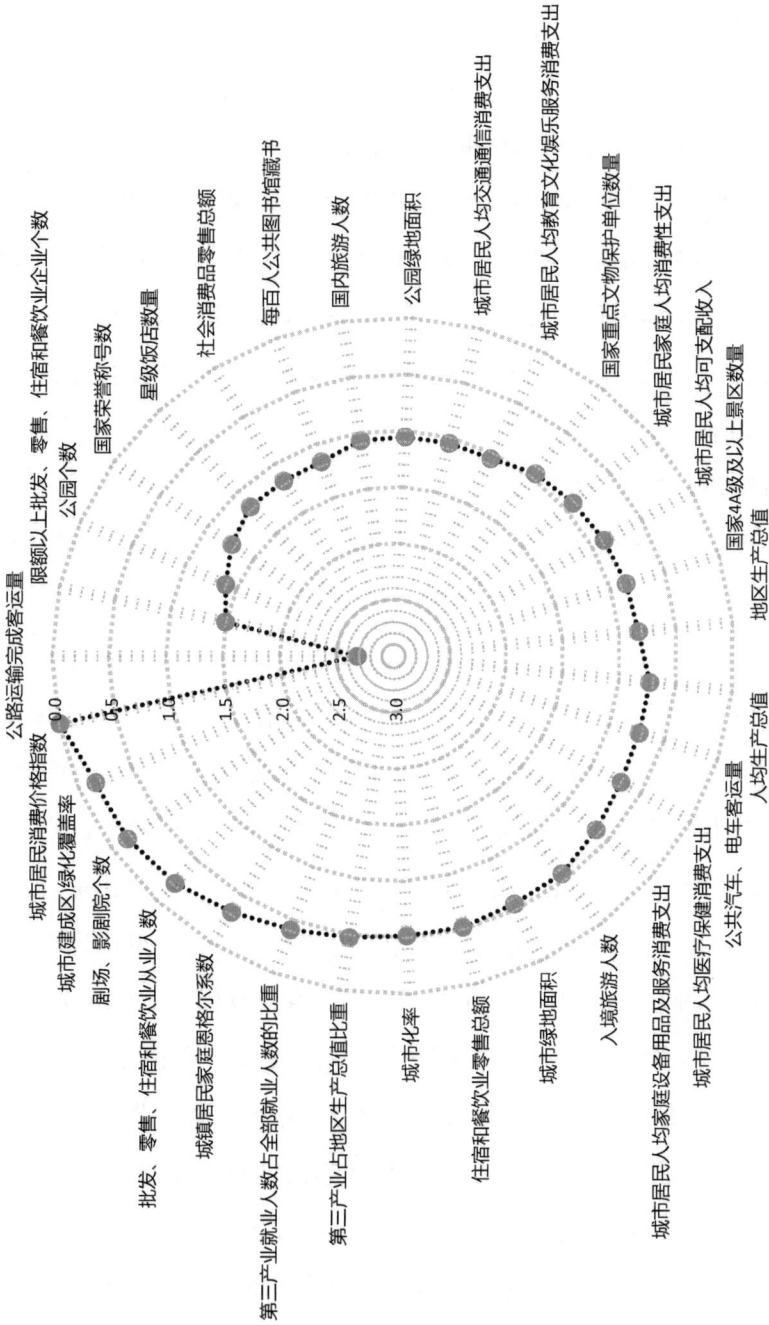

图 5-7　温州 31 个指标水平排列图

标总数的 32.26％，主要有批发、零售、住宿和餐饮业从业人数，国家重点文物保护单位数量，人均生产总值，住宿和餐饮业零售总额，地区生产总值，限额以上批发、零售、住宿和餐饮业企业个数，国家 4A 级及以上景区数量，社会消费品零售总额，城市居民人均交通通信消费支出和每百人公共图书馆藏书。其中，指标水平值最高的是批发、零售、住宿和餐饮业从业人数（4.933），其次是国家重点文物保护单位数量（1.967）。从中可以看出，无锡在城市休闲化发展进程中指标较好的有住宿餐饮业规模、文化设施规模、旅游休闲设施与国内游客接待规模等，反映出无锡的休闲娱乐产业供给和居民消费需求相对较好，同时也彰显了无锡市历史文化名城和优秀旅游城市的气质和魅力。

　　低于指标水平值的有 21 个，占指标总数的 67.74％，主要有公共汽车、电车客运量，城市居民人均教育文化娱乐服务消费支出，国家荣誉称号数，城市居民人均医疗保健消费支出，城市居民人均可支配收入，公园个数，国内旅游人数，公园绿地面积，剧场、影剧院个数，城市居民家庭人均消费性支出，城市绿地面积，星级饭店数量，公路运输客运量，入境旅游人数，城市居民人均家庭设备用品及服务消费支出，城市化率，第三产业就业人数占全部就业人数的比重，第三产业占地区生产总值比重，城镇居民家庭恩格尔系数，城市（建成区）绿化覆盖率，城市居民消费价格指数。其中，指标水平值最低的是城市居民消费价格指数（0.010），其次是城市（建成区）绿化覆盖率（0.174）。从中可以看出，无锡在城市化发展进程中，表现较弱的指标有各项人均休闲消费水平、城市绿化建设、交通客运规模、第三产业发展状况等方面，说明无锡在第三产业服务业供给方面还有不少薄弱之处。此外，生态环境建设和交通通达性也有待加强。根据休闲城市评价标准体系，无锡休闲结构体系理论中的环境休闲力、基础休闲力、核心休闲力都存在发展空间，见图 5-8。

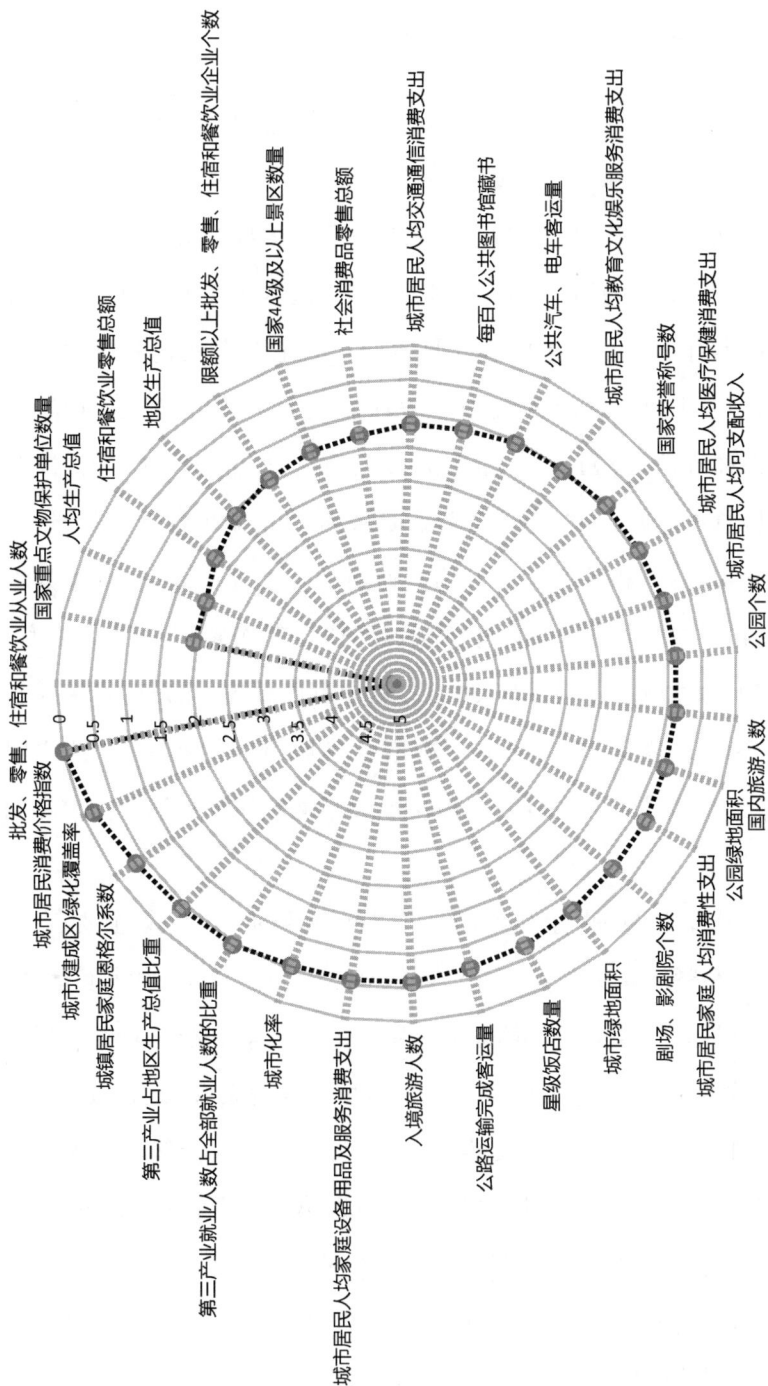

图 5 - 8　无锡 31 个指标水平排列图

七、徐州

　　徐州是华东地区重要的经济、科教、文化、金融、医疗和对外贸易中心，也是国家"一带一路"重要节点城市、长三角北翼重要中心城市，有"中国工程机械之都"和"五省通衢"的美誉。从数据分析可以看出，徐州 31 个指标水平值区间在 0～1.6 之间，均值水平是 0.700。高于均值水平的指标有 12 个，占指标总数的 38.71%，主要有住宿和餐饮业零售总额，限额以上批发、零售、住宿和餐饮业企业个数，公路运输客运量，国家荣誉称号数，公园个数，城市居民人均医疗保健消费支出，社会消费品零售总额，地区生产总值，国家 4A 级及以上景区数量，星级饭店数量，人均生产总值和城市居民人均交通通信消费支出。其中，指数水平值最高的是住宿和餐饮业零售总额(1.536)，其次是限额以上批发、零售、住宿和餐饮业企业个数(1.502)。从中可以看出，徐州市重视住宿餐饮业服务、交通客运服务、公共设施服务等城市休闲化指标，这说明徐州的第三产业发展相对发达，休闲娱乐产业供给和居民消费需求之间匹配度相对较好。

　　低于均值水平的指标有 19 个，占指标总数的 61.29%，主要有批发、零售、住宿和餐饮业从业人数，公园绿地面积，公共汽车、电车客运量，城市绿地面积，城市居民人均家庭设备用品及服务消费支出，城市居民人均教育文化娱乐服务消费支出，城市居民家庭人均消费性支出，城市居民人均可支配收入，国内旅游人数，第三产业就业人数占全部就业人数的比重，城市化率，国家重点文物保护单位数量，第三产业占地区生产总值比重，每百人公共图书馆藏书，城镇居民家庭恩格尔系数，城市(建成区)绿化覆盖率，入境旅游人数，剧场、影剧院个数，城市居民消费价格指数。其中，指标水平值最低的是城市居民消费价格指数(0.010)，其次是剧场、影剧院个数(0.018)。从中可以看出,徐州在城市休闲化进程中表现较弱的方面主要在各项人均休闲消费水平、文化设施规模、城市绿化建设、入境旅游接待规模等方面,说明徐州在文化设施的投入、生态环境建设等方面存在不足,对外吸引力不够明显,见图5-9。

八、南通

南通是扬子江城市群的重要组成部分、上海大都市圈北翼门户城市、中国首批对外开放的14个沿海城市之一,集"黄金海岸"与"黄金水道"优势于一身,拥有长江岸线226千米,"据江海之会、扼南北之喉",被誉为"北上海"。从数据分析可以看出,南通31个指标水平值区间在0~2之间,均值水平是0.727。高于均值水平的指标有11个,占指标总数的35.48%,主要有国家荣誉称号数,住宿和餐饮业零售总额,限额以上批发、零售、住宿和餐饮业企业个数,人均生产总值,地区生产总值,星级饭店数量,社会消费品零售总额,城市居民人均交通通信消费支出,公路运输客运量,每百人公共图书馆藏书,城市居民人均医疗保健消费支出。其中,指标水平值最高的是国家荣誉称号数(1.786),其次是住宿和餐饮业零售总额(1.547)。从中可以看出,南通在城市休闲化进程中重视住宿餐饮业规模、旅游服务设施规模、交通客运规模等休闲化指标,与南通滨江临海的区位优势产生互动,使得社会生产力获得空前的发展活力。

低于均值水平的指标有20个,占指标总数的64.52%,主要有城市居民人均可支配收入,公园个数,批发、零售、住宿和餐饮业从业人数,公园绿地面积,城市居民人均教育文化娱乐服务消费支出,剧场、影剧院个数,城市居民家庭人均消费性支出,国家重点文物保护单位数量,城市化率,城市居民人均家庭设备用品及服务消费支出,第三产业就业人数占全部就业人数的比重,国内旅游人数,城市绿地面积,国家4A级及以上景区数

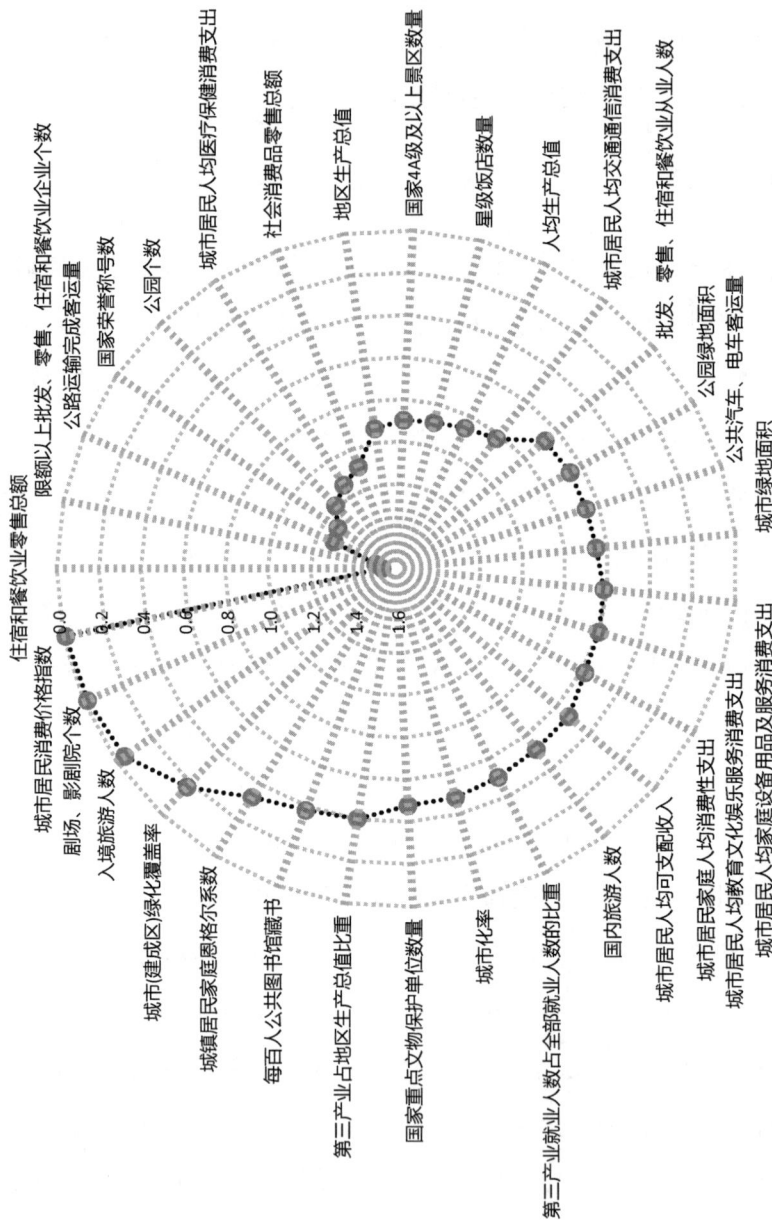

图 5 - 9　徐州 31 个指标水平排列图

量,公共汽车、电车客运量,第三产业占地区生产总值比重,城镇居民家庭恩格尔系数,入境旅游人数,城市(建成区)绿化覆盖率,城市居民消费价格指数。其中,指标水平值最低的是城市居民消费价格指数(0.010),其次是城市(建成区)绿化覆盖率(0.178)。从中可以看出,南通在城市休闲化发展进程中表现较弱的指标有城市生态环境建设、各项休闲消费水平、第三产业发展状况和入境旅游接待规模等方面,说明南通在生态环境建设、城市对外吸引力等方面存在短板。同时,南通的休闲娱乐相关产业供给状况与居民消费需求不相匹配,见图5-10。

第四节　Ⅰ型大城市休闲化指数分析

常住人口规模在300万以上500万以下的城市为Ⅰ型大城市,符合这一标准的城市有金华、盐城、台州、常州、嘉兴、绍兴、阜阳、扬州和泰州9个城市。其中金华、台州、嘉兴和绍兴4个城市属于浙江省,盐城、常州、扬州和泰州4个城市属于江苏省,仅有阜阳一个城市属于安徽省。由此可见,浙江省和江苏省城市发展水平和城市规模相似,而安徽省城市规模相对较小。对长三角9个Ⅰ型大城市31个指标属性的特征分析如下。

一、金华

金华,浙江省辖地级市,是国家级历史文化名城、中国十佳宜居城市之一、G60科创走廊中心城市等。2011年金华—义乌都市区被确定为浙江省的第四个大都市区。从数据分析可以看出,金华31个指标水平值区间在0~1.6之间,均值水平是0.763。高于均值水平的指标有17个,占指标总数的54.84%,主要有国家重点文物保护单位数量,公路运输客运量,城市居民人均交通通信消费支出,国家荣誉称号数,城市居民人均医疗保

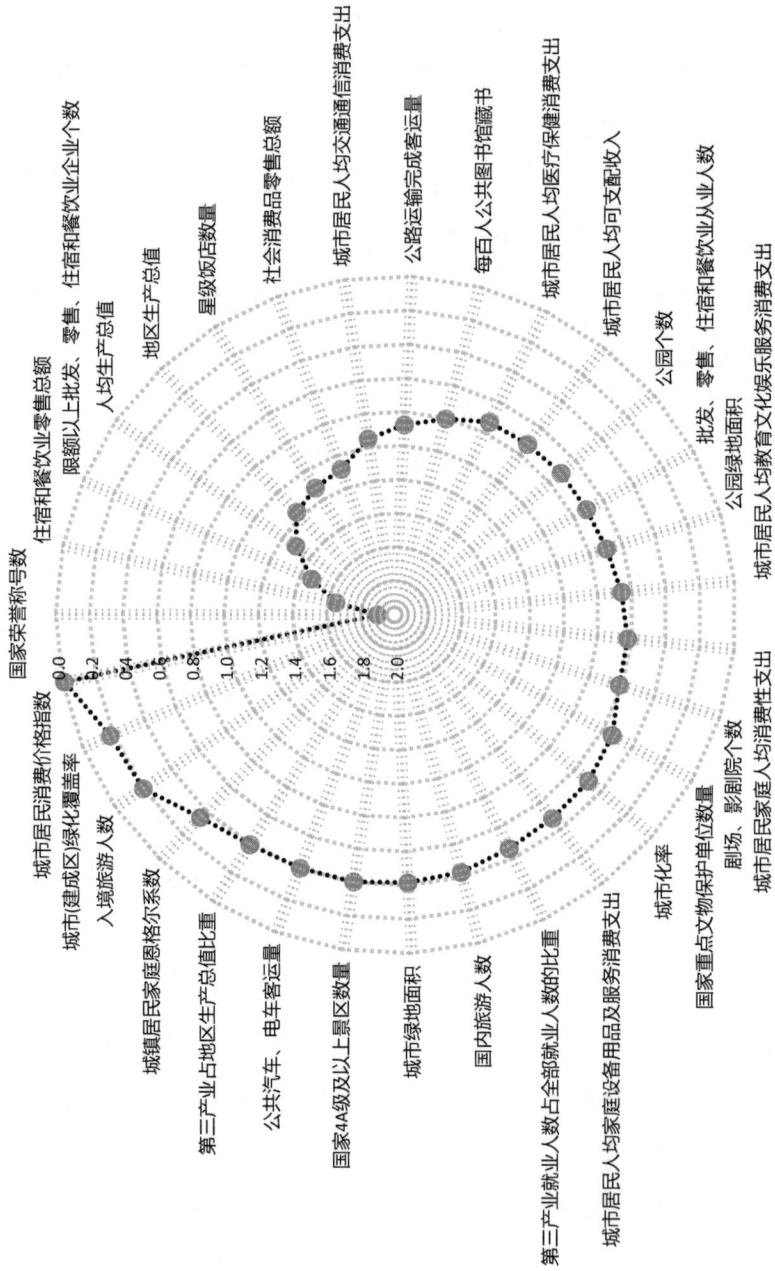

图 5-10 南通 31 个指标水平排列图

健消费支出,剧场、影剧院个数,国内旅游人数,国家 4A 级及以上景区数量,公园绿地面积,城市居民人均可支配收入,城市居民家庭人均消费性支出,入境旅游人数,限额以上批发、零售、住宿和餐饮业企业个数,人均生产总值,城市居民人均教育文化娱乐服务消费支出,社会消费品零售总额,星级饭店数量。其中,指标水平值最高的是国家重点文物保护单位数量(1.549),其次是公路运输客运量(1.387)。从中可以看出,金华在城市休闲化进程中,人均休闲消费水平、住宿餐饮业规模等发展态势良好,说明金华休闲娱乐产业及其相关配套设施的供给与居民的休闲娱乐需求适配度较高。

低于均值水平的指标有 14 个,占指标总数的 45.16%,主要有城市绿地面积,每百人公共图书馆藏书,城市居民人均家庭设备用品及服务消费支出,公园个数,公共汽车、电车客运量,地区生产总值,城市化率,第三产业占地区生产总值比重,城镇居民家庭恩格尔系数,第三产业就业人数占全部就业人数的比重,住宿和餐饮业零售总额,批发、零售、住宿和餐饮业从业人数,城市(建成区)绿化覆盖率,城市居民消费价格指数。从中可以看出,金华在城市休闲化进程中表现较弱的指标有第三产业发展状况、交通客运规模、生态环境建设、旅游接待规模等方面,说明金华服务业发展水平有待提高;在交通通达性、生态环境建设方面还存在休闲化发展的短板,见图 5-11。

二、盐城

盐城,江苏省辖地级市,长江三角洲中心区 27 城之一。盐城海陆空交通便捷,基本形成高速公路、铁路、航空、海运、内河航运五位一体的立体化交通运输网络。随着南洋国际机场、盐城港大丰港区、滨海港区、射阳港区、响水港区成为国家一类开放口岸,盐城市成为同时拥有空港、海

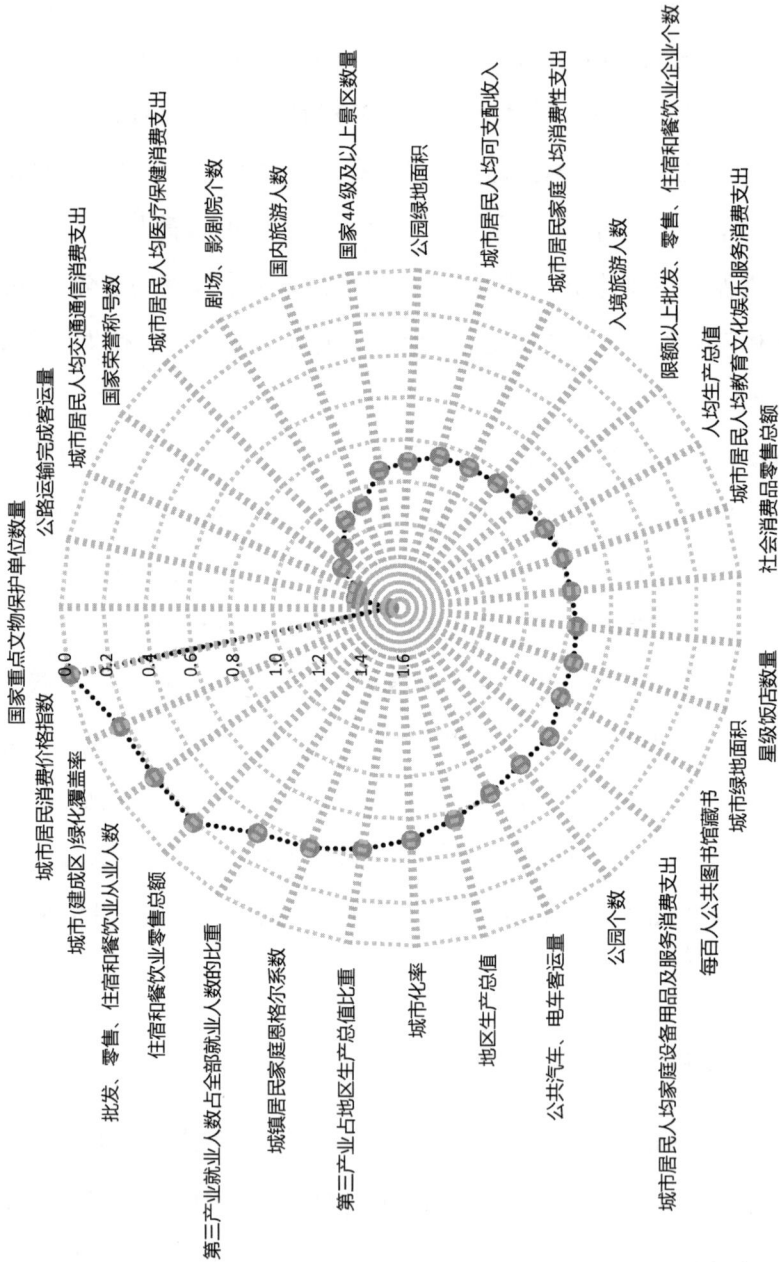

图 5 - 11 金华 31 个指标水平排列图

港两种一类开放口岸的地级市,是国家沿海发展和长三角一体化两大战略的交汇点。盐城被誉为"东方湿地、鹤鹿故乡",是丹顶鹤、麋鹿的故乡。从数据分析可以看出,盐城 31 个指标水平值区间在 0~1.5 之间,均值水平是 0.518。高于均值水平的指标有 16 个,占指标总数的 51.61%,主要有住宿和餐饮业零售总额,公园个数,人均生产总值,限额以上批发、零售、住宿和餐饮业企业个数,公路运输完成客运量,国家 4A 级及以上景区数量,地区生产总值,城市居民人均医疗保健消费支出,城市居民人均教育文化娱乐服务消费支出,城市居民人均交通通信消费支出,国家荣誉称号数,社会消费品零售总额,星级饭店数量,城市居民人均可支配收入,每百人公共图书馆藏书,城市居民家庭人均消费性支出。其中,指标水平值最高的是住宿和餐饮业零售总额(1.209),其次是公园个数(0.966)。从中可以看出,盐城在城市休闲化进程中表现较好的指标有住宿餐饮业规模、城际交通客运规模、旅游服务规模、教育文化服务规模,说明盐城的城市居民休闲消费需求较高,娱乐需求较为旺盛。

低于均值水平的指标有 15 个,占指标总数的 48.39%,主要有城市化率,城市居民人均家庭设备用品及服务消费支出,公园绿地面积,第三产业就业人数占全部就业人数的比重,批发、零售、住宿和餐饮业从业人数,第三产业占地区生产总值比重,城镇居民家庭恩格尔系数,公共汽车、电车客运量,城市绿地面积,国内旅游人数,国家重点文物保护单位数量,城市(建成区)绿化覆盖率,剧场、影剧院个数,入境旅游人数,城市居民消费价格指数。其中,指标水平值最低的是城市居民消费价格指数(0.010),其次是入境旅游人数(0.071)。从中可以看出,盐城在城市休闲化发展进程中表现较弱的指标有城市生态环境建设、旅游接待规模、城市第三产业发展状况、各项人均休闲消费水平等方面,这说明盐城在生态文明建设方面还有很大的发展空间。此外,尽管盐城的娱乐需求较为旺盛,但是相应的休闲娱乐产业供给相对单一,见图 5-12。

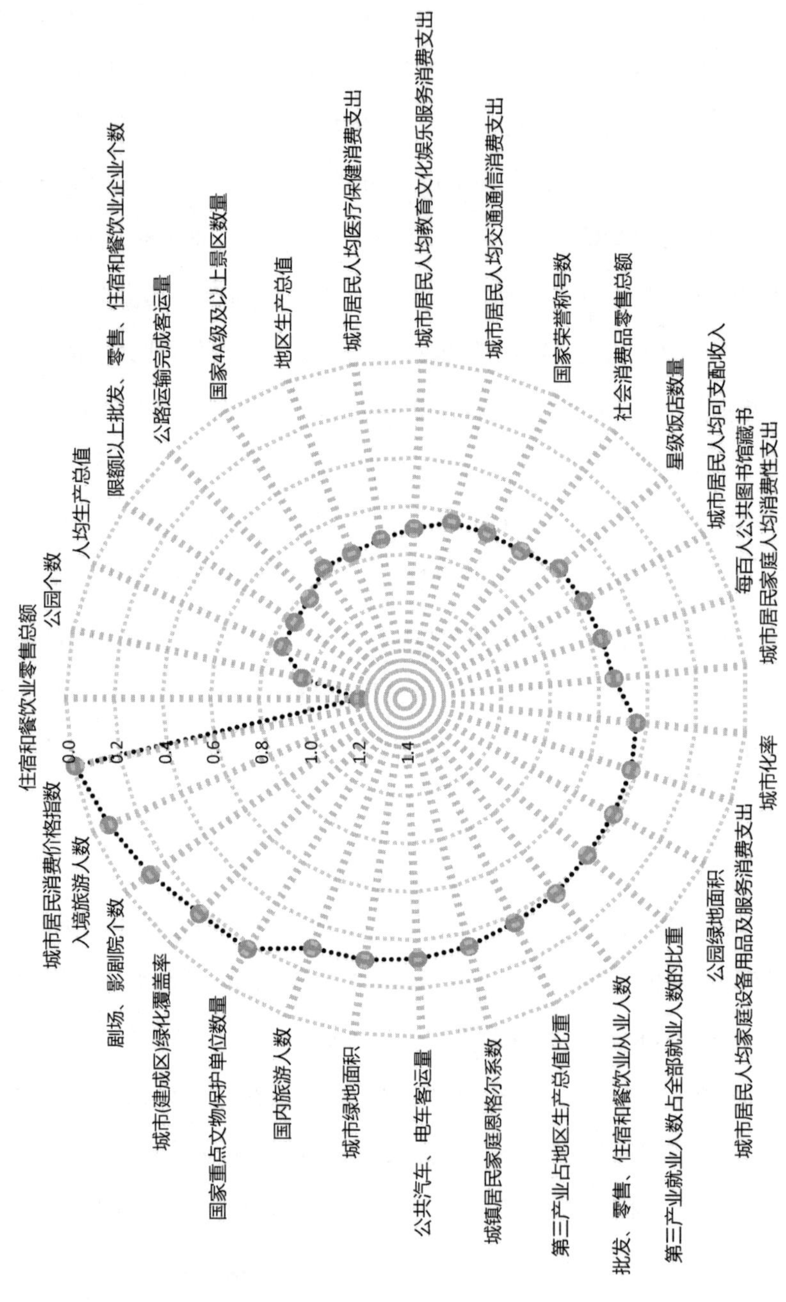

图 5 - 12　盐城 31 个指标水平排列图

三、台州

台州是江南水乡,水穿城过。历史上台州"河网密布、港汊交纵",水乡风韵不亚于苏杭,有"走遍苏杭、不如温黄"之说,素以佛宗道源享誉海内外,是佛教天台宗和道教南宗的发祥地。天台山以其深邃的文化内涵孕育出了博大精深的"和合文化"。台州是浙江"七山一水两分田"的缩影,是山、海、水和谐的生态福地。从数据分析可以看出,台州31个指标水平值区间在0～1.5之间,均值水平是0.666。高于均值水平的指标有18个,占指标总数的58.06%,主要有剧场、影剧院个数,城市居民人均交通通信消费支出,公园个数,国内旅游人数,星级饭店数量,国家荣誉称号数,公路运输客运量,人均生产总值,城市居民家庭人均消费性支出,城市居民人均可支配收入,公园绿地面积,社会消费品零售总额,限额以上批发、零售、住宿和餐饮业企业个数,城市居民人均医疗保健消费支出,城市居民人均教育文化娱乐服务消费支出,城市居民人均家庭设备用品及服务消费支出,国家4A级及以上景区数量,地区生产总值。其中,指标水平值最高的是剧场、影剧院个数(1.392),其次是城市居民人均交通通信消费支出(1.382)。从中可以看出,台州在城市休闲化进程中,旅游服务规模、城市交通客运规模、住宿餐饮业规模等发展态势良好,说明台州休闲娱乐产业及其相关配套设施的供给与居民的休闲娱乐需求适配度较高。

低于均值水平的指标有13个,占指标总数的41.94%,主要有国家重点文物保护单位数量,城市绿地面积,城市化率,第三产业占地区生产总值比重,第三产业就业人数占全部就业人数的比重,城镇居民家庭恩格尔系数,公共汽车、电车客运量,每百人公共图书馆藏书,住宿和餐饮业零售总额,批发、零售、住宿和餐饮业从业人数,入境旅游人数,城市(建成区)

绿化覆盖率,城市居民消费价格指数。从中可以看出,台州在城市休闲化进程中表现较弱的指标有城市绿化规模、商业零售规模、入境旅游接待规模、文化设施规模等方面,说明台州休闲化发展的整体环境有待优化与提升,城市休闲配套体系的完善、城市休闲功能的全面发展将是台州城市休闲化发展的重要着力点,见图 5-13。

四、常州

常州是长江三角洲中心城市之一、先进制造业基地和文化旅游名城,与苏州、无锡构成苏锡常都市圈。常州是有着 3 200 多年历史的文化名城,是长江文明和吴文化的发源地之一,境内风景名胜、历史古迹众多,历史文化名人荟萃。从数据分析可以看出,常州 31 个指标水平值区间在 0～2 之间,均值水平是 0.735。高于均值水平的指标有 12 个,占指标总数的 38.71%,主要有国家荣誉称号数,人均生产总值,限额以上批发、零售、住宿和餐饮业企业个数,住宿和餐饮业零售总额,城市居民人均交通通信消费支出,城市居民人均教育文化娱乐服务消费支出,每百人公共图书馆藏书,地区生产总值,城市居民人均医疗保健消费支出,社会消费品零售总额,城市居民人均可支配收入,城市居民家庭人均消费性支出。其中,指标水平值最高的是国家荣誉称号数(1.900),其次是人均生产总值(1.671)。从中可以看出,常州市在城市休闲化发展过程中,住宿餐饮业规模、教育文化娱乐规模、文化设施规模等发展良好,表明常州本地居民休闲消费需求较为旺盛,且消费水平相对较高。

低于均值水平的指标有 19 个,占指标总数的 61.29%,主要有星级饭店数量,公园个数,国内旅游人数,公园绿地面积,公共汽车、电车客运量,国家重点文物保护单位数量,国家 4A 级及以上景区数量,城市居民人均家庭设备用品及服务消费支出,城市化率,公路运输客运量,城市绿地面积,第三产业就业人数占全部就业人数的比重,第三产业占地区生产总值

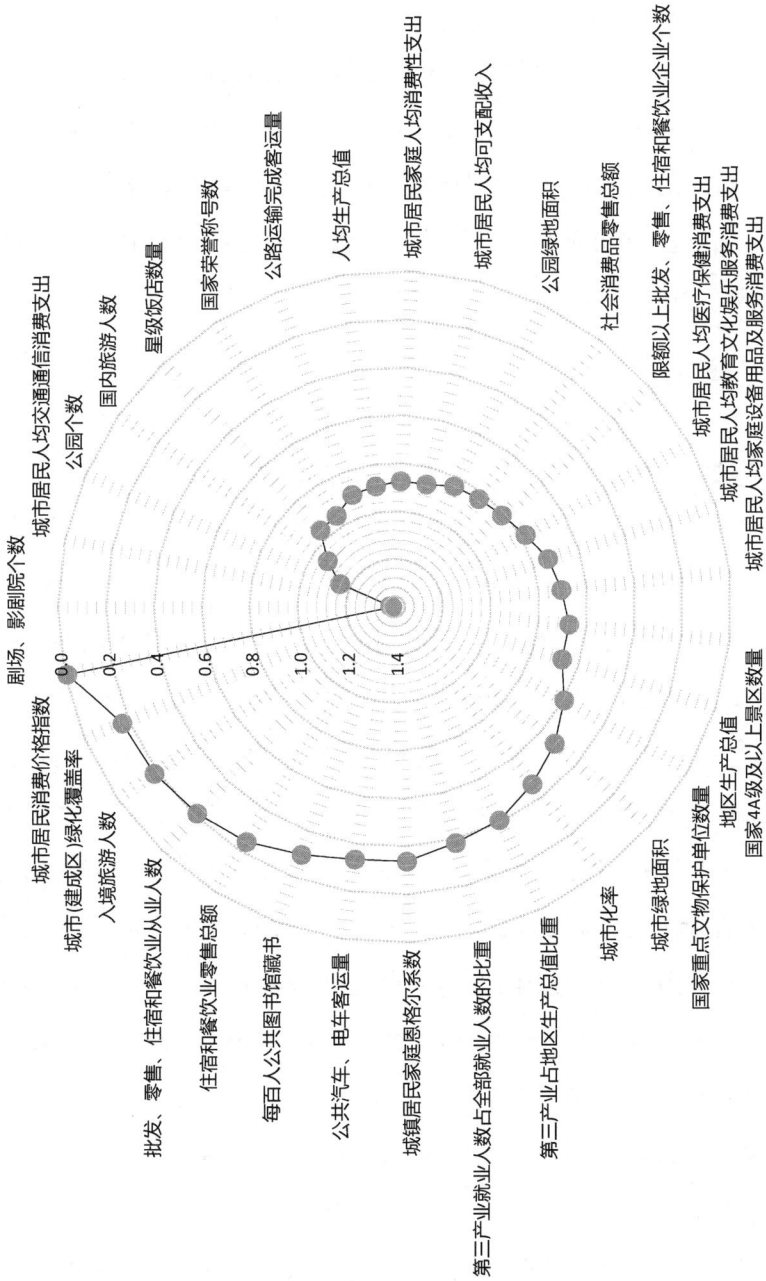

图 5-13　台州 31 个指标水平排列图

比重,城镇居民家庭恩格尔系数,批发、零售、住宿和餐饮业从业人数,入境旅游人数,城市(建成区)绿化覆盖率,剧场、影剧院个数,城市居民消费价格指数。其中,指标水平值最低的是城市居民消费价格指数(0.010),其次是剧场、影剧院个数(0.123)。从中可以看出,常州在城市休闲化发展进程中表现较弱的指标有旅游接待规模、城市生态环境建设、各项休闲消费水平等方面,说明常州的旅游业发展还有很大的发展空间,休闲消费产品供给和环境建设有待完善,见图 5 - 14。

五、嘉兴

嘉兴处江河湖海交汇之位,扼太湖南走廊之咽喉,是长三角城市群、上海大都市圈重要城市、浙江大湾区核心城市、杭州都市圈副中心城市,与上海、杭州、苏州、宁波等城市相距均不到百公里,是沪杭、苏杭交通干线中枢,区位优势明显。从数据分析可以看出,嘉兴 31 个指标水平值区间在 0~1.8 之间,均值水平是 0.705。高于均值水平的指标有 15 个,占指标总数的 48.39%,主要有每百人公共图书馆藏书,城市居民人均交通通信消费支出,国家荣誉称号数,人均生产总值,公园个数,剧场、影剧院个数,限额以上批发、零售、住宿和餐饮业企业个数,国内旅游人数,星级饭店数量,城市居民人均医疗保健消费支出,城市居民人均可支配收入,城市居民家庭人均消费性支出,城市居民人均教育文化娱乐服务消费支出,国家重点文物保护单位数量,公园绿地面积。其中,指标水平值最高的是每百人公共图书馆藏书(1.605),其次是城市居民人均交通通信消费支出(1.474)。从中可以看出,嘉兴在城市休闲化进程中,人均休闲消费水平、住宿餐饮业规模等发展态势良好,说明嘉兴休闲娱乐产业及其相关配套设施的供给与居民的休闲娱乐需求适配度较高。

低于均值水平的指标有 16 个,占指标总数的 51.61%,主要有社会消费品零售总额,地区生产总值,城市绿地面积,城市居民人均家庭设备用

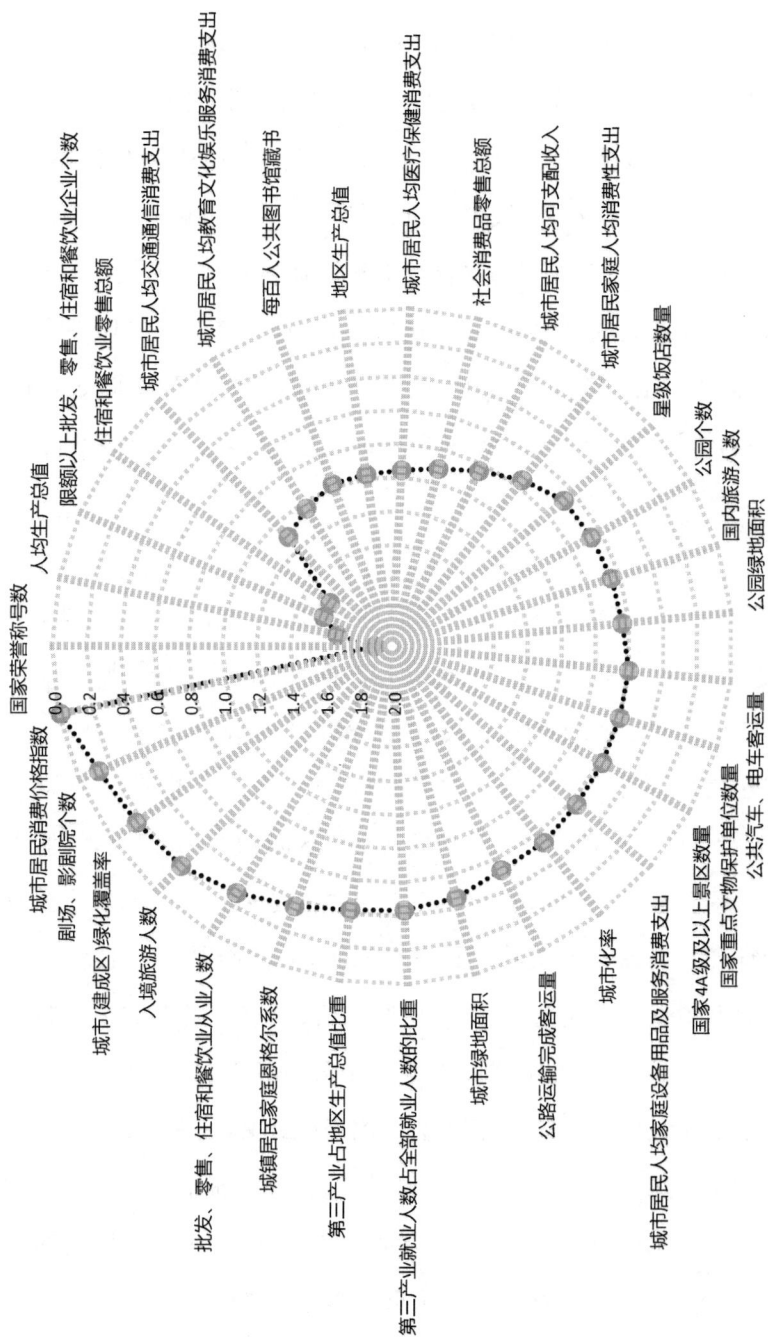

图 5-14　常州 31 个指标水平排列图

品及服务消费支出,国家 4A 级及以上景区数量,入境旅游人数,城市化率,第三产业就业人数占全部就业人数的比重,公路运输客运量,第三产业占地区生产总值比重,城镇居民家庭恩格尔系数,住宿和餐饮业零售总额,批发、零售、住宿和餐饮业从业人数,城市(建成区)绿化覆盖率,公共汽车、电车客运量,城市居民消费价格指数。从中可以看出,嘉兴在城市休闲化发展进程中表现较弱的指标有城市休闲环境建设、第三产业发展状况、住宿餐饮业规模、交通客运规模等方面,说明嘉兴在休闲生态文明建设方面还有很大的发展空间。此外,尽管嘉兴的娱乐需求较为旺盛,但是相应的休闲娱乐产业供给相对单一,休闲产品丰富度不够,见图 5-15。

六、绍兴

绍兴 2 500 多年建城史造就了其深厚的历史底蕴,是首批国家历史文化名城、联合国人居奖城市、东亚文化之都、中国优秀旅游城市、国家森林城市、中国民营经济最具活力城市,也是著名的水乡、桥乡、酒乡、书法之乡、名士之乡。绍兴素称"文物之邦、鱼米之乡",名人荟萃,古迹众多。从数据分析可以看出,绍兴 31 个指标水平值区间在 0~2 之间,均值水平是 0.739。高于均值水平的指标有 16 个,占指标总数的 51.61%,主要有国家荣誉称号数,国家重点文物保护单位数量,公园个数,限额以上批发、零售、住宿和餐饮业企业个数,人均生产总值,城市居民人均交通通信消费支出,国内旅游人数,城市居民人均医疗保健消费支出,城市居民人均可支配收入,星级饭店数量,每百人公共图书馆藏书,国家 4A 级及以上景区数量,城市居民人均教育文化娱乐服务消费支出,城市居民家庭人均消费性支出,公园绿地面积,地区生产总值。其中,指标水平值最高的是国家荣誉称号数(1.900),其次是国家重点文物保护单位数量(1.788)。从中可以看出,绍兴市在城市休闲化发展过程中,住宿餐饮业规模、旅游接待及

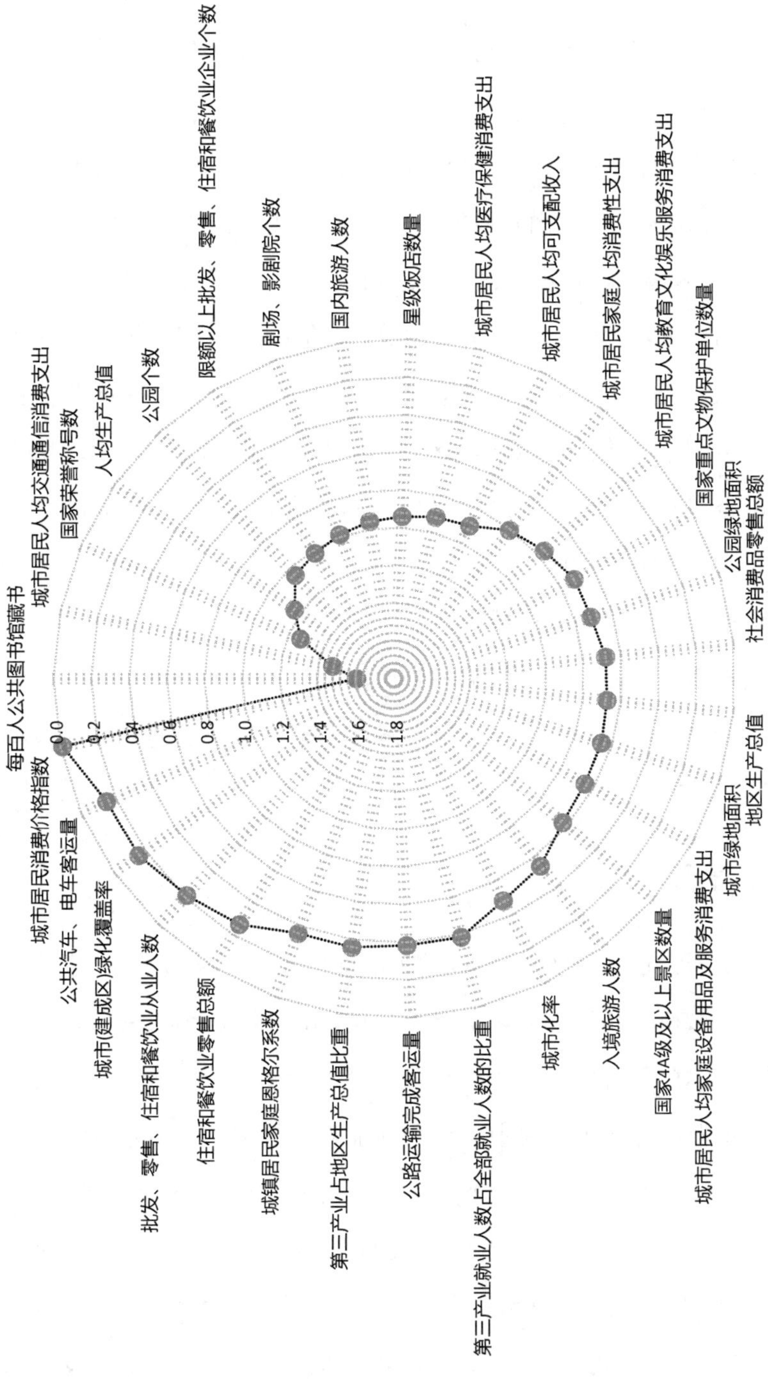

图 5 - 15　嘉兴 31 个指标水平排列图

服务设施规模、教育文化娱乐规模等发展良好,表明绍兴本地居民休闲消费需求较为旺盛,且消费水平相对较高,这与绍兴悠久的历史文化与丰富的人文资源直接相关。

低于均值水平的指标有 15 个,占指标总数的 48.39%,主要有社会消费品零售总额,城市绿地面积,城市化率,城市居民人均家庭设备用品及服务消费支出,第三产业占地区生产总值比重,第三产业就业人数占全部就业人数的比重,公共汽车、电车客运量,公路运输客运量,城镇居民家庭恩格尔系数,住宿和餐饮业零售总额,批发、零售、住宿和餐饮业从业人数,剧场、影剧院个数,城市(建成区)绿化覆盖率,入境旅游人数,城市居民消费价格指数。其中,指标水平值最低的是城市居民消费价格指数(0.010),其次是入境旅游人数(0.148)。从中可以看出,绍兴在城市休闲化发展进程中表现较弱的指标有城市生态环境建设、第三产业发展状况、交通运输规模等方面,绍兴较高的休闲消费需求与相关产业供给之间不相匹配,产业结构单一。此外,城市生态环境建设和交通通达性还有待进一步加强,见图 5-16。

七、阜阳

阜阳位居大京九经济协作带,是东部地区产业转移过渡带、中原经济区东部门户城市。其代表文化是淮河文化,历史悠久,名人荟萃。阜阳剪纸、颍上花鼓灯、界首彩陶等列入国家非物质文化遗产名录,阜南县出土的商代青铜器龙虎尊被列为中国十大国宝青铜器之一。从数据分析可以看出,阜阳 31 个指标水平值区间在 0~1 之间,均值水平是 0.290。高于均值水平的指标有 16 个,占指标总数的 51.61%,主要有公路运输客运量,城市居民人均交通通信消费支出,城市居民家庭人均消费性支出,公园个数,城市居民人均可支配收入,城市绿地面积,限额以上批发、零售、

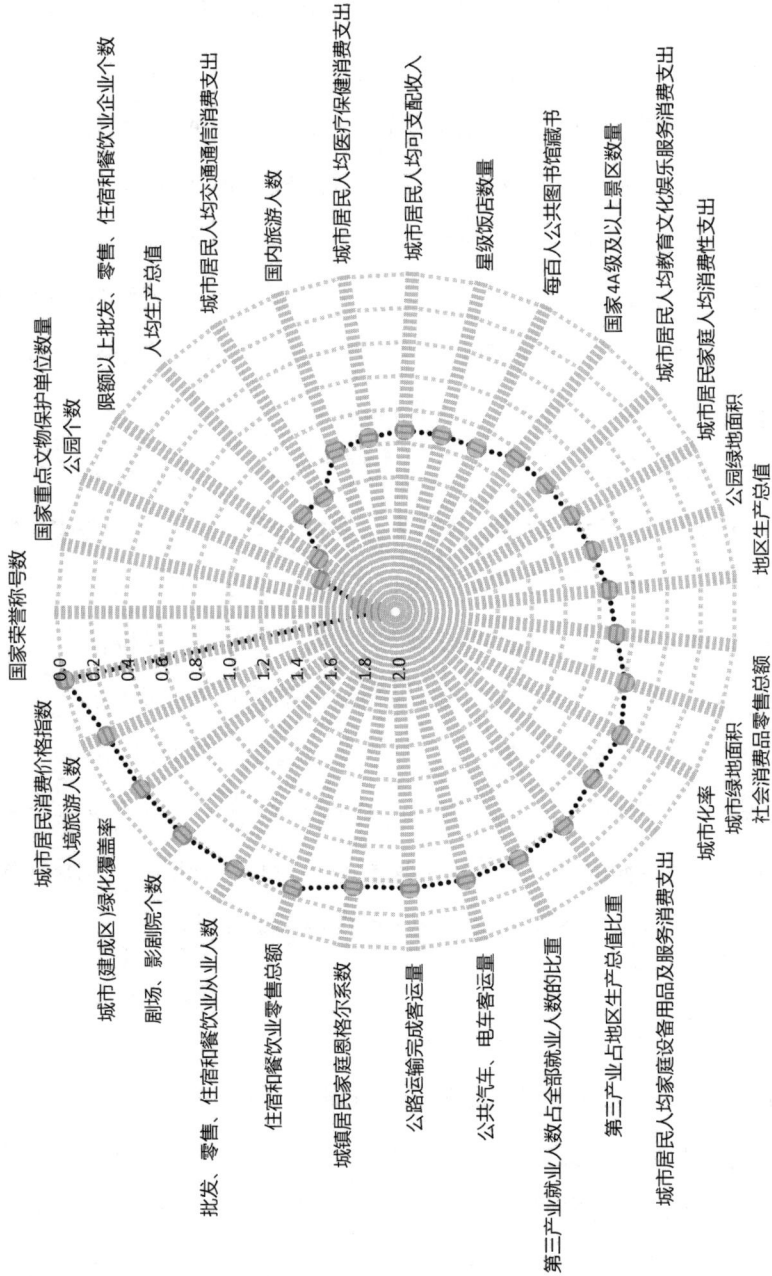

图 5 - 16 绍兴 31 个指标水平排列图

住宿和餐饮业企业个数,城市居民人均家庭设备用品及服务消费支出,城市居民人均教育文化娱乐服务消费支出,公园绿地面积,第三产业就业人数占全部就业人数的比重,社会消费品零售总额,第三产业占地区生产总值比重,城市居民人均医疗保健消费支出,城市化率,城镇居民家庭恩格尔系数。其中,指标水平值最高的是公路运输客运量(0.775),其次是城市居民人均交通通信消费支出(0.537)。从中可以看出,阜阳在城市休闲化进程中重视人均休闲消费水平、住宿餐饮业规模和交通客运规模的发展。阜阳是全国重要的综合交通枢纽,铁路、公路、航空、水运相互衔接的立体交通网是该市交通网络通达的主要原因。

低于均值水平的指标有 15 个,占指标总数的 48.39%,主要有公共汽车、电车客运量,国内旅游人数,地区生产总值,人均生产总值,剧场、影剧院个数,批发、零售、住宿和餐饮业从业人数,每百人公共图书馆藏书,城市(建成区)绿化覆盖率,国家 4A 级及以上景区数量,住宿和餐饮业零售总额,星级饭店数量,入境旅游人数,城市居民消费价格指数,国家重点文物保护单位数量,国家荣誉称号数。从中可以看出,阜阳在城市休闲化进程中表现较弱的指标有商业零售规模、文化设施规模、生态环境建设等方面,这说明阜阳休闲文化产业及设施发展不足,与居民旺盛的休闲消费需求不相符。此外,在生态环境建设方面也需进一步提升,见图 5 - 17。

八、扬州

扬州历史悠久,文化璀璨,是世界文化遗产城市、世界美食之都、世界运河之都、东亚文化之都、首批国家历史文化名城和具有传统特色的风景旅游城市。扬州独特的地理位置使得扬州在中国古代几乎经历了通史式的繁荣,并伴随着文化的兴盛,有江苏省陆域地理几何中心(扬州高邮市)之称,又有着"中国运河第一城"的美誉。从数据分析可以看出,扬州 31

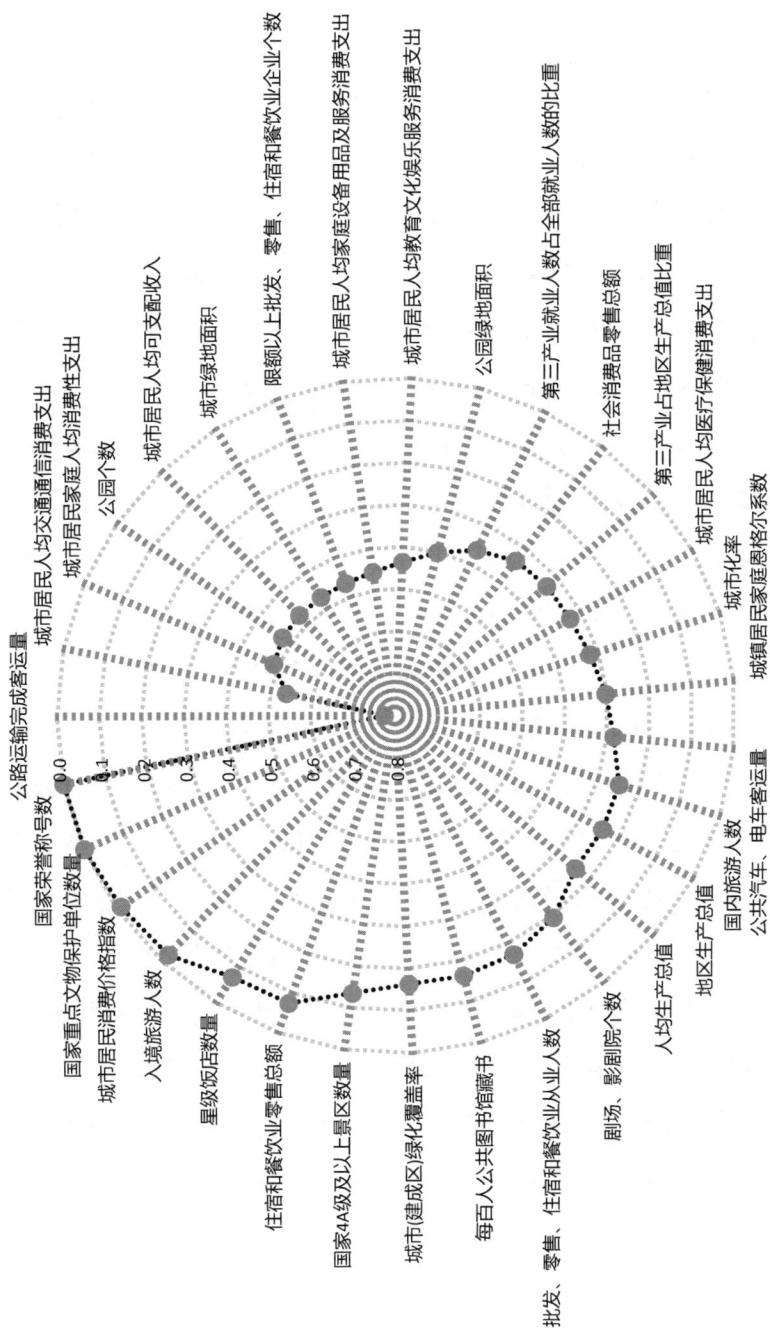

图 5－17 阜阳 31 个指标水平排列图

个指标水平值区间在 0～2 之间，均值水平是 0.682。高于均值水平的指标有 10 个，占指标总数的 32.26%，主要有国家荣誉称号数，公园个数，国家重点文物保护单位数量，人均生产总值，住宿和餐饮业零售总额，城市居民人均教育文化娱乐服务消费支出，每百人公共图书馆藏书，剧场、影剧院个数，地区生产总值，城市居民人均交通通信消费支出。其中，指标水平值最高的是国家荣誉称号数（1.900），其次是公园个数（1.711）。从中可以看出，扬州在城市休闲化进程中表现较好的指标有住宿餐饮业规模、教育文化娱乐规模等，这说明扬州的城市居民休闲消费需求较高，娱乐需求较为旺盛。

低于均值水平的指标有 21 个，占指标总数的 67.74%，主要有国家 4A 级及以上景区数量，城市居民人均可支配收入，星级饭店数量，城市居民家庭人均消费性支出，限额以上批发、零售、住宿和餐饮业企业个数，国内旅游人数，城市居民人均医疗保健消费支出，社会消费品零售总额，公园绿地面积，城市化率，第三产业就业人数占全部就业人数的比重，城市居民人均家庭设备用品及服务消费支出，公路运输客运量，公共汽车、电车客运量，第三产业占地区生产总值比重，批发、零售、住宿和餐饮业从业人数，城市绿地面积，城镇居民家庭恩格尔系数，城市（建成区）绿化覆盖率，入境旅游人数，城市居民消费价格指数。其中，指标水平值最低的是城市居民消费价格指数（0.010），其次是入境旅游人数（0.077）。从中可以看出，扬州在城市休闲化发展进程中表现较弱的指标有旅游接待规模、交通客运规模、各项休闲消费水平、生态环境建设等方面，说明扬州的休闲生态文明建设和交通通达性还有待进一步加强，而休闲产业发展不均衡在一定程度上制约了城市的吸引力和竞争力，见图 5-18。

九、泰州

泰州是承南启北的水陆要津，为苏中门户，自古有"水陆要津，咽喉据

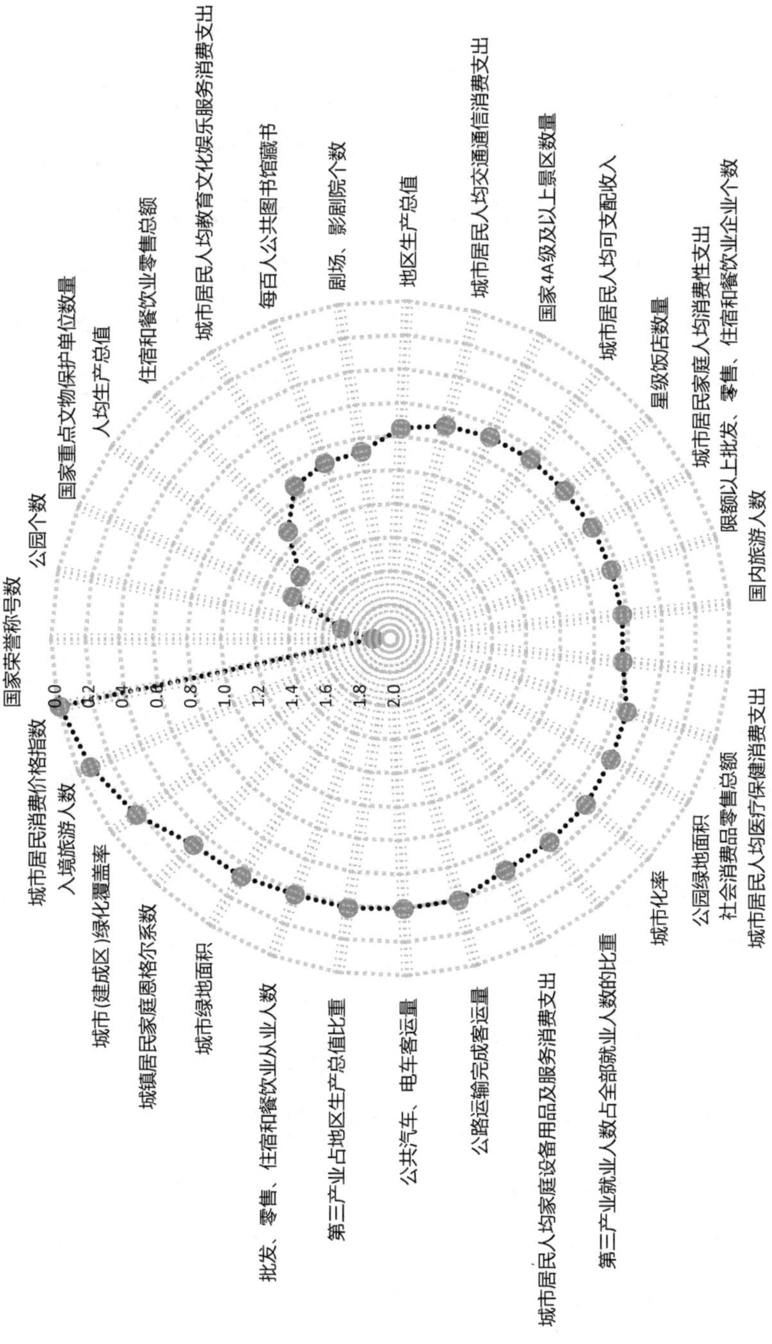

图 5－18 扬州 31 个指标水平排列图

郡"之称。泰州所辖县市(区)全部建成国家级生态示范区、全国百强县,同时,泰州也是全国文明城市、国家环保模范城市、国家园林城市、中国优秀旅游城市、全国科技进步先进市、第一批国家农业可持续发展试验示范区。从数据分析可以看出,泰州 31 个指标水平值区间在 0~1.5 之间,均值水平是 0.521。高于均值水平的指标有 14 个,占指标总数的 45.16%,主要有国家荣誉称号数,人均生产总值,住宿和餐饮业零售总额,城市居民人均交通通信消费支出,公路运输客运量,限额以上批发、零售、住宿和餐饮业企业个数,城市居民人均教育文化娱乐服务消费支出,地区生产总值,城市居民人均医疗保健消费支出,城市居民人均可支配收入,城市居民家庭人均消费性支出,每百人公共图书馆藏书,公园个数,国家重点文物保护单位数量。其中,指标水平值最高的是国家荣誉称号数(1.267),其次是人均生产总值(1.231)。从中可以看出,泰州在城市休闲化进程中表现较好的指标是各项人均消费水平、住宿餐饮业规模、教育文化娱乐规模等,说明泰州的城市居民休闲消费需求良好,娱乐需求较为旺盛。

低于均值水平的指标有 17 个,占指标总数的 54.84%,主要有城市化率,国家 4A 级及以上景区数量,第三产业就业人数占全部就业人数的比重,社会消费品零售总额,城市居民人均家庭设备用品及服务消费支出,星级饭店数量,第三产业占地区生产总值比重,城镇居民家庭恩格尔系数,公园绿地面积,公共汽车、电车客运量,批发、零售、住宿和餐饮业从业人数,城市绿地面积,城市(建成区)绿化覆盖率,国内旅游人数,剧场、影剧院个数,入境旅游人数,城市居民消费价格指数。从中可以看出,泰州在城市休闲化进程中表现较弱的指标有第三产业发展状况、文化设施规模、交通客运规模、生态环境建设、入境旅游接待规模等方面,说明泰州城市交通通达性和生态环境建设存在不足,休闲产品供给与居民休闲消费需求之间的匹配度有待提高,见图 5-19。

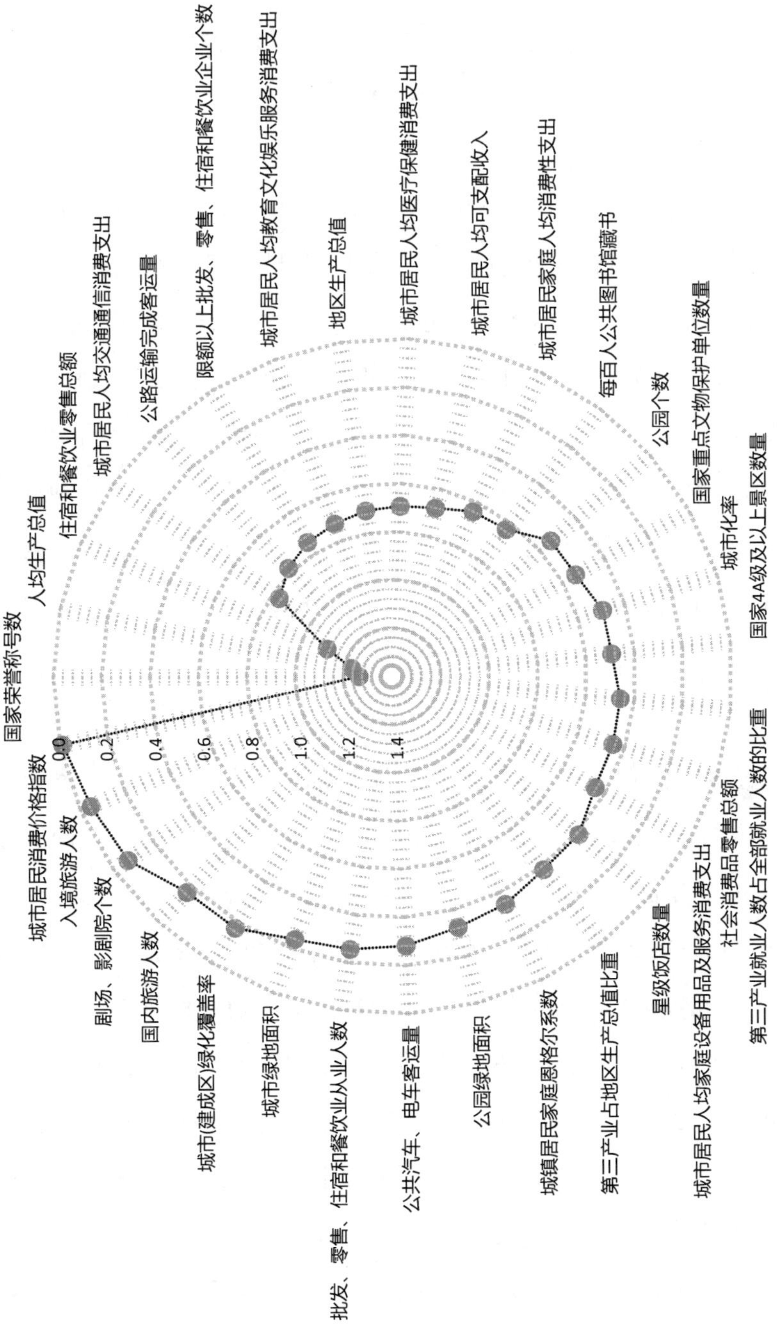

图 5-19　泰州 31 个指标水平排列图

第五节　Ⅱ型大城市休闲化指数分析

城市的城区常住人口规模在 100 万以上 300 万以下的城市为Ⅱ型大城市,符合这一标准的有淮安、连云港、芜湖、镇江、滁州、宿州、宿迁、安庆、湖州、六安、亳州、淮南、蚌埠、丽水、马鞍山、宣城、衢州和淮北 18 个城市。从行政区域划分看,属于浙江省的有湖州、丽水、衢州 3 个城市,属于江苏省的有淮安、连云港、镇江、宿迁、4 个城市,属于安徽省的有芜湖、滁州、宿州、安庆、六安、亳州、淮南、蚌埠、马鞍山、宣城、淮北 11 个城市。由此可见,长三角Ⅱ型大城市主要分布在安徽,这与地区的经济发展密切相关。对长三角 18 个Ⅱ型大城市 31 个指标属性的特征分析如下。

一、淮安

淮安境内有中国第四大淡水湖洪泽湖,是全国文明城市、国家历史文化名城、国家卫生城市、国家园林城市、国家环境保护模范城市、国家低碳试点城市、中国优秀旅游城市,是淮扬菜的主要发源地之一,也是江淮流域古文化发源地之一。从数据分析可以看出,淮安 31 个指标水平值区间在 0~2 之间,均值水平是 0.509。高于均值水平的指标有 13 个,占指标总数的 41.94%,主要有国家荣誉称号数,人均生产总值,国家重点文物保护单位数量,公路运输客运量,国家 4A 级及以上景区数量,住宿和餐饮业零售总额,每百人公共图书馆藏书,限额以上批发、零售、住宿和餐饮业企业个数,城市居民人均教育文化娱乐服务消费支出,公共汽车、电车客运量,城市居民人均可支配收入,星级饭店数量,公园绿地面积。其中,指标水平值最高的是国家荣誉称号数(1.900),其次是人均生产总值(0.819)。

从中可以看出,淮安在城市休闲化进程中,文娱设施规模、城市交通客运规模、住宿餐饮业规模等发展态势良好,说明淮安城市居民休闲娱乐需求比较旺盛,且休闲娱乐产业及其相关配套设施的供给与居民的休闲娱乐需求适配度较高。

低于均值水平的指标有 18 个,占指标总数的 58.06%,主要是地区生产总值,城市化率,城市居民人均医疗保健消费支出,社会消费品零售总额,第三产业就业人数占全部就业人数的比重,城市居民家庭人均消费性支出,城市居民人均交通通信消费支出,第三产业占地区生产总值比重,城市绿地面积,城镇居民家庭恩格尔系数,城市居民人均家庭设备用品及服务消费支出,批发、零售、住宿和餐饮业从业人数,公园个数,国内旅游人数,城市(建成区)绿化覆盖率,剧场、影剧院个数,入境旅游人数,城市居民消费价格指数。其中,指标水平值最低的是城市居民消费价格指数(0.010),其次是入境旅游人数(0.026)。从中可以看出,淮安在城市休闲化发展进程中表现较弱的指标有零售业规模及其运营状况、文化设施规模、城市生态环境建设、入境旅游接待规模等方面,说明淮安的对外吸引力略显不足,商业业态不够丰富,同时生态环境建设也需要加强,见图 5-20。

二、连云港

连云港是新亚欧大陆桥东方桥头堡、全国性综合交通枢纽城市,具有海运、陆运相结合的优势,还是江苏省历史文化名城、海上丝绸之路申遗城市,有 2 200 多年建城史。连云港是中国优秀旅游城市、国家园林城市,有花果山、孔望山、桃花涧、连岛等旅游景点,是一座山、海、港、城相依相拥的城市,素有东海第一胜境之称。从数据分析可以看出,连云港 31 个指标水平值区间在 0~1.6 之间,均值水平是 0.470。高于均值水平的指标

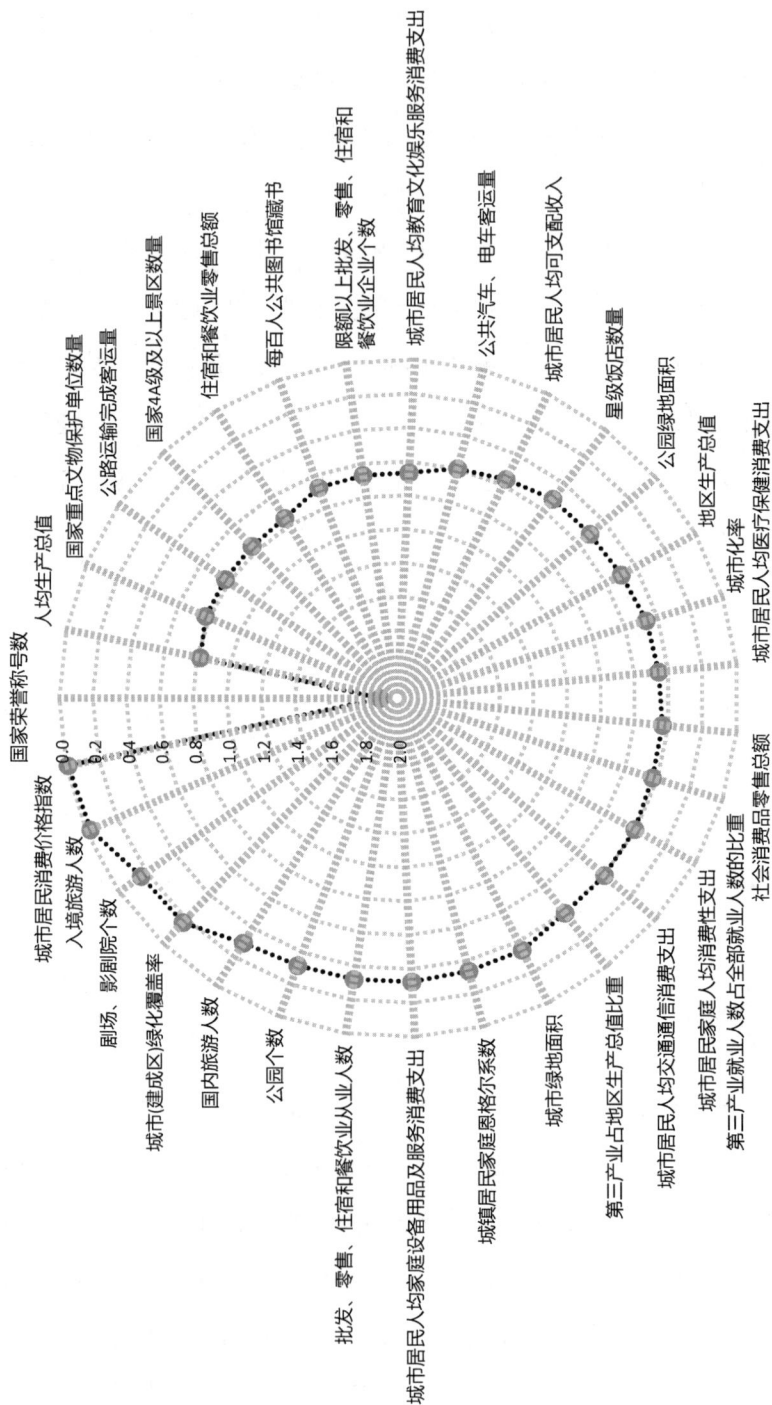

图 5 - 20 淮安 31 个指标水平排列图

有 15 个,占指标总数的 48.39%,主要有国家荣誉称号数,住宿和餐饮业零售总额,城市绿地面积,城市居民人均医疗保健消费支出,人均生产总值,城市居民人均教育文化娱乐服务消费支出,每百人公共图书馆藏书,公路运输客运量,城市居民人均交通通信消费支出,国家重点文物保护单位数量,城市居民家庭人均消费性支出,城市居民人均可支配收入,城市居民人均家庭设备用品及服务消费支出,国家 4A 级及以上景区数量,城市化率。其中,指标水平值最高的是国家荣誉称号数(1.583),其次是住宿和餐饮业零售总额(0.991)。从中可以看出,连云港在城市休闲化进程中,重视住宿餐饮业规模、城市绿地规模、教育文化娱乐规模、城市交通客运规模等方面发展,说明连云港休闲文娱基础设施的供给状况和城际交通通达性状况与城市居民的休闲消费需求相匹配。

低于均值水平的指标有 16 个,占指标总数的 51.61%,主要有第三产业就业人数占全部就业人数的比重,社会消费品零售总额,地区生产总值,第三产业占地区生产总值比重,公园个数,公园绿地面积,星级饭店数量,国内旅游人数,城镇居民家庭恩格尔系数,限额以上批发、零售、住宿和餐饮业企业个数,批发、零售、住宿和餐饮业从业人数,公共汽车、电车客运量,城市(建成区)绿化覆盖率,剧场、影剧院个数,入境旅游人数,城市居民消费价格指数。从中可以看出,连云港在城市休闲化进程中表现较弱的指标有第三产业发展状况、商业零售规模、文化设施规模、生态环境建设等方面,这说明连云港商业业态不够丰富,对外吸引力不足,城市交通通达性和生态环境建设有待进一步提升,见图5-21。

三、芜湖

芜湖是华东重要的科研教育基地和工业基地、G60 科创走廊中心城

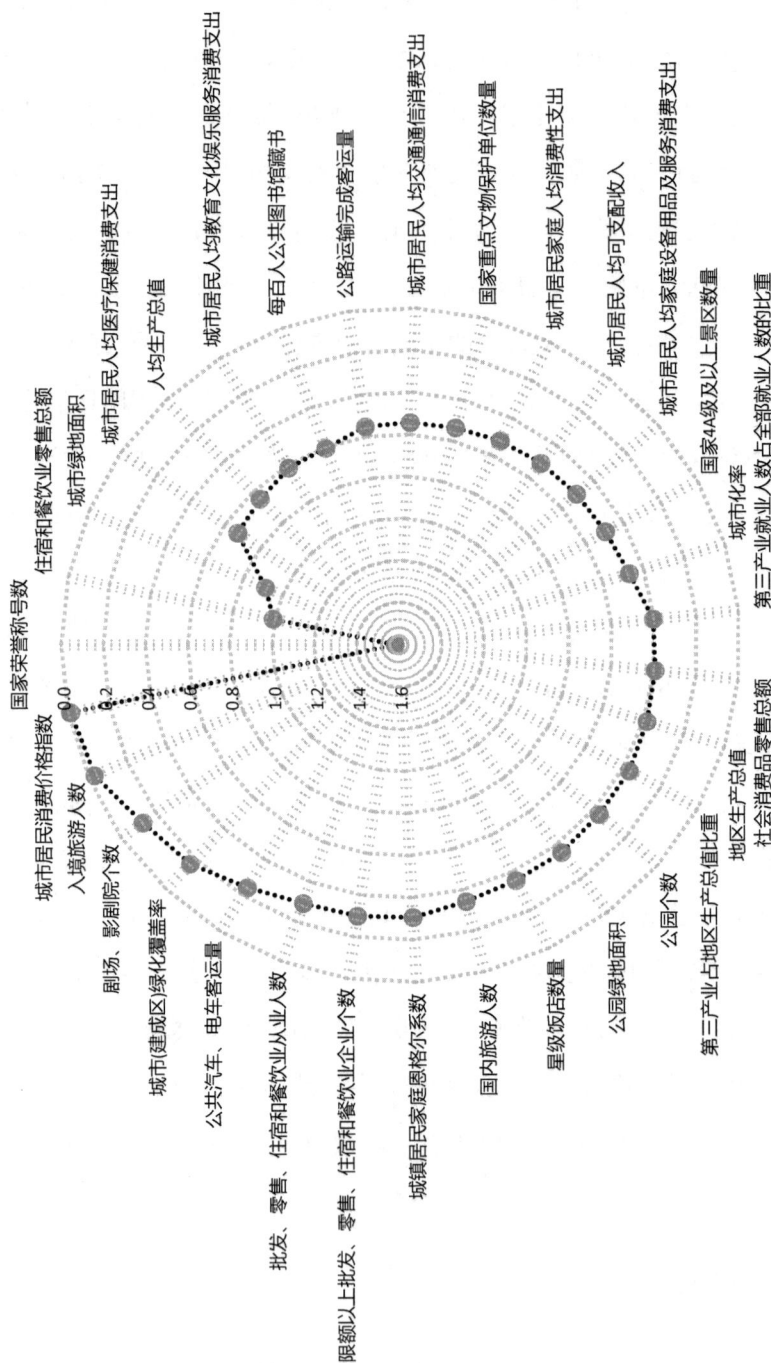

图 5－21 连云港 31 个指标水平排列图

市、全国综合交通枢纽、合芜蚌国家自主创新示范区。自古以来芜湖就享有"江东名邑""吴楚名区"美誉。从数据分析可以看出,芜湖31个指标水平值区间在0～1之间,均值水平是0.456。高于均值水平的指标有17个,占指标总数的54.84%,主要有人均生产总值,国家荣誉称号数,城市居民人均交通通信消费支出,城市居民人均医疗保健消费支出,公园绿地面积,城市居民人均可支配收入,限额以上批发、零售、住宿和餐饮业企业个数,城市居民家庭人均消费性支出,国家重点文物保护单位数量,城市居民人均教育文化娱乐服务消费支出,星级饭店数量,国内旅游人数,入境旅游人数,国家4A级及以上景区数量,第三产业就业人数占全部就业人数的比重,城市化率,城市绿地面积。其中,指标水平值最高的是人均生产总值(0.986),其次是国家荣誉称号数(0.950)。从中可以看出,芜湖在城市休闲化进程中表现较好的指标有各项人均休闲消费水平、城市绿化规模、住宿餐饮业规模、教育文化娱乐规模等,说明芜湖的城市居民休闲消费需求较高,娱乐需求较为旺盛。

低于均值水平的指标有14个,占指标总数45.16%,主要有地区生产总值,城市居民人均家庭设备用品及服务消费支出,公园个数,社会消费品零售总额,第三产业占地区生产总值比重,公共汽车、电车客运量,公路运输客运量,城镇居民家庭恩格尔系数,每百人公共图书馆藏书,批发、零售、住宿和餐饮业从业人数,城市(建成区)绿化覆盖率,剧场、影剧院个数,住宿和餐饮业零售总额,城市居民消费价格指数。其中,指标水平值最低的是城市居民消费价格指数(0.010),其次是住宿和餐饮业零售总额(0.113)。从中可以看出,芜湖在城市休闲化发展进程中表现较弱的指标有城市生态环境建设、文化设施规模、交通客运规模等方面,这说明芜湖在交通通达性和生态环境建设方面存在不足,休闲产业的均衡性发展有待完善,见图5-22。

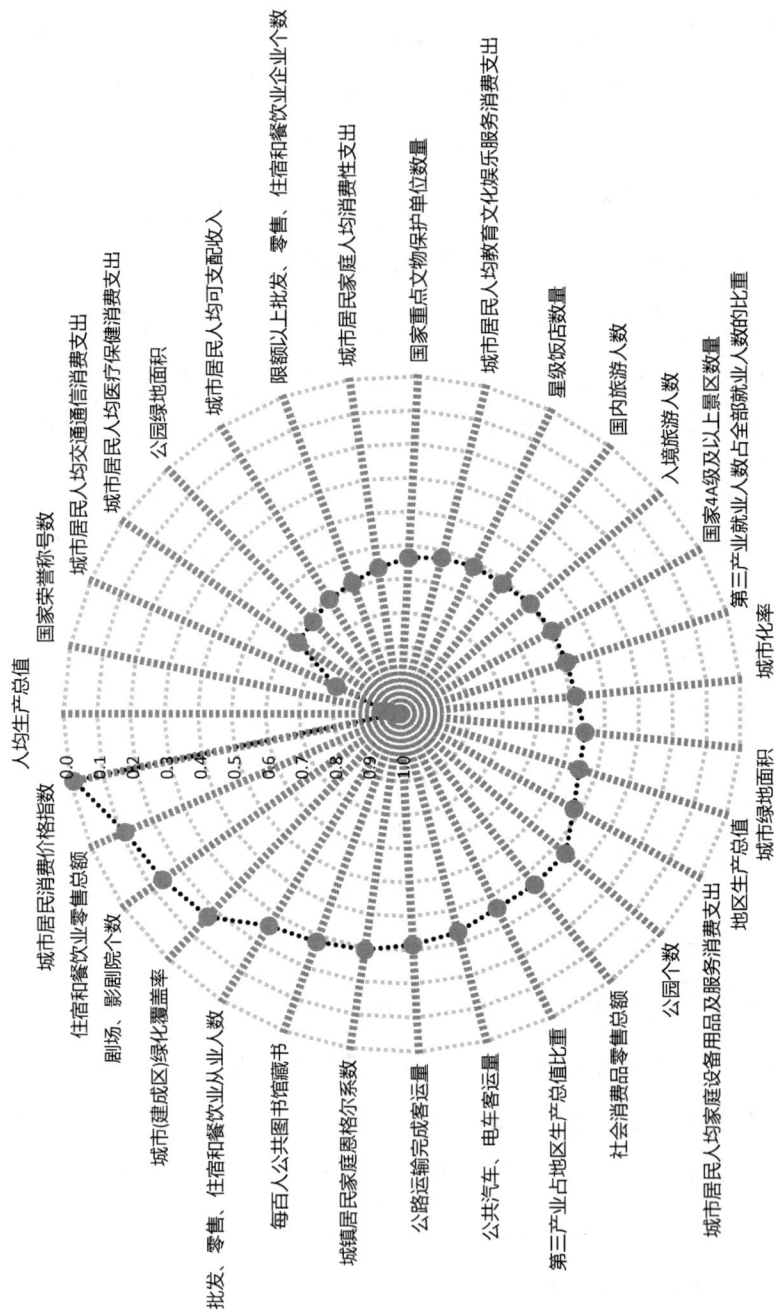

图 5 - 22 芜湖 31 个指标水平排列图

四、镇江

镇江是国务院批复确定的中国长江三角洲重要的港口、风景旅游城市，是华东地区重要的交通中枢，境内的公路、铁路通达全国各主要城市，是长江与京杭大运河唯一交汇枢纽，还是全国著名的鱼米之乡，名胜古迹众多。从数据分析可以看出，镇江31个指标水平值区间在0~1.6之间，均值水平是0.575。高于均值水平的指标有10个，占指标总数的32.26％，主要有国家荣誉称号数，人均生产总值，住宿和餐饮业零售总额，城市居民人均交通通信消费支出，每百人公共图书馆藏书，城市居民人均教育文化娱乐服务消费支出，城市居民人均可支配收入，城市居民家庭人均消费性支出，国家重点文物保护单位数量，国内旅游人数。其中，指标水平值最高的是国家荣誉称号数（1.583），其次是人均生产总值（1.420）。从中可以看出，镇江在城市休闲化进程中，各项人均休闲消费水平、旅游接待规模等发展状况良好。

低于均值水平的指标有21个，占指标总数的67.74％，主要有城市居民人均医疗保健消费支出，地区生产总值，第三产业就业人数占全部就业人数的比重，城市居民人均家庭设备用品及服务消费支出，星级饭店数量，城市化率，社会消费品零售总额，公园个数，国家4A级及以上景区数量，第三产业占地区生产总值比重，公路运输客运量，公园绿地面积，限额以上批发、零售、住宿和餐饮业企业个数，公共汽车、电车客运量，城市绿地面积，城镇居民家庭恩格尔系数，城市（建成区）绿化覆盖率，批发、零售、住宿和餐饮业从业人数，剧场、影剧院个数，入境旅游人数，城市居民消费价格指数。从中可以看出，镇江在城市休闲化进程中表现较弱的指标有第三产业发展状况、商业零售规模、文化设施规模、生态环境建设等方面，说明镇江商业业态不够丰富，对外吸引力不足，城市交通通达性和生态环境建设有待进一步提升,见图 5-23。

五、滁州

滁州市,安徽省辖地级市,地处安徽省最东部、苏皖交界地区,自东南向东至东北依次与江苏省南京市、扬州市、淮安市为邻,自北向西至西南分别与安徽省蚌埠市、淮南市、合肥市、马鞍山市相依,自古有"金陵锁钥、江淮保障"之称。从数据分析可以看出,滁州 31 个指标水平值区间在 0~2 之间,均值水平是 0.339。高于均值水平的指标有 13 个,占指标总数的 41.94%,主要有城市居民人均家庭设备用品及服务消费支出,城市居民人均医疗保健消费支出,城市居民人均交通通信消费支出,城市居民人均教育文化娱乐服务消费支出,城市居民家庭人均消费性支出,人均生产总值,公路运输客运量,城市居民人均可支配收入,城市绿地面积,公园个数,城市化率,每百人公共图书馆藏书,第三产业就业人数占全部就业人数的比重。其中指标水平值最高的是城市居民人均家庭设备用品及服务消费支出(1.682),其次是城市居民人均医疗保健消费支出(0.691)。从高于均值水平的指标可以看出,滁州表现良好的是各项人均休闲消费水平、交通客运规模、第三产业发展状况等方面。滁州市国内贸易、对外经济和金融业快速发展,在一定程度上推动了当地第三产业的发展。

低于均值水平的指标有 18 个,占指标总数的 58.06%,主要有限额以上批发、零售、住宿和餐饮业企业个数,城镇居民家庭恩格尔系数,第三产业占地区生产总值比重,公共汽车、电车客运量,地区生产总值,国内旅游人数,国家 4A 级及以上景区数量,社会消费品零售总额,星级饭店数量,公园绿地面积,城市(建成区)绿化覆盖率,入境旅游人数,住宿和餐饮业零售总额,批发、零售、住宿和餐饮业从业人数,国家重点文物保护单位数

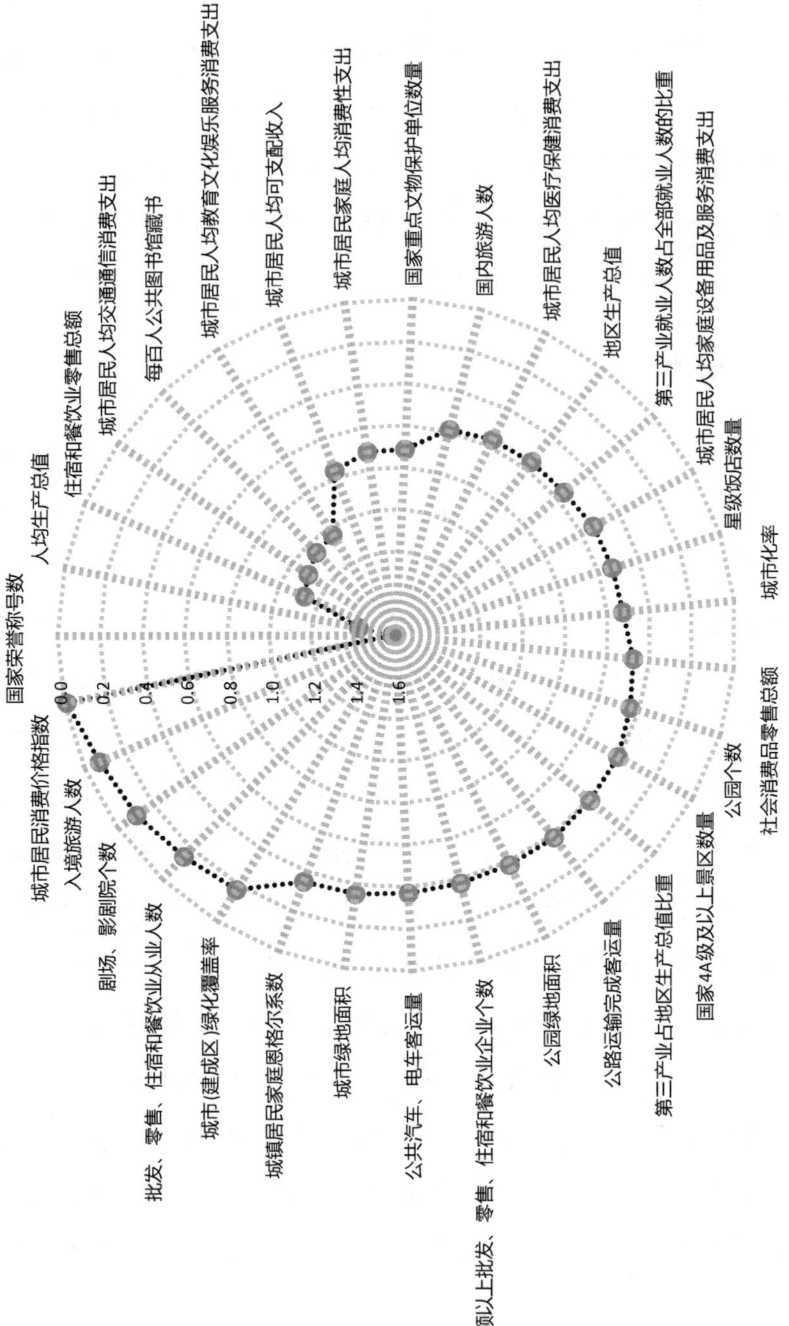

图 5 - 23 镇江 31 个指标水平排列图

量,剧场、影剧院个数,城市居民消费价格指数,国家荣誉称号数。从中可以看出,滁州在城市休闲化发展进程中表现较弱的指标有住宿餐饮业规模、第三产业发展状况、交通客运规模、旅游接待规模等方面,说明滁州在生态文明建设、交通通达性等方面还需进一步改进。此外,城市休闲设施建设不够完善,休闲娱乐产业供给相对单一,休闲产品丰富度不够,这些都是滁州城市休闲发展的短板,见图 5－24。

六、宿州

宿州,安徽省地级市,是第六届全国文明城市、国家园林城市、国家智慧城市、"宽带中国"示范城市、"质量之光"年度质量魅力城市、国家森林城市、安徽省文明城市。宿州遗址众多,名人荟萃。宿州号称云都,拥有中国华东地区最大的云计算数据中心,是 CG 动画集群渲染基地,中国 5 大量子通信节点城市之一。从数据分析可以看出,宿州 31 个指标水平值区间在 0～1.5 之间,均值水平是 0.276。高于均值水平的指标有 14 个,占指标总数的 45.16%,主要有国家荣誉称号数,公园个数,城市居民人均可支配收入,公路运输客运量,第三产业占地区生产总值比重,城市居民人均教育文化娱乐服务消费支出,城市居民人均医疗保健消费支出,剧场、影剧院个数,第三产业就业人数占全部就业人数的比重,人均生产总值,城市居民家庭人均消费性支出,城市化率,城市绿地面积,城镇居民家庭恩格尔系数。其中,指标水平值最高的是国家荣誉称号数(1.267),其次是公园个数(0.507)。从中可以看出,宿州表现良好的指标主要是人均休闲消费水平、第三产业发展状况、交通客运规模等,说明该市居民的收入状况良好,使得其休闲消费需求较高,与宿州较小的人口规模也有一定的联系。

低于均值水平的指标有 17 个,占指标总数的 54.84%,主要有城市居

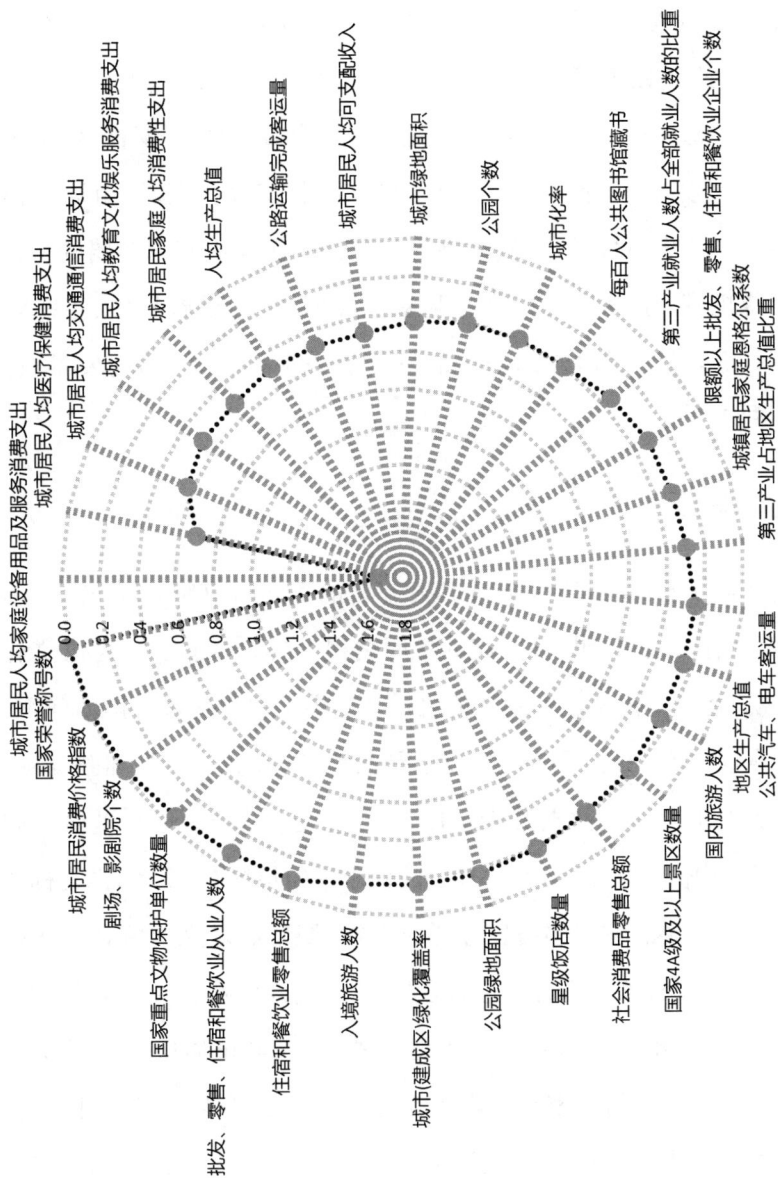

图 5－24 滁州 31 个指标水平排列图

民人均家庭设备用品及服务消费支出,国内旅游人数,地区生产总值,国家 4A 级及以上景区数量,城市居民人均交通通信消费支出,社会消费品零售总额,公园绿地面积,每百人公共图书馆藏书,城市(建成区)绿化覆盖率,限额以上批发、零售、住宿和餐饮业企业个数,国家重点文物保护单位数量,公共汽车、电车客运量,星级饭店数量,批发、零售、住宿和餐饮业从业人数,入境旅游人数,住宿和餐饮业零售总额,城市居民消费价格指数。从中可以看出,宿州在城市休闲化进程中表现较弱的指标有旅游接待规模、住宿餐饮业等商业零售规模、文化设施规模、生态环境建设等方面,说明宿州的休闲产品供给能力存在不足,制约要素较多,见图 5-25。

七、宿迁

宿迁是江苏省沿海地区向中西部辐射的重要门户城市,历史悠久,人文荟萃,素有"华夏文明之脉、江苏文明之根、淮河文明之源、楚汉文化之魂"之称。宿迁是酒文化的发源地之一,有"中国白酒之都"称号,洋河、双沟两大名酒出产于此。同时,宿迁还是典型的苏北水乡,坐拥骆马湖、洪泽湖两大淡水湖。从数据分析可以看出,宿迁 31 个指标水平值区间在 0~1 之间,均值水平是 0.377。高于均值水平的指标有 16 个,占指标总数的 51.61%,主要有住宿和餐饮业零售总额,城市居民人均教育文化娱乐服务消费支出,国家荣誉称号数,人均生产总值,公路运输客运量,剧场、影剧院个数,城市居民人均医疗保健消费支出,城市居民人均可支配收入,城市化率,城市居民家庭人均消费性支出,公园个数,城市居民人均交通通信消费支出,国家 4A 级及以上景区数量,第三产业就业人数占全部就业人数的比重,城市绿地面积,地区生产总值。其中,指标水平值最高的是住宿和餐饮业零售总额(0.629),其次是城市居民人均教育文化娱乐

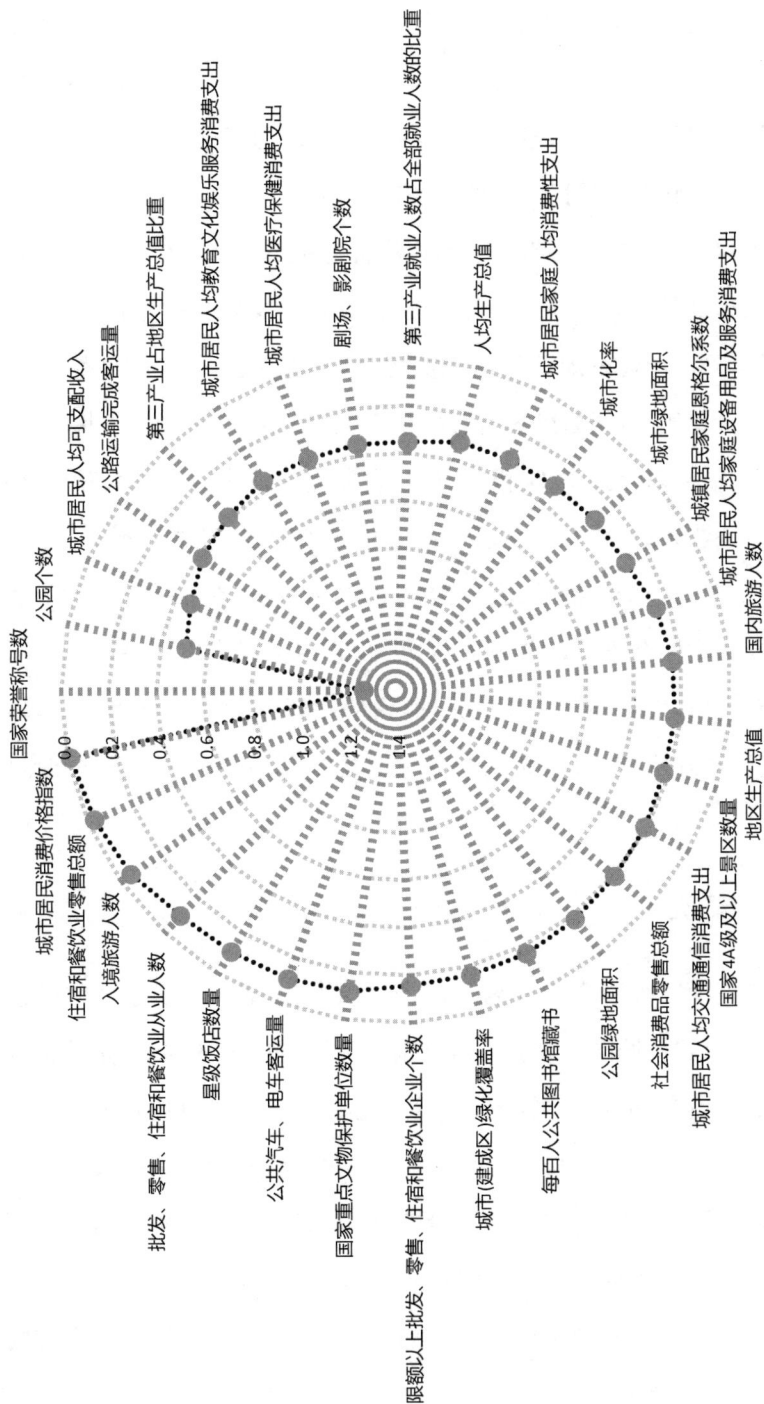

图 5-25 宿州 31 个指标水平排列图

服务消费支出(0.660)。从中可以看出,宿迁在城市休闲化发展进程中发展较好的指标有经济发展状况、各项人均休闲消费水平、公共服务设施规模、交通客运规模等方面,这说明经济发展拉动居民消费水平,宿迁市休闲产品的供给状况与居民旺盛的消费需求相匹配。

低于均值水平的指标有 15 个,占指标总数的 48.39%,主要有城市居民人均家庭设备用品及服务消费支出,国家重点文物保护单位数量,星级饭店数量,第三产业占地区生产总值比重,每百人公共图书馆藏书,社会消费品零售总额,城镇居民家庭恩格尔系数,公园绿地面积,公共汽车、电车客运量,限额以上批发、零售、住宿和餐饮业企业个数,批发、零售、住宿和餐饮业从业人数,城市(建成区)绿化覆盖率,国内旅游人数,入境旅游人数,城市居民消费价格指数。从中可以看出,宿迁在城市休闲化进程中表现较弱的指标有第三产业发展状况、商业零售规模、住宿餐饮业规模、文化设施规模、生态环境建设等方面,说明宿迁商业业态略微单一,城市绿化环境、对外吸引力、旅游接待和服务能力等都是宿迁市需要改进之处,见图 5-26。

八、安庆

安庆是国家级历史文化名城,素有"文化之邦""戏剧之乡""禅宗圣地"的美誉,是"桐城派"的故里,是京剧鼻祖徽班成长的摇篮,是黄梅戏形成和发展的地方,也是中国新文化运动先驱陈独秀、"两弹元勋"邓稼先、通俗小说大师张恨水等人的故乡。古皖文化、禅宗文化、戏剧文化和桐城派文化在这里交相辉映,形成了独具特色的安庆文化。从数据分析可以看出,安庆 31 个指标水平值区间在 0~1 之间,均值水平是 0.404。高于均值水平的指标有 14 个,占指标总数的 45.16%,主要有国家重点文物保护单位数量,国家荣誉称号数,国家 4A 级及以上景区数量,星级饭店数量,

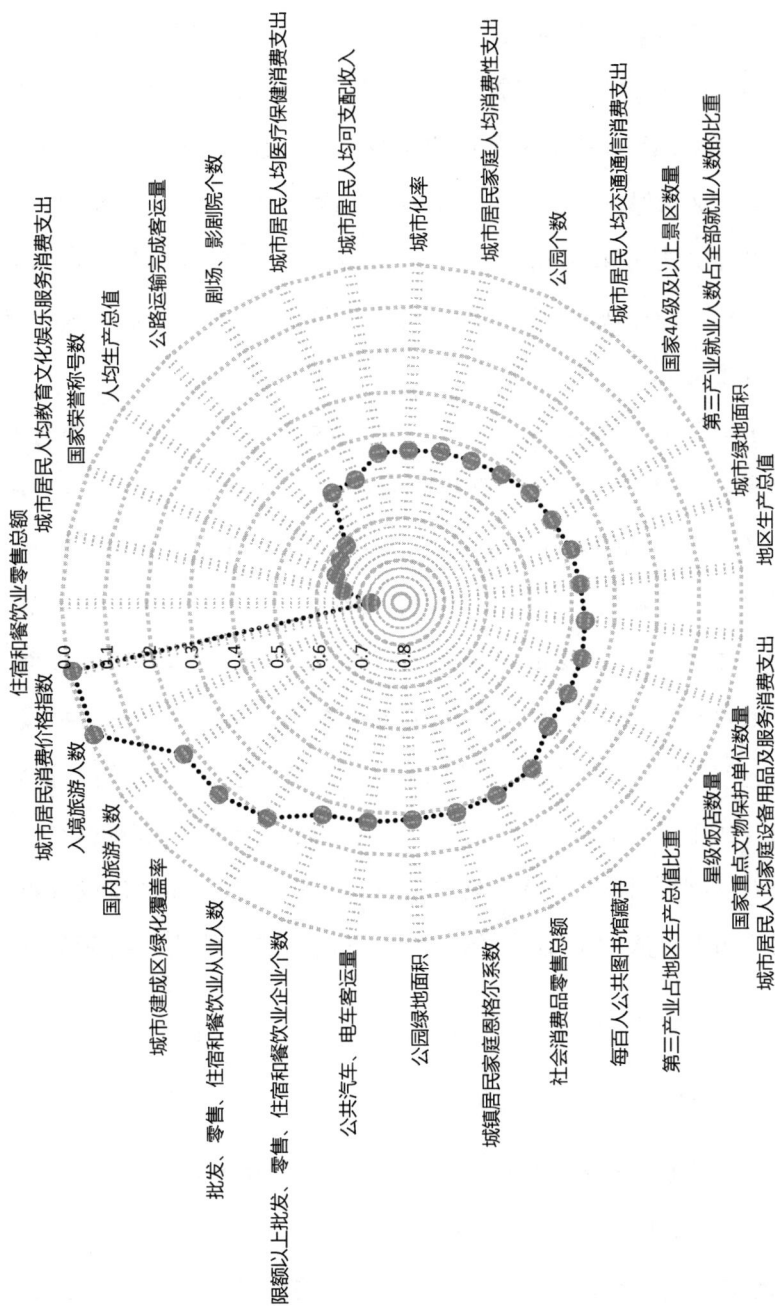

图 5 - 26　宿迁 31 个指标水平排列图

国内旅游人数,剧场、影剧院个数,每百人公共图书馆藏书,城市居民人均医疗保健消费支出,城市居民人均可支配收入,城市居民人均交通通信消费支出,人均生产总值,城市居民家庭人均消费性支出,公路运输客运量,限额以上批发、零售、住宿和餐饮业企业个数。其中,指标水平值最高的是国家重点文物保护单位数量(0.953),其次是国家荣誉称号数(0.950)。从中可以看出,安庆在城市休闲化发展进程中发展较好的是人均休闲消费水平、公共服务设施规模、交通客运规模等方面,这与安庆市人口规模较小有直接关系。

低于均值水平的指标有 17 个,占指标总数的 54.84%,主要有城市绿地面积,城市化率,第三产业就业人数占全部就业人数的比重,城市居民人均教育文化娱乐服务消费支出,第三产业占地区生产总值比重,城市居民人均家庭设备用品及服务消费支出,社会消费品零售总额,入境旅游人数,城镇居民家庭恩格尔系数,地区生产总值,公园绿地面积,公园个数,公共汽车、电车客运量,城市(建成区)绿化覆盖率,批发、零售、住宿和餐饮业从业人数,住宿和餐饮业零售总额,城市居民消费价格指数。从中可以看出,安庆在城市休闲化进程中表现较弱的指标有第三产业发展状况、商业零售规模、文化设施规模、生态环境建设等方面,说明安庆市对外吸引力不足,休闲产业发展的综合能力还有所欠缺,见图 5 - 27。

九、湖州

湖州市是浙江省下辖地级市,是长江三角洲中心区 27 城之一、环杭州湾大湾区核心城市、G60 科创走廊中心城市,是一座具有 2 300 多年历史的江南古城,有众多的自然景观和历史人文景观,如莫干山、南浔古镇等。湖州还拥有国家历史文化名城、国家森林城市、国家园林城市、国家

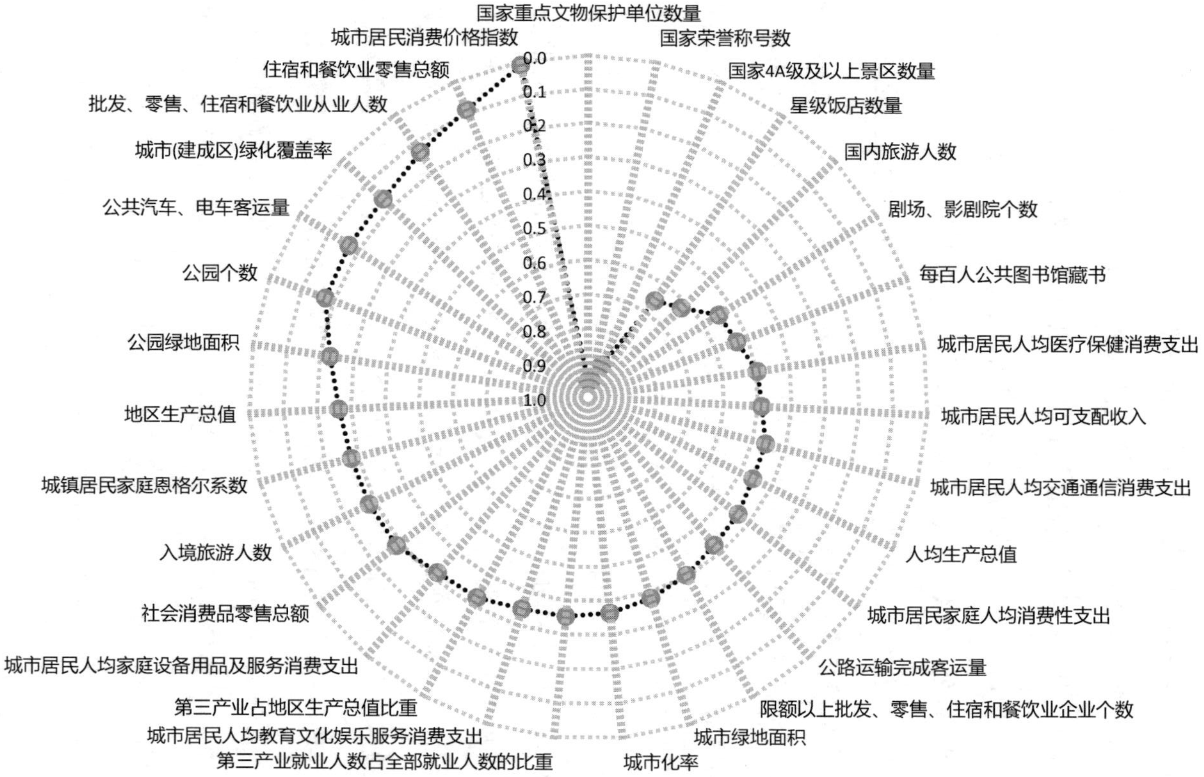

图 5-27　安庆 31 个指标水平排列图

卫生城市等荣誉。从数据分析可以看出,湖州 31 个指标水平值区间在 0～1.6 之间,均值水平是 0.648。高于均值水平的指标有 16 个,占指标总数的 51.61%,主要有国家重点文物保护单位数量,国家荣誉称号数,城市居民人均交通通信消费支出,入境旅游人数,国内旅游人数,人均生产总值,每百人公共图书馆藏书,国家 4A 级及以上景区数量,城市居民人均可支配收入,城市居民家庭人均消费性支出,城市居民人均教育文化娱乐服务消费支出,公园个数,星级饭店数量,公路运输客运量,剧场、影剧院个数,城市居民人均医疗保健消费支出。其中,指标水平值最高的是国家重点文物保护单位数量(1.430),其次是国家荣誉称号数(1.267)。从高于均值水平的指标可以看出,湖州在城市休闲化进程中发展较好的指标有各项人均休闲消费水平、旅游接待规模等方面,这说明该市的旅游业发展状况较好,浓厚的人文底蕴和丰富的自然生态资源吸引了大量游客。

低于均值水平的指标有 15 个,占指标总数的 48.39%,主要有公园绿地面积,城市居民人均家庭设备用品及服务消费支出,限额以上批发、零售、住宿和餐饮业企业个数,城市化率,社会消费品零售总额,城市绿地面积,第三产业占地区生产总值比重,第三产业就业人数占全部就业人数的比重,地区生产总值,城镇居民家庭恩格尔系数,住宿和餐饮业零售总额,城市(建成区)绿化覆盖率,批发、零售、住宿和餐饮业从业人数,公共汽车、电车客运量,城市居民消费价格指数。从中可以看出,湖州在城市休闲化进程中表现较弱的指标有住宿餐饮业等商业零售规模、生态环境建设、旅游接待规模等方面,这说明湖州的休闲产品供给能力尚存在不足,与本地居民和外来游客的休闲消费需求不匹配,见图 5 - 28。

十、六安

六安是长三角城市群成员城市,依山襟淮,承东接西,处于长江与淮

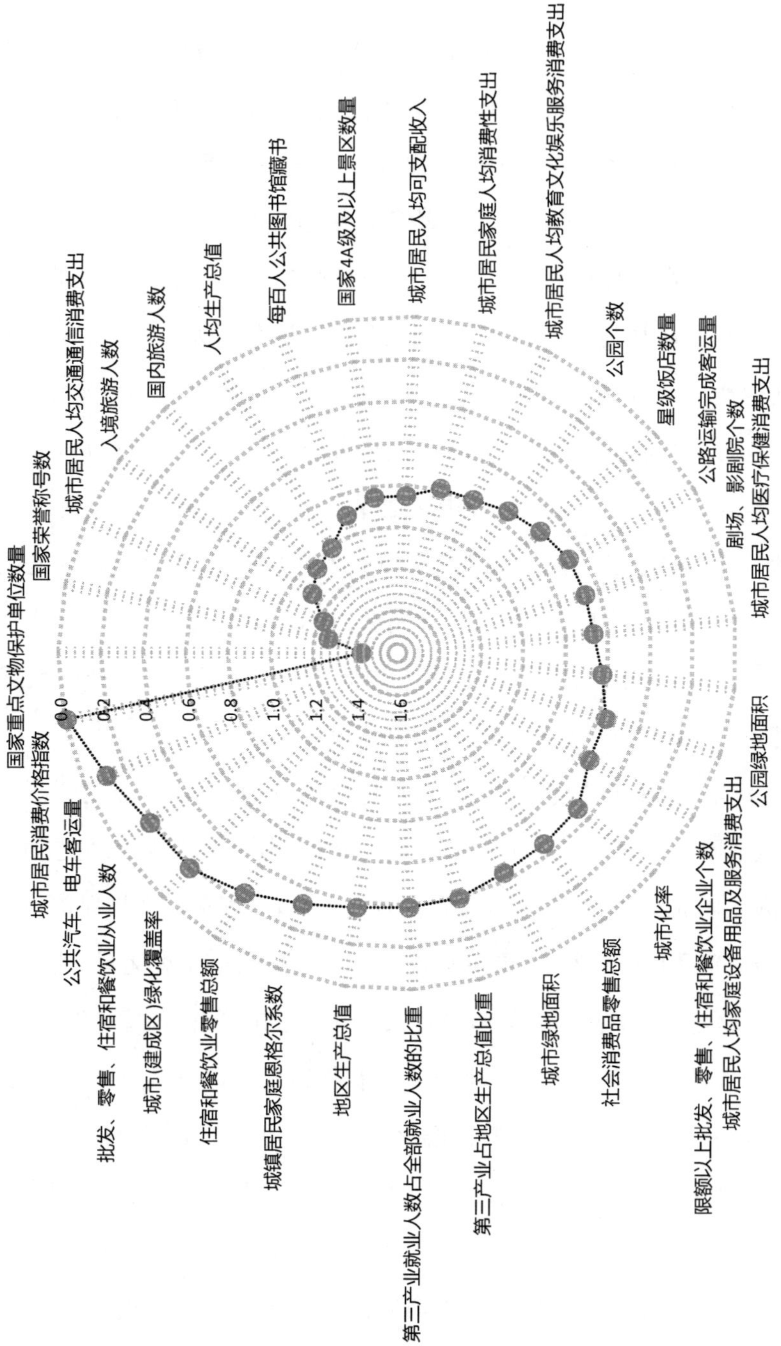

图 5-28　湖州 31 个指标水平排列图

河之间,是国家级皖江城市带承接产业转移示范区的成员城市、安徽省会经济圈合肥经济圈的副中心城市、国家级交通枢纽城市、国家级园林城市、国家级生态示范区、水环境治理优秀范例城市,获"中国人居环境范例奖""中国特色魅力城市 200 强"等称号。从数据分析可以看出,六安 31 个指标水平值区间在 0～1.5 之间,均值水平是 0.311。高于均值水平的指标有 14 个,占指标总数的 45.16%,主要有国家 4A 级及以上景区数量,公路运输客运量,国内旅游人数,城市居民家庭人均消费性支出,城市居民人均交通通信消费支出,城市居民人均教育文化娱乐服务消费支出,城市居民人均可支配收入,第三产业就业人数占全部就业人数的比重,城市居民人均医疗保健消费支出,星级饭店数量,公园个数,第三产业占地区生产总值比重,城市化率,国家荣誉称号数。其中指标水平值最高的是国家 4A 级及以上景区数量(1.166),其次是公路运输客运量(0.551)。从中可以看出,六安在城市休闲化进程中,人均休闲消费水平、第三产业发展状况态势良好,主要与六安较小的人口规模相关。

低于均值水平的指标有 17 个,占指标总数的 54.84%,主要有人均生产总值,城市居民人均家庭设备用品及服务消费支出,城镇居民家庭恩格尔系数,限额以上批发、零售、住宿和餐饮业企业个数,国家重点文物保护单位数量,社会消费品零售总额,公园绿地面积,公共汽车、电车客运量,地区生产总值,城市(建成区)绿化覆盖率,每百人公共图书馆藏书,入境旅游人数,城市绿地面积,剧场、影剧院个数,批发、零售、住宿和餐饮业从业人数,住宿和餐饮业零售总额,城市居民消费价格指数。从中可以看出,六安在城市休闲化发展进程中表现较弱的指标有经济发展状况、住宿餐饮业规模、交通客运规模、生态环境建设等方面,说明六安的整体经济发展还有很大空间,城市休闲产品供给无法满足居民和外来游客的休闲消费需求。此外,六安在公共文化设施、生态环境建设以及交通通达性方面还有待改进,见图 5-29。

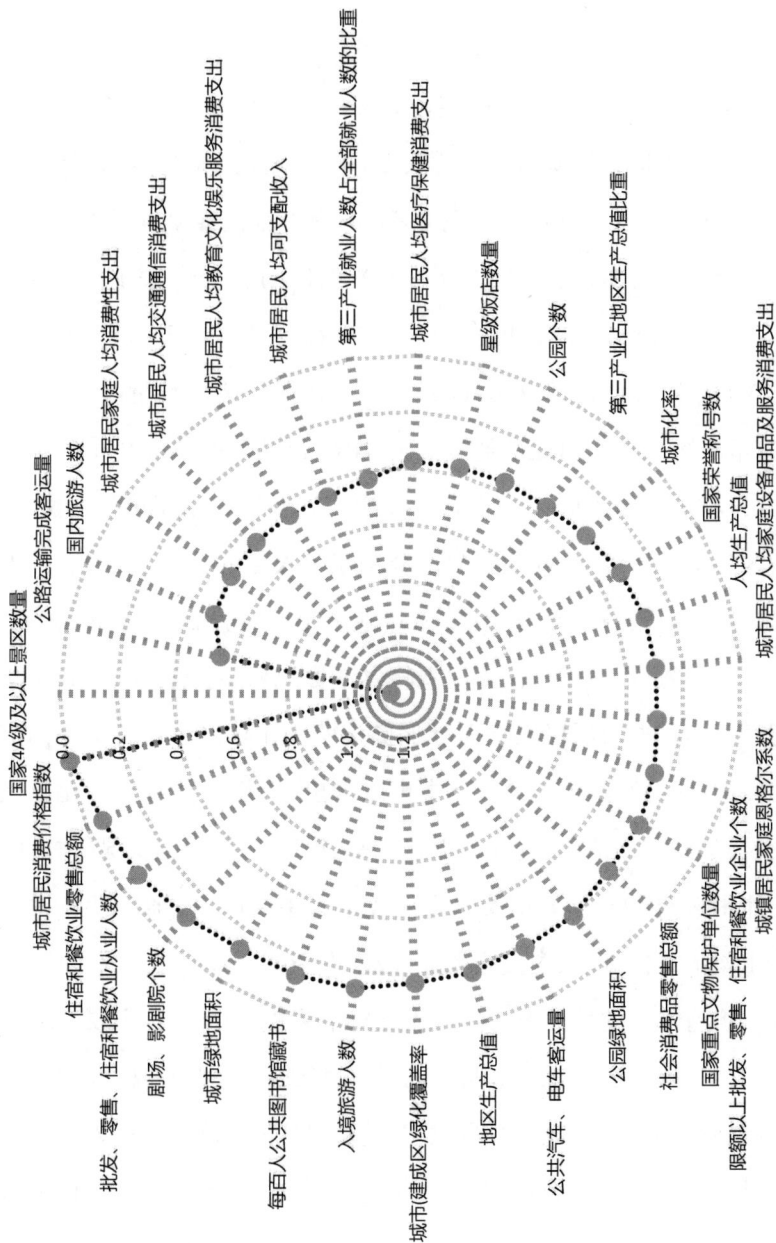

图 5-29 六安 31 个指标水平排列图

十一、亳州

亳州,安徽省地级市,亳州是国家历史文化名城,历史悠久,新石器时代就有人类在此活动,是中华民族古老文化的发祥地之一。亳州是中原地区连接长三角世界级城市群的桥头堡,是中国优秀旅游城市,是长三角城市群成员城市,也是世界中医药之都,国内百强药企业半数落户亳州。从数据分析可以看出,亳州31个指标水平值区间在0～1之间,均值水平是0.305。高于均值水平的指标有14个,占指标总数的45.16%,主要有城市居民人均医疗保健消费支出,国家重点文物保护单位数量,国家荣誉称号数,城市居民人均交通通信消费支出,城市居民人均教育文化娱乐服务消费支出,城市居民家庭人均消费性支出,城市居民人均可支配收入,公路运输客运量,第三产业就业人数占全部就业人数的比重,城市居民人均家庭设备用品及服务消费支出,第三产业占地区生产总值比重,国家4A级及以上景区数量,城镇居民家庭恩格尔系数,城市绿地面积。其中指标水平值最高的是城市居民人均医疗保健消费支出(0.694),其次是国家重点文物保护单位数量(0.656)。从中可以看出,亳州在城市休闲化发展进程中发展较好的有各项人均休闲消费水平、第三产业发展状况等方面,其中人均休闲消费水平与亳州人口规模较小有主要联系,第三产业发展直接依托于该市文化旅游、现代服务业、战略性新兴产业等。

低于均值水平的指标有17个,占指标总数的54.84%,主要有城市化率,公园个数,限额以上批发、零售、住宿和餐饮业企业个数,人均生产总值,国内旅游人数,星级饭店数量,社会消费品零售总额,每百人公共图书馆藏书,地区生产总值,城市(建成区)绿化覆盖率,批发、零售、住宿和餐饮业从业人数,公园绿地面积,入境旅游人数,公共汽车、电车客运量,剧场、影剧院个数,住宿和餐饮业零售总额,城市居民消费价格指数。从中可以看出,亳州在城市休闲化发展进程中表现较弱的指标有旅游接待规模、生态环境建设、住宿餐饮业规模、交通客运规模等方面,说明亳州的旅游业发展动力不足,城市休闲娱乐产品供给与居民休闲消费需求不匹配。此外,亳州在生态文明建设、交通通达性等方面还有很大的发展空间,见图5-30。

十二、淮南

淮南位于长江三角洲腹地,淮河之滨,素有"中州咽喉,江南屏障""五彩淮南"之称,是沿淮城市群的重要节点,合肥都市圈核心城市。淮南凭借其深厚的文化底蕴获得中国优秀旅游城市、全国百个宜居城市、全国绿化模范城市、国家园林城市、国家首批试点智慧城市、中国最佳投资城市、中国最具幸福感城市等荣誉。从数据分析可以看出,淮南31个指标水平值区间在0~1之间,均值水平是0.336。高于均值水平的指标有15个,占指标总数的48.39%,主要有国家荣誉称号数,城市居民人均医疗保健消费支出,城市居民人均交通通信消费支出,城市居民人均教育文化娱乐服务消费支出,城市居民人均可支配收入,城市居民家庭人均消费性支出,城市化率,星级饭店数量,第三产业就业人数占全部就业人数的比重,城市居民人均家庭设备用品及服务消费支出,公路运输客运量,人均生产总值,国家4A级及以上景区数量,第三产业占地区生产总值比重,公园绿地面积。其中,指标水平值最高的是国家荣誉称号数(0.950),其次是城市居民人均医疗保健消费支出(0.744)。从中可以看出,淮南在城市休闲化进程中发展较好的指标有旅游服务设施规模、各项人均休闲消费水平、城市交通客运规模、城市绿化环境等方面,与其较小的人口规模有一定的联系,也一定程度上表明了淮南的休闲产业供给状况与居民消费需求较为匹配。

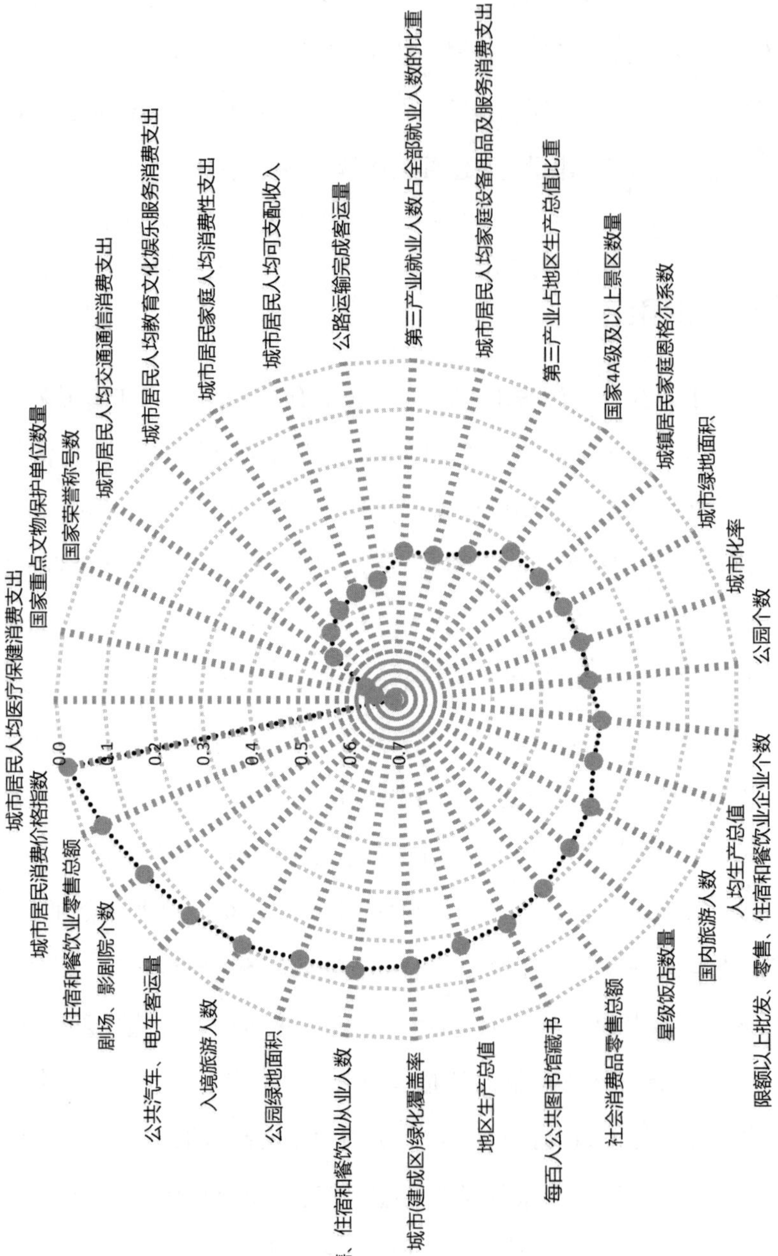

图 5 - 30 亳州个指标水平排列图

低于均值水平的指标有 16 个,占指标总数的 51.61%,主要有城镇居民家庭恩格尔系数,国家重点文物保护单位数量,限额以上批发、零售、住宿和餐饮业企业个数,城市绿地面积,国内旅游人数,公共汽车、电车客运量,公园个数,社会消费品零售总额,剧场、影剧院个数,城市(建成区)绿化覆盖率,每百人公共图书馆藏书,地区生产总值,批发、零售、住宿和餐饮业从业人数,入境旅游人数,住宿和餐饮业零售总额,城市居民消费价格指数。其中,指标水平值最低的是城市居民消费价格指数(0.010),其次是住宿和餐饮业零售总额(0.041)。从中可以看出,淮南在城市休闲化发展进程中表现较弱的指标有城市生态环境建设、批发、零售业规模、文化设施规模等方面,这说明淮南的休闲生态文明建设还有很大的发展空间,文化设施建设不足,休闲产业结构单一,见图 5-31。

十三、蚌埠

蚌埠是安徽省重要的综合性工业基地,皖北地区中心城市,全国性综合交通枢纽,区域性中心城市,合肥都市圈成员,是淮河文化发祥地之一,距今 7 300 年前双墩文化遗址出土的刻画符号,被确认为中国文字的重要起源之一,有着悠久的历史和灿烂的文化。从数据分析可以看出,蚌埠 31 个指标水平值区间在 0～1.2 之间,均值水平是 0.338。高于均值水平的指标有 15 个,占指标总数的 48.39%,主要有剧场、影剧院个数,城市居民人均可支配收入,公园个数,人均生产总值,城市居民家庭人均消费性支出,城市居民人均医疗保健消费支出,城市居民人均家庭设备用品及服务消费支出,城市化率,国家重点文物保护单位数量,国内旅游人数,城市居民人均教育文化娱乐服务消费支出,公共汽车、电车客运量,第三产业占地区生产总值比重,第三产业就业人数占全部就业人数的比重,城市绿地面积。其中,指标水平值最高的是剧场、影剧院个数(1.039),其次是城市居

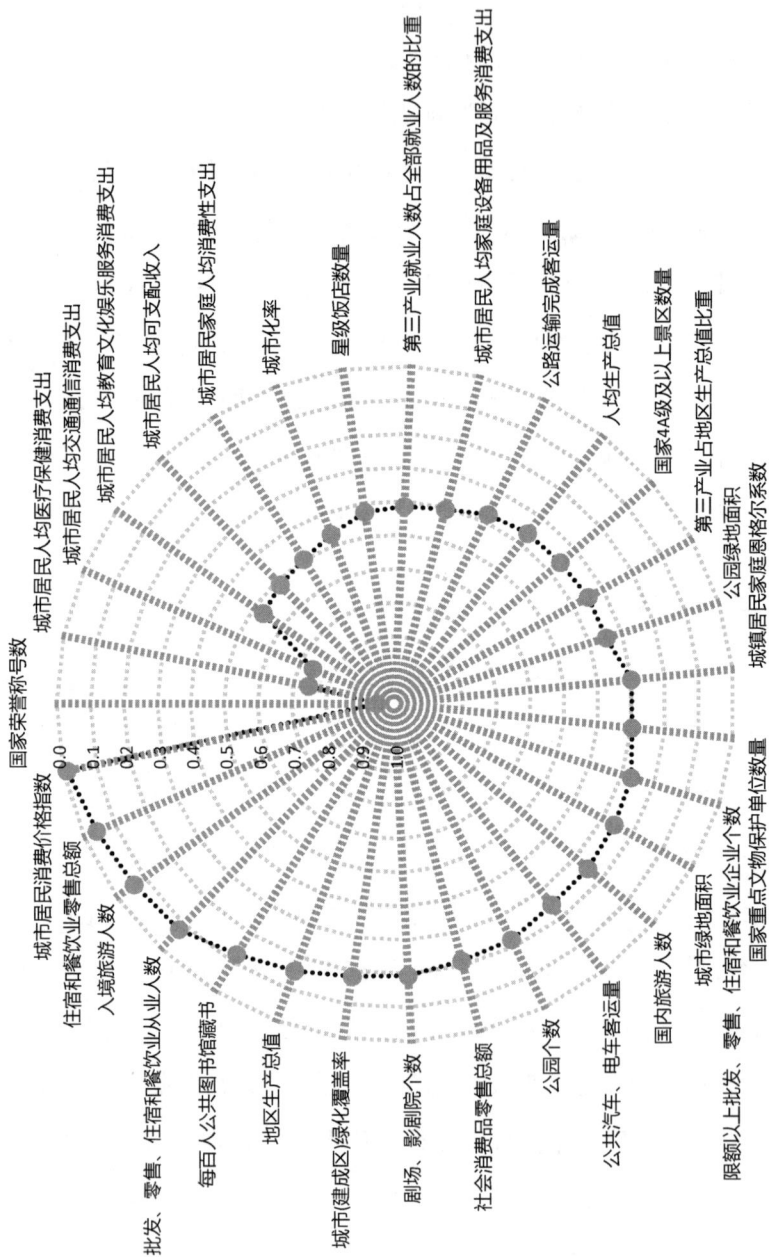

图 5 - 31　淮南 31 个指标水平排列图

民人均可支配收入(0.586)。从中可以看出,蚌埠在城市化进程中发展较好的指标有各项人均消费水平、公共服务设施规模、交通客运规模、第三产业发展状况等方面,这与蚌埠人口规模较小有很大的关系,也说明了蚌埠居民消费需求旺盛,第三产业经营状况良好。

低于均值水平的有 16 个,占指标总数的 51.61%,主要有城市居民人均交通通信消费支出,国家荣誉称号数,限额以上批发、零售、住宿和餐饮业企业个数,公园绿地面积,社会消费品零售总额,每百人公共图书馆藏书,城镇居民家庭恩格尔系数,星级饭店数量,公路运输客运量,地区生产总值,城市(建成区)绿化覆盖率,批发、零售、住宿和餐饮业从业人数,入境旅游人数,住宿和餐饮业零售总额,国家 4A 级及以上景区数量,城市居民消费价格指数。从中可以看出,蚌埠在城市休闲化进程中表现较弱的指标有商业零售规模、文化设施规模、生态环境建设、入境旅游接待规模等方面,这说明蚌埠城市对外吸引力不足,虽然第三产业发展状况良好,但是与休闲相关的产品结构层次性不够丰富,无法满足本地居民和外来游客旺盛的消费需求。此外,城市交通通达性和生态环境建设有待进一步提升,见图 5-32。

十四、丽水

丽水,浙江省辖陆地面积最大的地级市,被誉为"浙江绿谷",生态环境质量居浙江省第一,也居中国前列,生态环境质量公众满意度多次位居浙江省首位。被命名为第三批国家级生态示范区,"中国优秀旅游城市""中国优秀生态旅游城市""浙江省森林城市",首批国家级生态保护与建设示范区。从数据分析可以看出,丽水 31 个指标水平值区间在 0~2 之间,均值水平是 0.482。高于均值水平的指标有 10 个,占指标总数的 32.26%,主要有每百人公共图书馆藏书,城市居民人均医疗保健消费支出,国家

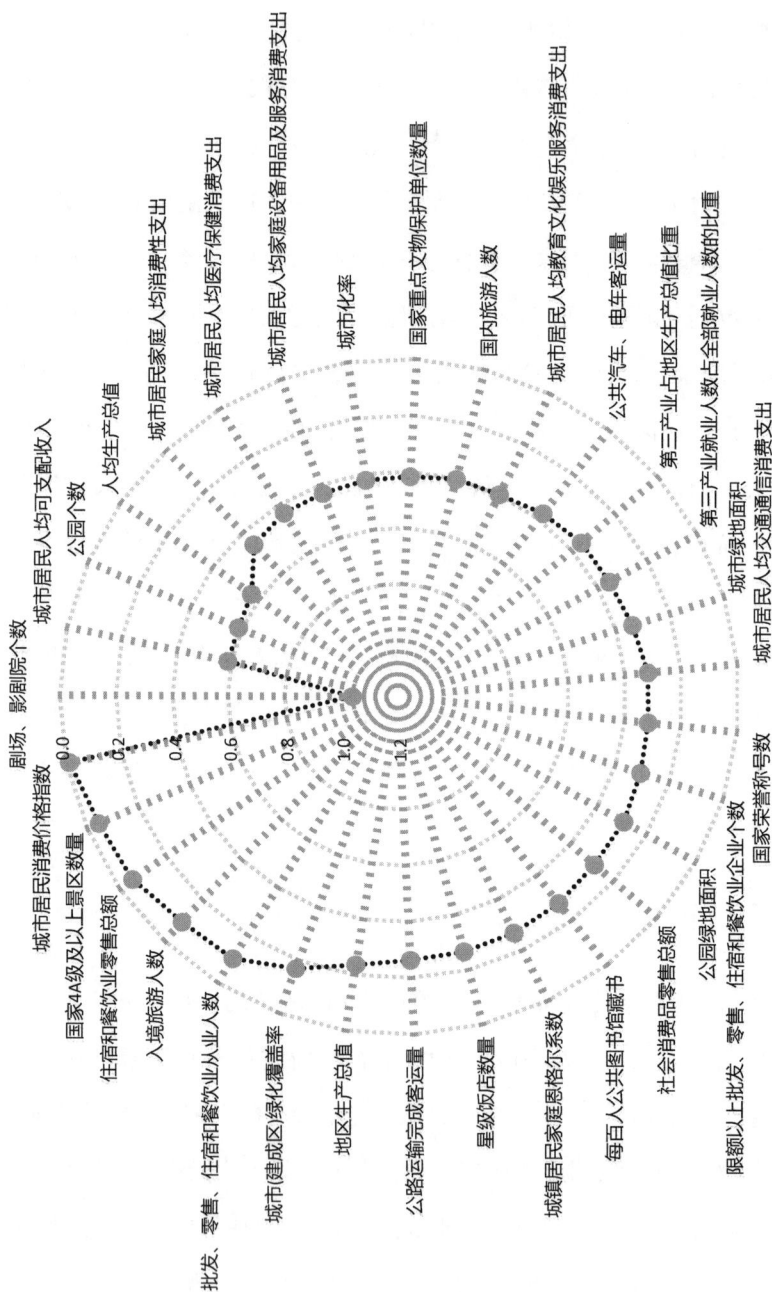

图 5-32　蚌埠 31 个指标水平排列图

4A级及以上景区数量,国家荣誉称号数,国家重点文物保护单位数量,城市居民家庭人均消费性支出,城市居民人均交通通信消费支出,人均生产总值,城市居民人均可支配收入,国内旅游人数。其中指标水平值最高的是每百人公共图书馆藏书(1.795),其次是国家4A级及以上景区数量(1.438)。从中可以看出,丽水在城市休闲化发展进程中表现较好的指标有各项人均消费水平、休闲文娱设施规模、国内旅游接待规模,丽水在41个城市中人口规模最小,这使得其在人均休闲消费上所占比例较高,且该市注重休闲文娱产品和相关配套设施的供给,为城市居民参与休闲活动提供基础。

低于均值水平的指标有21个,占指标总数的67.74%,主要有城市居民人均教育文化娱乐服务消费支出星级饭店数量,城市化率,第三产业占地区生产总值比重,城市居民人均家庭设备用品及服务消费支出,第三产业就业人数占全部就业人数的比重,剧场、影剧院个数,城镇居民家庭恩格尔系数,公园个数,公园绿地面积,公路运输客运量,社会消费品零售总额,限额以上批发、零售、住宿和餐饮业企业个数,城市绿地面积,地区生产总值,城市(建成区)绿化覆盖率,公共汽车、电车客运量,住宿和餐饮业零售总额,批发、零售、住宿和餐饮业从业人数,城市居民消费价格指数,入境旅游人数。从中可以看出,丽水在城市休闲化发展进程中表现较弱的指标有第三产业发展状况、生态环境建设、住宿餐饮业规模、交通客运规模、入境旅游接待规模等方面,这说明丽水对外吸引力不强,休闲娱乐产业供给相对单一,产品层次不够丰富,同时在生态文明建设、交通通达性等方面还有很大的发展空间,见图5-33。

十五、马鞍山

马鞍山,安徽省辖地级市,长江三角洲中心区27城之一,拥有皖江经

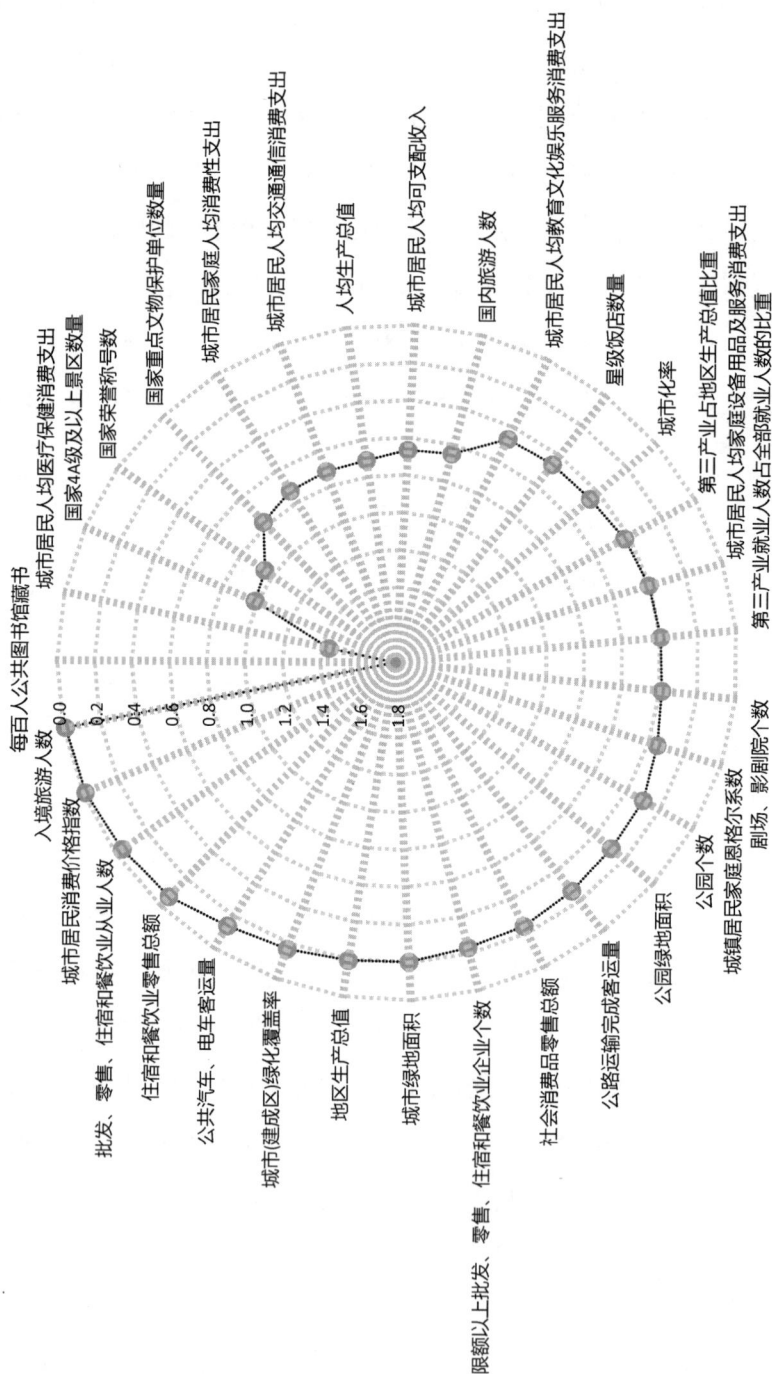

图 5-33 丽水 31 个指标水平排列图

济带的核心城市之一以及新兴移民城市、皖南国际旅游文化示范区重要节点城市、全国双拥模范城市、全国文明城市、国家森林城市、国家卫生城市等殊荣。从数据分析可以看出，马鞍山31个指标水平值区间在0～1.6之间，均值水平是0.428。高于均值水平的指标有11个，占指标总数的35.48%，主要有国家荣誉称号数，城市居民人均交通通信消费支出，城市居民人均教育文化娱乐服务消费支出，人均生产总值，每百人公共图书馆藏书，城市居民家庭人均消费性支出，城市居民人均可支配收入，城市居民人均医疗保健消费支出，城市居民人均家庭设备用品及服务消费支出，城市化率，第三产业就业人数占全部就业人数的比重。其中，指标水平值最高的是国家荣誉称号数(1.583)，其次是城市居民人均交通通信消费支出(1.159)。从中可以看出，马鞍山表现良好的指标主要是人均经济状况和人均休闲消费水平，说明该市居民的收入状况良好，使得其休闲消费需求较高，与马鞍山较小的人口规模也有一定的联系。

低于均值水平的有20个，占指标总数的64.52%，主要有国内旅游人数，第三产业占地区生产总值比重，国家4A级以上景区数量，城镇居民家庭恩格尔系数，国家重点文物保护单位数量，星级饭店数量，地区生产总值，公园绿地面积，城市绿地面积，公园个数，公路运输客运量，社会消费品零售总额，入境旅游人数，城市（建成区）绿化覆盖率，公共汽车、电车客运量，限额以上批发、零售、住宿和餐饮业企业个数，剧场、影剧院个数，批发、零售、住宿和餐饮业从业人数，住宿和餐饮业零售总额，城市居民消费价格指数。从中可以看出，马鞍山在城市休闲化进程中表现较弱的指标有商业零售规模、交通客运规模、文化设施规模、生态环境建设、旅游接待规模等方面，这说明马鞍山的休闲产品较为单一，城市整体休闲化水平较低。此外，城市对外吸引力、生态环境建设及交通通达性是马鞍山休闲化发展的关键因素，见图5-34。

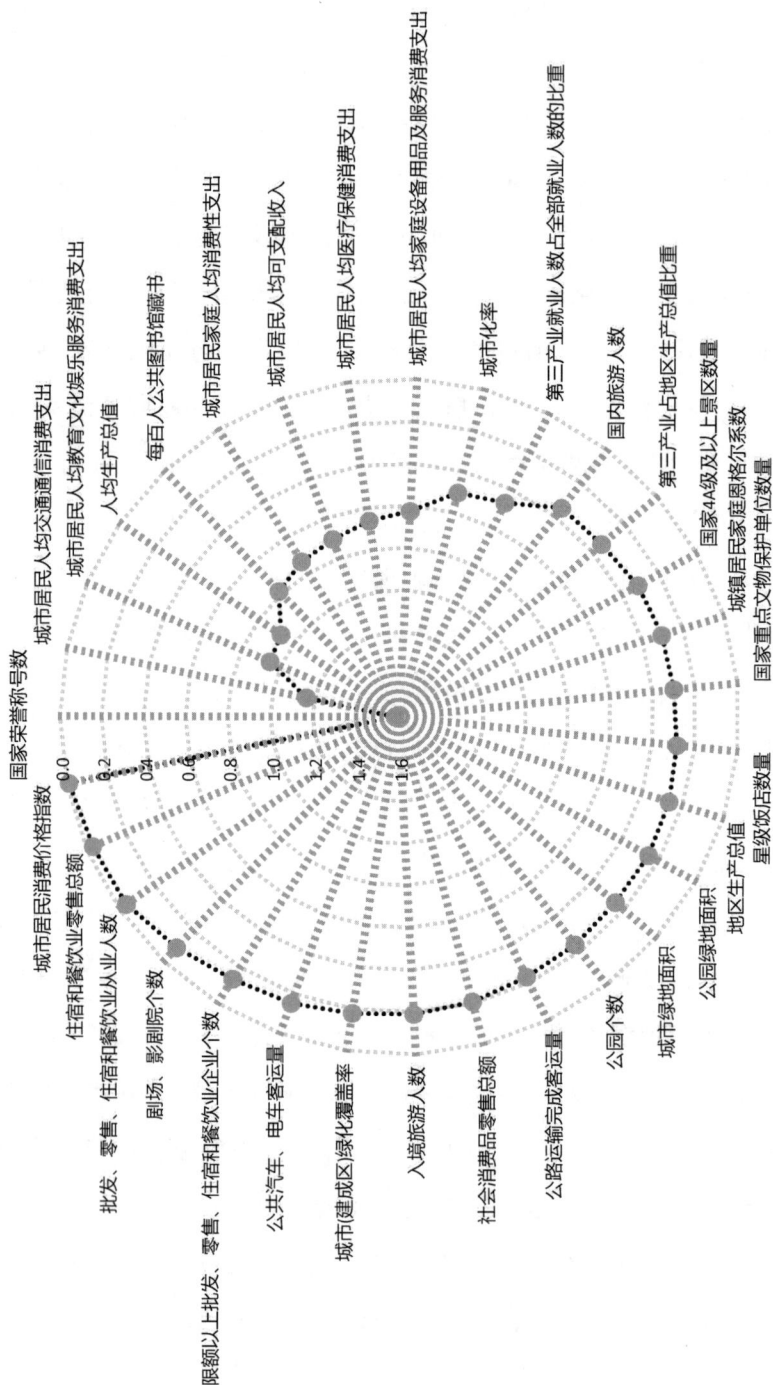

图 5 - 34 马鞍山 31 个指标水平排列图

十六、宣城

宣城是皖江城市带承接产业转移示范区"两翼"之一,南京都市圈成员城市,杭州都市圈观察员城市,G60科创走廊中心城市,中国文房四宝之乡。境内文房四宝文化、徽文化、诗歌文化、民俗文化、饮食文化、宗教文化、宗氏文化并存共荣,素有"宣城自古诗人地""上江人文之盛首宣城"之称。从数据分析可以看出,宣城31个指标水平值区间在0~1.2之间,均值水平是0.376。高于均值水平的指标有14个,占指标总数的45.16%,主要有国家4A级及以上景区数量,国家重点文物保护单位数量,国家荣誉称号数,城市居民人均医疗保健消费支出,城市居民人均交通通信消费支出,城市居民人均可支配收入,人均生产总值,城市居民人均教育文化娱乐服务消费支出,城市居民家庭人均消费性支出,城市居民人均家庭设备用品及服务消费支出,每百人公共图书馆藏书,星级饭店数量,城市化率,第三产业就业人数占全部就业人数的比重。其中指标水平值最高的是国家4A级及以上景区数量(1.032),其次是国家重点文物保护单位数量(1.013)。从中可以看出,宣城在城市休闲化发展进程中表现较好的是各项人均休闲消费水平、第三产业发展状况,这主要与宣城人口规模较小有直接联系。

低于均值水平的指标有17个,占指标总数的54.84%,主要有第三产业占地区生产总值比重,剧场、影剧院个数,国内旅游人数,公路运输客运量,城镇居民家庭恩格尔系数,公园个数,入境旅游人数,限额以上批发、零售、住宿和餐饮业企业个数,社会消费品零售总额,地区生产总值,城市绿地面积,城市(建成区)绿化覆盖率,公共汽车、电车客运量,公园绿地面积,批发、零售、住宿和餐饮业从业人数,住宿和餐饮业零售总额,城市居民消费价格指数。从中可以看出,宣城在城市休闲化发展进程中表现较弱的指标有生态环境建设、住宿餐饮业规模、交通客运规模、文化设施规模等方面,这说明宣城休闲化发展状况相对较弱,在生态文明建设、交通通达性等方面还有很大的发展空间,见图5-35。

十七、衢州

衢州,为浙江省地级市,有"四省通衢,五路总头"之称。衢州以"南孔圣地·衢州有礼"为城市品牌,是一座国家历史文化名城、生态山水美城、开放大气之城和创新活力之城,是国家绿色金融改革创新试验区、钱江源国家公园体制试点、全国营商环境评价试点、全国"多规合一"试点、国家全域旅游示范区创建试点、全国首批"绿水青山就是金山银山"实践创新基地。从数据分析可以看出,衢州31个指标水平值区间在0~1.2之间,均值水平是0.469。高于均值水平的指标有15个,占指标总数的48.39%,主要有每百人公共图书馆藏书,国家荣誉称号数,公园个数,城市居民人均医疗保健消费支出,国家重点文物保护单位数量,人均生产总值,城市居民人均教育文化娱乐服务消费支出,城市居民人均可支配收入,国家4A级及以上景区数量,国内旅游人数,城市居民人均交通通信消费支出,城市居民家庭人均消费性支出,星级饭店数量,公路运输客运量,城市居民人均家庭设备用品及服务消费支出。其中指标水平值最高的是每百人公共图书馆藏书(1.177),其次是公园个数(0.950)。从中可以看出,衢州表现良好的指标主要是人均休闲消费水平、交通客运规模,主要与衢州较小的人口规模相关。

低于均值水平的指标有16个,占指标总数的51.61%,主要有城市化率,第三产业占地区生产总值比重,城镇居民家庭恩格尔系数,第三产业就业人数占全部就业人数的比重,剧场、影剧院个数,限额以上批发、零售、住宿和餐饮业企业个数,公园绿地面积,社会消费品零售总额,城市绿地面积,地区生产总值,公共汽车、电车客运量,城市(建成区)绿化覆

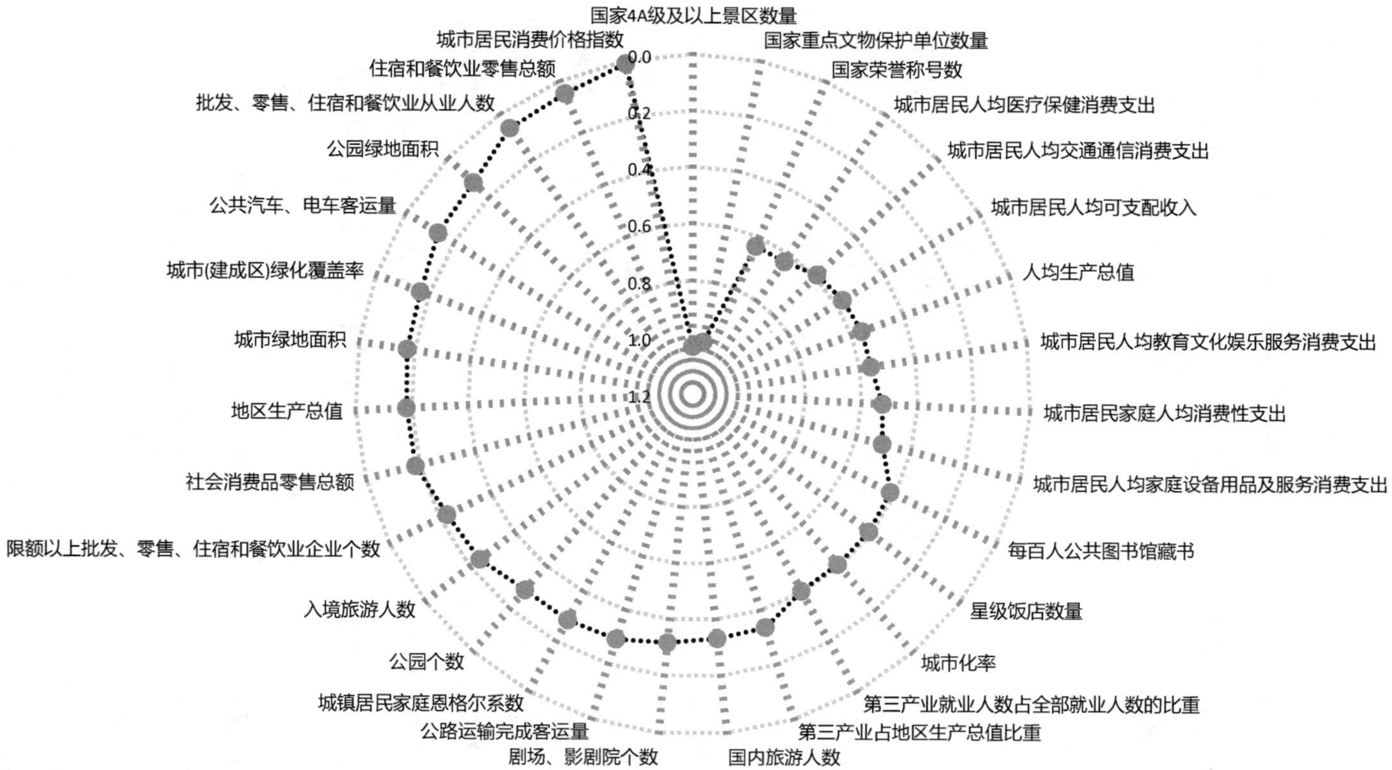

图 5-35　宣城 31 个指标水平排列图

率,住宿和餐饮业零售总额,批发、零售、住宿和餐饮业从业人数,入境旅游人数,城市居民消费价格指数。从中可以看出,衢州在城市休闲化发展进程中表现较弱的指标有第三产业发展状况、生态环境建设、住宿餐饮业规模、交通客运规模等方面,这说明衢州在休闲生态文明建设和交通通达性等方面还有很大的发展空间,休闲产品供给与居民和游客休闲消费需求配适度不够,见图 5 - 36。

十八、淮北

淮北是"长三角城市群""淮海经济区""徐州都市圈""宿淮蚌都市圈""宿淮城市组群"成员城市,拥有全国卫生先进城市、国家园林城市、全国科技进步先进市、全国无障碍建设城市、智慧城市等荣誉。从数据分析可以看出,淮北 31 个指标水平值区间在 0～1 之间,均值水平是 0.285。高于均值水平的指标有 15 个,占指标总数的 48.39%,主要有城市居民人均交通通信消费支出,城市居民人均医疗保健消费支出,国家荣誉称号数,城市居民人均教育文化娱乐服务消费支出,城市居民人均可支配收入,人均生产总值,城市化率,城市居民家庭人均消费性支出,城市居民人均家庭设备用品及服务消费支出,第三产业就业人数占全部就业人数的比重,城镇居民家庭恩格尔系数,每百人公共图书馆藏书,第三产业占地区生产总值比重,公园绿地面积,国家重点文物保护单位数量。其中,指标水平值最高的是城市居民人均交通通信消费支出(0.800),其次是城市居民人均医疗保健消费支出(0.666)。从中可以看出,淮北表现较好的指标有各项人均休闲消费水平、第三产业发展状况等方面,主要原因在于该市较小的人口规模和优质的文化生态旅游资源。

低于均值水平的有 16 个,占指标总数的 51.61%,主要有公园个数,城市绿地面积,城市(建成区)绿化覆盖率,公路运输客运量,国内旅游人

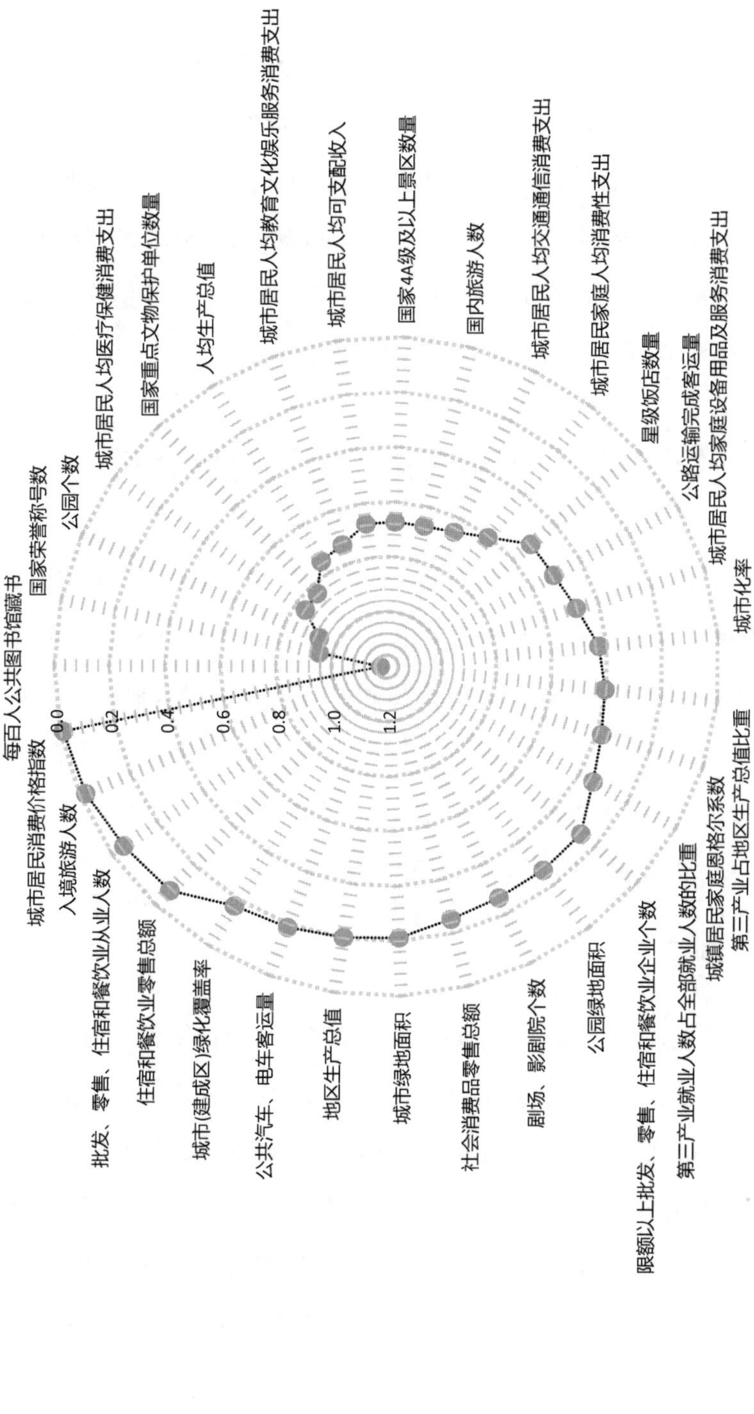

图 5 - 36　衢州 31 个指标水平排列图

数,地区生产总值,限额以上批发、零售、住宿和餐饮业企业个数,国家 4A 级及以上景区数量,公共汽车、电车客运量,社会消费品零售总额,剧场、影剧院个数,星级饭店数量,批发、零售、住宿和餐饮业从业人数,入境旅游人数,住宿和餐饮业零售总额,城市居民消费价格指数。从中可以看出,淮北在城市休闲化进程中表现较弱的指标有住宿餐饮业等商业零售规模、文化设施规模、生态环境建设、旅游接待规模等方面,说明淮北的休闲产品供给能力尚存在不足,城市对外吸引力、休闲生态环境建设及交通通达性均是淮北城市休闲化发展的短板,见图 5-37。

第六节 中等城市休闲化指数分析

城区常住人口规模在 50 万以上 100 万以下的城市为中等城市,符合这一标准的有铜陵、舟山、池州和黄山 4 个城市。从城市区域分布看,属于浙江省的有舟山 1 个城市,属于安徽省的有铜陵、池州、黄山 3 个城市;从城市行政级别看,4 个中等城市均不是省会城市。需要指出的是,江苏省各地级市中没有中等城市,长三角地区没有小城市。对长三角 4 个中等城市 31 个指标属性的特征分析如下。

一、铜陵

铜陵历史悠久,因铜得名、以铜而兴,素有"中国古铜都,当代铜基地"之称。铜文化已成为城市文化的核心元素,铜经济已是城市最具特色的强市之基,铜雕塑享誉全国,是全国文明城市、国家园林城市、国家卫生城市、中国优秀旅游城市。从数据分析可以看出,铜陵 31 个指标水平值区间在 0~1.5 之间,均值水平是 0.348。高于均值水平的指标有 12 个,占指标总数的 38.71%,主要有每百人公共图书馆藏书,国家荣誉称号数,人

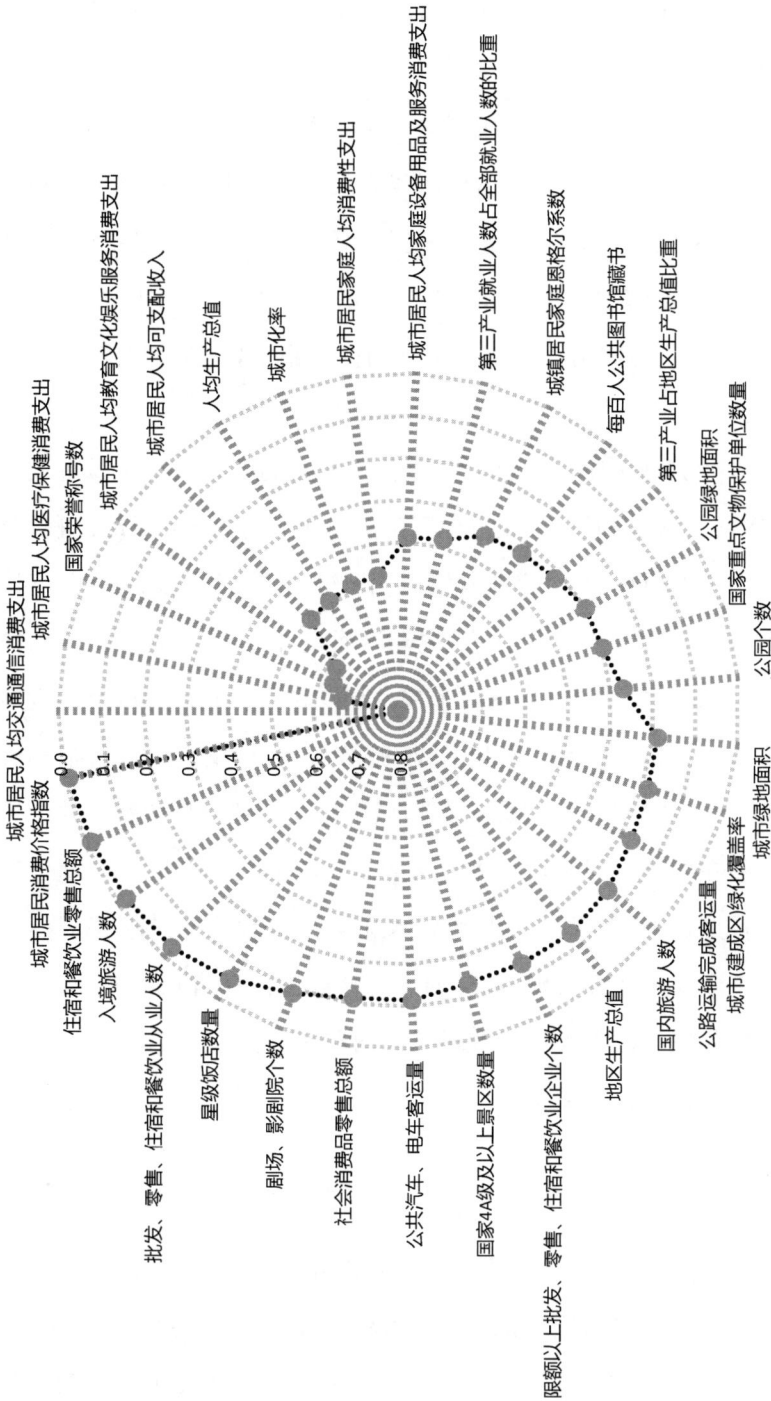

图 5 - 37 淮北 31 个指标水平排列图

均生产总值,城市居民人均交通通信消费支出,城市居民人均教育文化娱乐服务消费支出,城市居民人均家庭设备用品及服务消费支出,城市居民家庭人均消费性支出,城市居民人均可支配收入,城市居民人均医疗保健消费支出,第三产业就业人数占全部就业人数的比重,城市化率,国家 4A 级及以上景区数量。其中指标水平值最高的是每百人公共图书馆藏书(1.166),其次是人均生产总值(0.950)。从中可以看出,铜陵在城市休闲化进程中各项人均休闲消费水平起到助推作用,这主要与铜陵人口规模较小有关。

低于均值水平的指标有 19 个,占指标总数的 61.29%,主要有城镇居民家庭恩格尔系数,第三产业占地区生产总值比重,城市绿地面积,公园个数,公园绿地面积,国内旅游人数,城市(建成区)绿化覆盖率,公路运输客运量,地区生产总值,公共汽车、电车客运量,限额以上批发、零售、住宿和餐饮业企业个数,剧场、影剧院个数,社会消费品零售总额,星级饭店数量,国家重点文物保护单位数量,入境旅游人数,批发、零售、住宿和餐饮业从业人数,住宿和餐饮业零售总额,城市居民消费价格指数。从中可以看出,铜陵在城市休闲化发展进程中表现较弱的指标有第三产业发展状况、生态环境建设、住宿餐饮业规模、交通客运规模和旅游接待规模等方面,说明铜陵在生态文明建设、交通通达性等方面还有很大的发展空间。此外,铜陵相应的休闲娱乐产业供给相对单一,休闲产品丰富度不够,旅游业发展动力不足,见图 5-38。

二、舟山

舟山背靠上海、杭州、宁波等大中城市和长江三角洲等辽阔腹地,面向太平洋,具有较强的地理优势。舟山岛是舟山群岛中最大的岛屿,亦是中国第四大岛。千岛之城历史悠久,文化底蕴深厚。从数据分析可以看出,

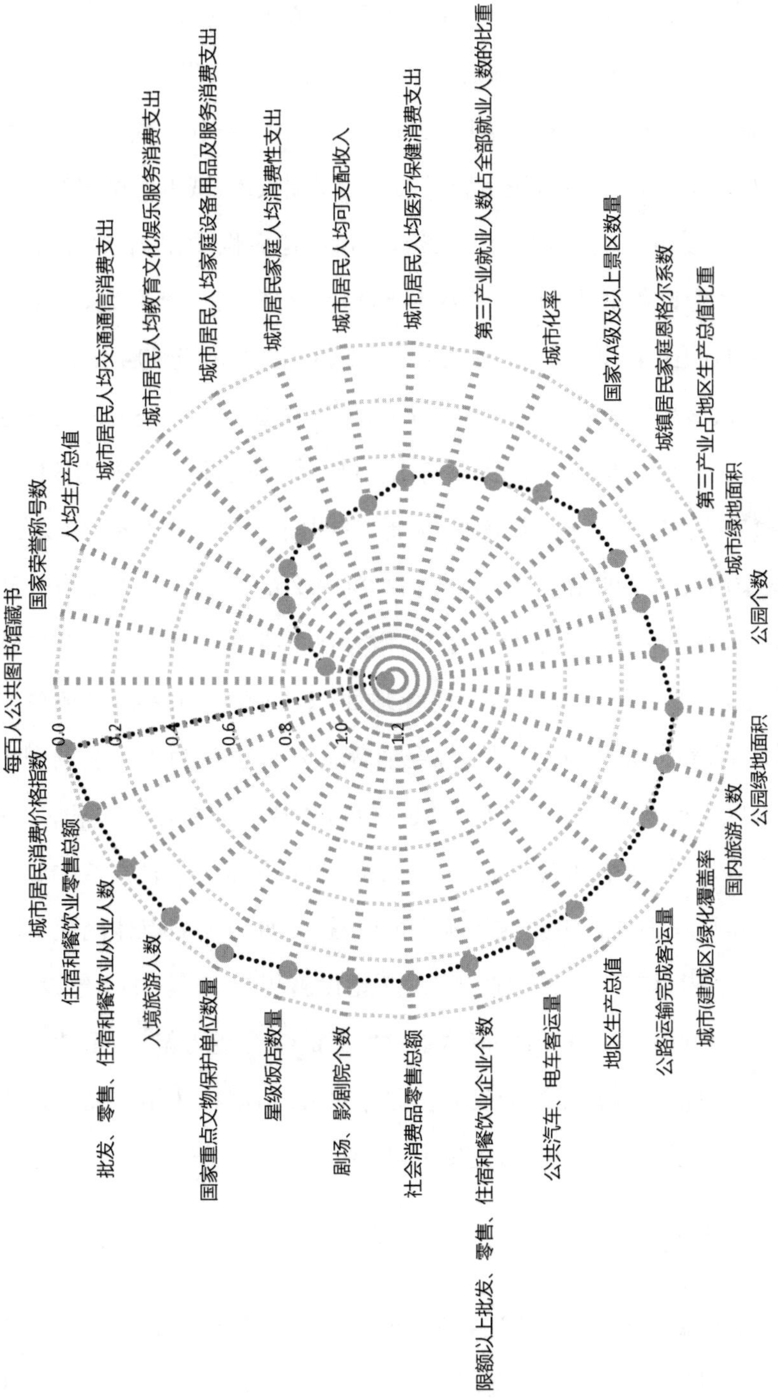

图 5-38　铜陵 31 个指标水平排列图

舟山 31 个指标水平值区间在 0~1.5 之间,均值水平是 0.449。高于均值水平的指标有 15 个,占指标总数的 48.39%,主要有人均生产总值,城市居民人均交通通信消费支出,城市居民人均医疗保健消费支出,城市居民人均教育文化娱乐服务消费支出,城市居民人均可支配收入,城市居民家庭人均消费性支出,国家荣誉称号数,公园个数,城市绿地面积,国内旅游人数,城市居民人均家庭设备用品及服务消费支出,城市化率,第三产业就业人数占全部就业人数的比重,第三产业占地区生产总值比重,星级饭店数量。其中,指标水平值最高的是人均生产总值(1.259),其次是城市居民人均交通通信消费支出(0.980)。从中可以看出,舟山在城市休闲化进程中,人均休闲消费水平、第三产业发展状况态势良好,主要与舟山较小的人口规模相关。

低于均值水平的指标有 16 个,占指标总数的 51.61%,主要有公路运输客运量,城镇居民家庭恩格尔系数,限额以上批发、零售、住宿和餐饮业企业个数,剧场、影剧院个数,公园绿地面积,国家重点文物保护单位数量,国家 4A 级及以上景区数量,社会消费品零售总额,每百人公共图书馆藏书,地区生产总值,入境旅游人数,城市(建成区)绿化覆盖率,公共汽车、电车客运量,住宿和餐饮业零售总额,批发、零售、住宿和餐饮业从业人数,城市居民消费价格指数。从中可以看出,舟山在城市休闲化进程中表现较弱的指标有住宿餐饮业规模、文化设施规模、生态环境建设、旅游接待规模等方面,说明舟山城市休闲化发展的综合能力偏低,虽然舟山有较强的地域优势,但是旅游业发展仍然相对薄弱,城市休闲产品供给也不够完善,制约了城市吸引力与竞争力,见图 5-39。

三、池州

池州,安徽省地级市,长江三角洲中心区 27 城之一,是长江流域重要的滨江港口城市、全国双拥模范城市、国家森林城市,有"中国戏剧活化

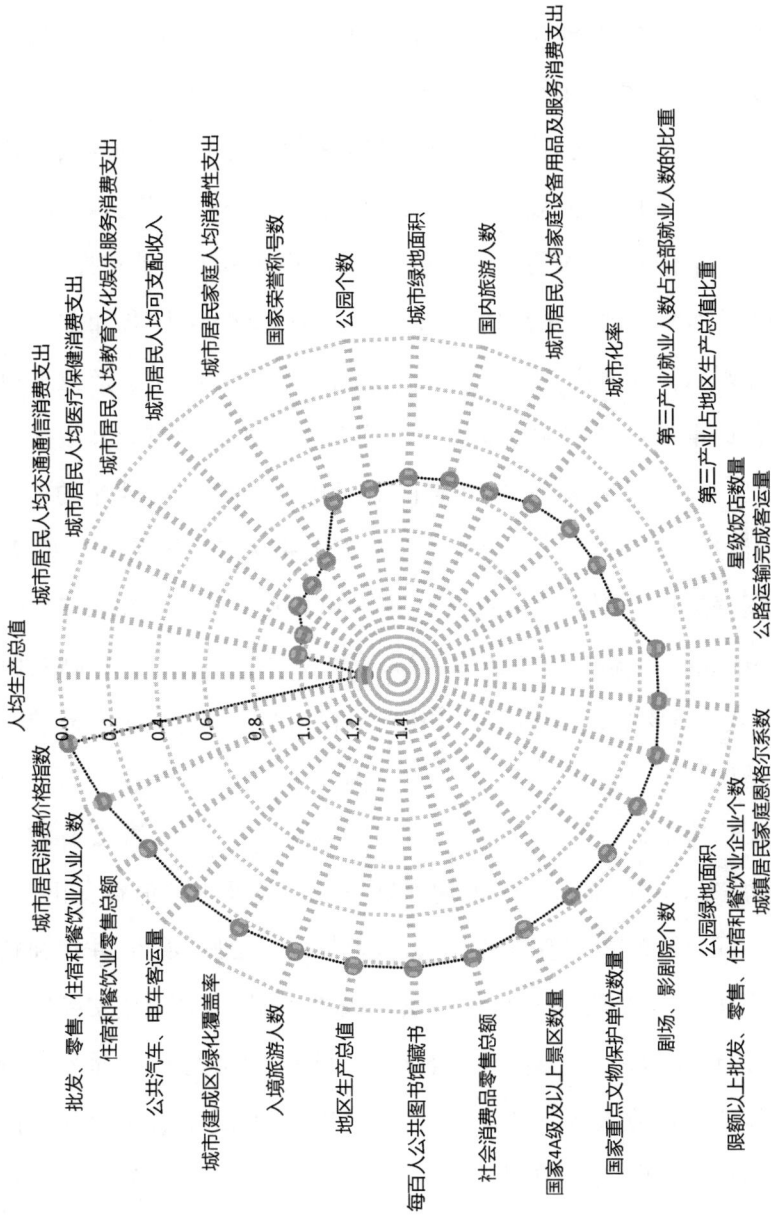

图 5-39 舟山 31 个指标水平排列图

石"贵池傩戏、"京剧鼻祖"青阳腔和东至花灯等一批国家级非物质文化遗产和源远流长的佛文化、茶文化,又素以生态闻名,有"天然大氧吧"之称。从数据分析可以看出,池州31个指标水平值区间在0~1.5之间,均值水平是0.381。高于均值水平的指标有16个,占指标总数的51.61%,主要有每百人公共图书馆藏书,入境旅游人数,城市居民人均交通通信消费支出,国家4A级及以上景区数量,国家荣誉称号数,国内旅游人数,国家重点文物保护单位数量,人均生产总值,城市居民家庭人均消费性支出,城市居民人均医疗保健消费支出,城市居民人均可支配收入,城市居民人均教育文化娱乐服务消费支出,星级饭店数量,城市化率,第三产业占地区生产总值比重,第三产业就业人数占全部就业人数的比重。其中指标水平值最高的是每百人公共图书馆藏书(1.272)。从高于均值水平的指标可以看出,池州在城市休闲化进程中表现较好的指标有旅游接待规模、各项人均休闲消费水平、休闲文娱设施规模等,其直接原因是池州人口规模较小,且环境优美,生态优良,是安徽省旅游资源最集中、品位最高的"两山一湖"区域的重要组成部分,城市休闲产品供给状况与休闲消费需求有一定的配适度。

低于均值水平的指标有15个,占指标总数的48.39%,主要有城镇居民家庭恩格尔系数,城市居民人均家庭设备用品及服务消费支出,城市(建成区)绿化覆盖率,公路运输客运量,限额以上批发、零售、住宿和餐饮业企业个数,公园个数,公园绿地面积,地区生产总值,社会消费品零售总额,城市绿地面积,公共汽车、电车客运量,剧场、影剧院个数,批发、零售、住宿和餐饮业从业人数,住宿和餐饮业零售总额,城市居民消费价格指数。从中可以看出,池州在城市休闲化发展进程中表现较弱的指标有住宿餐饮业规模、交通客运规模、文化设施建设等方面,说明池州在居民精神文化休闲方面需要改进,见图5-40。

每百人公共图书馆藏书
城市居民消费价格指数
住宿和餐饮业从业人数
剧场、影剧院个数
公共汽车、电车客运量
城市绿地面积
社会消费品零售总额
地区生产总值
公园绿地面积
公园个数
限额以上批发、零售、住宿和餐饮业企业个数
城市建成区绿化覆盖率
城市居民人均家庭设备用品及服务消费支出
城镇居民家庭恩格尔系数

批发、零售、住宿和餐饮业零售总额
入境旅游人数
城市居民人均交通通信消费支出
国家4A级及以上景区数量
国家荣誉称号数
国内旅游人数
国家重点文物保护单位数量
人均生产总值
城市居民家庭人均消费性支出
城市居民人均医疗保健消费支出
城市居民人均可支配收入
城市居民人均教育文化娱乐服务消费支出
星级饭店数量
城市化率
第三产业占地区生产总值比重
第三产业就业人数占全部就业人数的比重

公路运输完成客运量

0.0 0.2 0.4 0.6 0.8 1.0 1.2 1.4

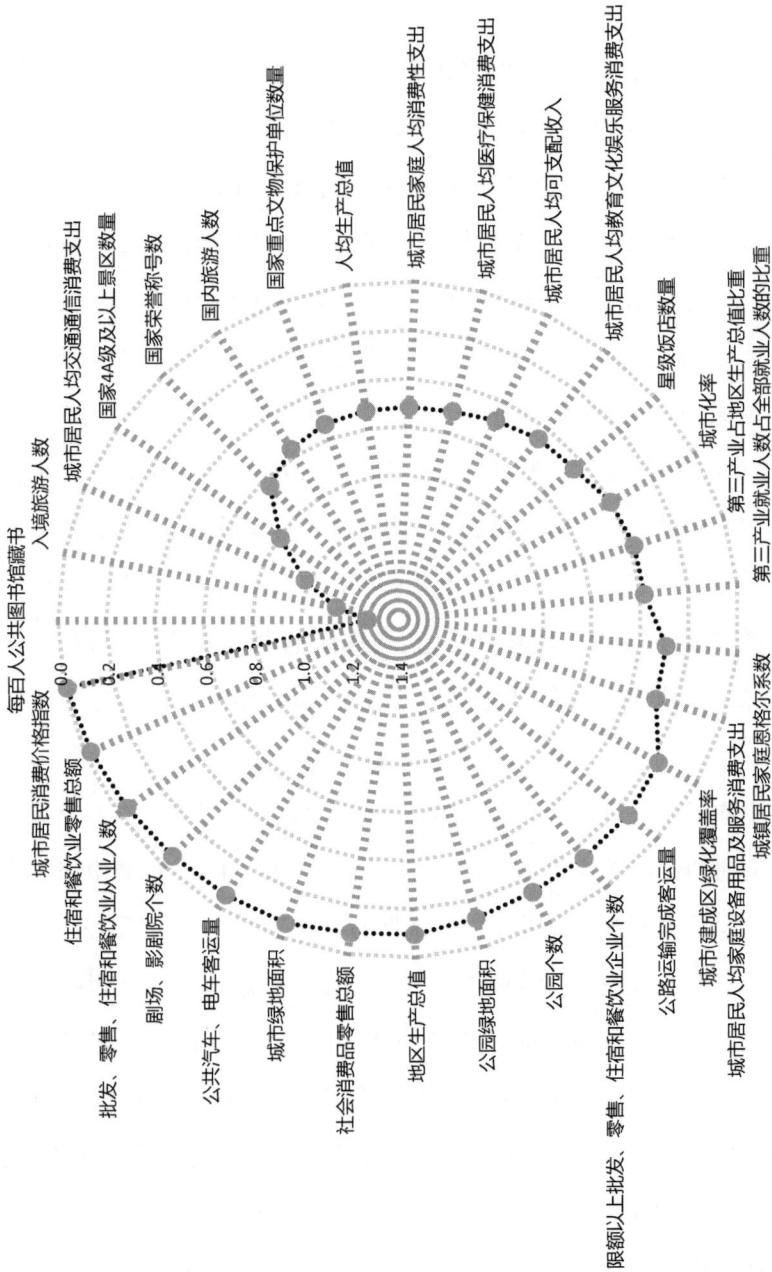

图 5-40 池州 31 个指标水平排列图

四、黄山

黄山市隶属于安徽省，既是徽商故里，又是徽文化的重要发祥地。黄山市境内的黄山为世界自然与文化双遗产，皖南古村落西递、宏村为世界文化遗产，黄山曾获得"中国公众最向往的旅游城市"称号。从数据分析可以看出，黄山 31 个指标水平值区间在 0～3 之间，均值水平是 0.494。高于均值水平的指标有 10 个，占指标总数的 32.26%，主要有入境旅游人数，国家重点文物保护单位数量，国家荣誉称号数，每百人公共图书馆藏书，星级饭店数量，国内旅游人数，人均生产总值，城市绿地面积，城市居民人均可支配收入，城市居民人均医疗保健消费支出。其中指标水平值最高的是入境旅游人数（2.650），其次是国家重点文物保护单位数量（1.847）。从中可以看出，黄山在城市休闲化发展进程中发展较好的是旅游接待及服务规模、人均休闲消费水平等，这与黄山深厚的文化底蕴和丰富的自然文化资源有直接关联，推动了当地旅游休闲的发展。

低于均值水平的指标有 21 个，占指标总数的 67.74%，主要有城市居民人均交通通信消费支出，城市居民家庭人均消费性支出，城市居民人均教育文化娱乐服务消费支出，第三产业占地区生产总值比重，公园个数，第三产业就业人数占全部就业人数的比重，剧场、影剧院个数，城市化率，城市居民人均家庭设备用品及服务消费支出，公路运输客运量，国家 4A 级及以上景区数量，城镇居民家庭恩格尔系数，城市（建成区）绿化覆盖率，限额以上批发、零售、住宿和餐饮业企业个数，公园绿地面积，社会消费品零售总额，地区生产总值，批发、零售、住宿和餐饮业从业人数，住宿和餐饮业零售总额，公共汽车、电车客运量，城市居民消费价格指数。从中可以看出，黄山在城市休闲化发展进程中表现较弱的指标有第三产业发展状况、生态环境建设、住宿餐饮业等零售规模、交通客运规模等方面，这说明黄山虽然自然风景独特吸引力强，但是休闲娱乐供给产品结构层次单一，无法满足居民休闲消费需求。此外，黄山在生态环境建设、交通通达性等方面需进一步改进，见图 5-41。

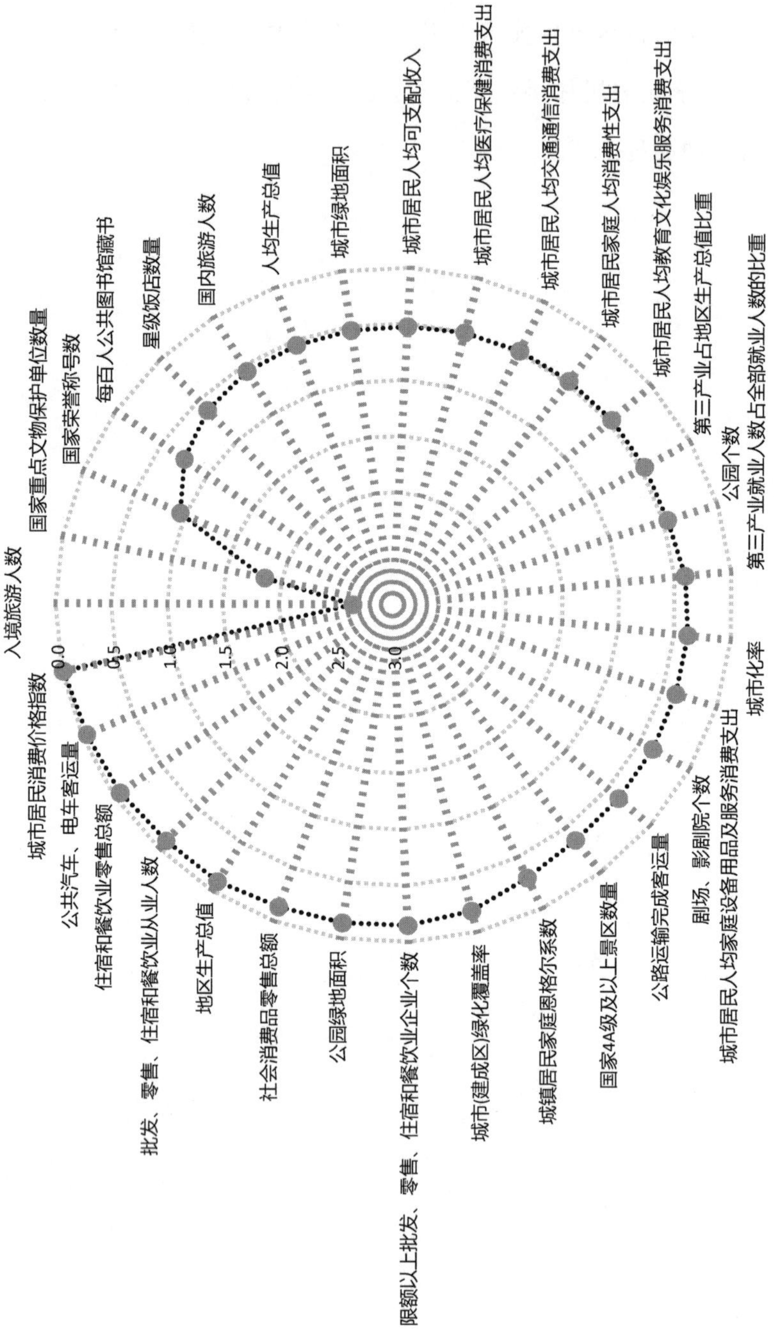

图 5-41　黄山 31 个指标水平排列图

第二部分参考文献

［1］李丽梅.中国休闲产业研究［M］.上海：上海交通大学出版社,2021.

［2］刘松.中国城镇居民休闲消费潜力研究［M］.上海：上海交通大学出版社,2020.

［3］马红涛,楼嘉军.乌鲁木齐市城市休闲化发展历程及影响因素研究［J］.现代城市研究,2021(05)：83－88.

［4］徐爱萍,楼嘉军.中国城市休闲化区域差异及成因解读［J］.世界地理研究,2019(6)：98－108.

［5］李其原,游磊.休闲客流空间扩散特征与区域综合效应研究［M］.北京：科学出版社,2018.

［6］刘润,马红涛.中国城市休闲化区域差异分析［J］.城市问题,2016(10)：30－36.

［7］楼嘉军,马红涛,刘润.中国城市居民休闲消费能力测度［J］.城市问题,2015,34(3)：86－93＋104.

［8］韩振华.休闲城市发展要素研究［M］.杭州：浙江大学出版社,2014.

［9］宁泽群.北京市居民休闲行为与产业发展的调查与研究［M］.北京：旅游教育出版社,2012.

［10］王佳,张文杰.京津冀区域九城市休闲性差异评价［J］.企业经济,2012(9)：148－151.

第三部分

专题研究

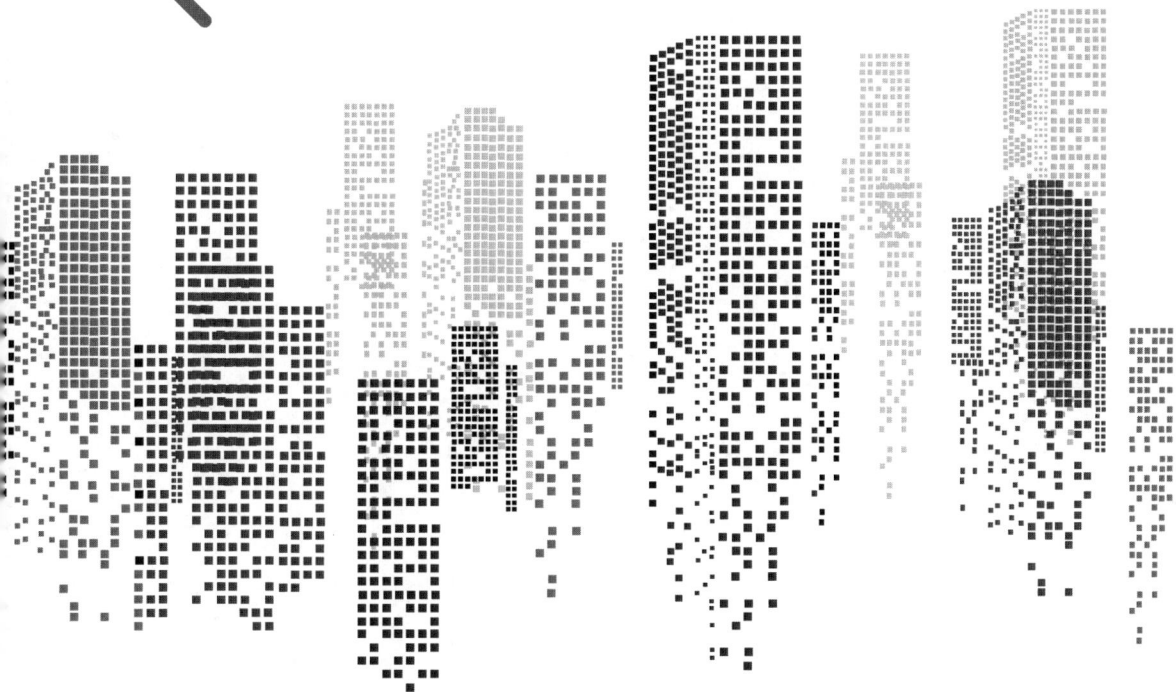

第六章　上海地标性景区
休闲观光功能整合
与管理协调研究
——以外滩、黄浦江、陆家嘴为例[①]

第一节　研究背景

早在 2018 年 9 月 6 日，上海市政府发布《关于促进上海旅游高品质发展加快建成世界著名旅游城市的若干意见》(以下简称《意见》)，提出始终对标国际最高标准、最好水平，加快旅游供给侧结构性改革。《意见》由总体要求、打造更具吸引力的旅游目的地、推动上海旅游转型升级、营造良好旅游环境、提高上海旅游辐射力影响力和保障措施 6 个方面共计 30 条构成，简称上海旅游 30 条。《意见》提出上海将建设"城景一体"的全域旅游目的地；打造"黄浦江游览"世界级旅游精品；使"建筑可阅读"成为体验上海历史、文化和生活的新载体。《意见》指出上海将加快建设国际文化旅游之都、购物之城、邮轮旅游城市、国际会展旅游城市、健康旅游城市、工业旅游城市等，推动产业融合发展。

上海市委书记李强强调，旅游业是拉动经济发展的支柱产业，也是提

---

① 本章作者：王慎军(上海旅游高等专科学校 上海师范大学旅游学院)

升人民群众生活品质的幸福产业,关联度高、覆盖面广、产业链长、带动力强。要深刻领会习近平总书记对旅游发展的重要指示要求,对标世界一流、对标最高品质,把握内涵特征,找准自身定位,努力把上海打造成为体现国际风范、彰显中国元素、具有上海特色的世界著名旅游城市。

2020 年 7 月 8 日,上海市人民政府批复同意《北外滩地区控制性详细规划》。批复称,要将北外滩地区建设成为与外滩、陆家嘴错位联动、居住相融、孵化创新思维的新时代顶级中央活动区、汇聚现代化国际大都市核心发展要素的世界级会客厅、全球超大城市精细化管理的典型示范区。

北外滩是"黄金三角"中最后启动开发建设的一角。通过对比研究伦敦金丝雀码头、纽约曼哈顿、东京丸之内等国际顶尖地区的开发机制模式,走访调研了浦东陆家嘴、前滩和徐汇滨江等地,虹口区在实践中逐步形成"政府主导、办企合一、市场化运作"的北外滩开发机制模式。

在"政府主导"方面:由副市长汤志平牵头成立了市北外滩地区开发建设领导小组,全市 18 家相关单位作为小组成员,按照"一事一议"的方式,加强对重点问题、难点问题的协调支持,统筹指挥调度全市资源推进北外滩开发建设。区级层面专门成立了北外滩开发建设办公室,下设六个工作组,统筹全区资源力量推进北外滩开发建设。

在"办企合一"方面:北外滩开发办和北外滩集团实行"一体化"管理和运作。北外滩开发办作为开发建设主体,全面推动落实市领导小组的各项部署决策;北外滩集团作为操作平台,对北外滩区域内每一个项目的进度、质量进行严格把控,对区域内公共设施、公共空间、二层连廊及商务楼宇等进行统一管理。

在"市场化运作"方面:充分发挥市场作用,通过"招拍挂"等方式,将北外滩区域地块出让给不同市场主体,确保每一块土地都能"找到好人家、卖个好价钱、出个好作品、形成好功能";积极引导社会资本、专业机构参与北外滩的规划、建设、招商和管理,更多依靠市场力量推进开发建设。

上海市规划和自然资源局在 2020 年 8 月 20 日公布《黄浦江沿岸地区建设规划(2018—2035)》和《苏州河沿岸地区建设规划(2018—2035)》。根据规划,黄浦江沿岸定位为国际大都市发展能级的集中展示区,苏州河沿岸定位为特大城市宜居生活的典型示范区。

"一江一河"的建设规划范围为黄浦江自闵浦二桥至吴淞口,长度 61 公里,总面积约 201 平方公里;苏州河上海市域段,长度 50 公里,总面积约 139 平方公里。

根据规划,黄浦江沿岸地区将成为全球城市核心功能的空间载体,具有全球影响力的金融贸易、文化创意、科创研发功能的汇聚地;同时也将成为人文内涵丰富的城市公共客厅,体现高等级文化影响力、高活力公共空间、景观特色鲜明的标志性展示窗口。

黄浦江沿岸将形成"三段两中心"的功能结构,核心段集中承载全球城市金融、文化、创新、游憩等核心功能;上游段以生态为基本功能,注重宜居生活功能的融合;下游段大力发展创新功能,强化生态与公共功能的融合;外滩—陆家嘴—北外滩地区、世博—前滩—徐汇滨江地区这两个中心则将进一步集聚金融、贸易、航运(国际客运码头)、创新(外滩源)、创意、文化(外滩万国博览群)和总部商务等全球城市功能。

苏州河沿岸地区将被规划为多元功能复合的活力城区,尺度宜人且有温度的人文城区以及生态效益最大化的绿色城区。

上海市规划和自然资源局通过综合考虑苏州河沿岸功能、发展和建设情况,将全域分为 3 个区段:内环内东段将打造高品质公共活动功能;中心城区内其他区段则将体现上海城市品质,实现宜居宜业的复合功能;外环外区段定位为生态廊道,实现生态保育和休闲游憩功能。

2020 年 11 月 1 日,围绕上海打造世界著名旅游城市的抓手和重点任务,来自中央部委、高校、旅游企业的专家学者和上海市、区级旅游部门相关负责人共同召开"新格局与上海旅游业"专家座谈会,共同出谋划策。

深化世界著名旅游城市建设,将助力上海提升城市能级和核心竞争力。未来,上海将继续深化长三角文旅融合,打造一批高品质休闲度假旅游区和世界文明的东方度假胜地,深挖江南文化意蕴,弘扬红色文化基因,依托重大文化活动平台,创新文化旅游表达,形成当代长三角文化旅游的鲜明标识。

打造黄浦江"世界会客厅",建设苏州河"城市文化生活休闲带",建设临港新片区文旅先锋地,长三角一体化示范区打造"世界级水乡古镇文化休闲区",按独立城市定位、现代城市理念和相关要求,高标准配置新城的文化活动和文化设施。

特别深化打造"党的诞生地"红色文化旅游集群、文化遗产旅游集群、节日赛事和主题娱乐旅游集群、演艺文化旅游集群、文化创意旅游集群。以中国国际进口博览会为契机,上海还将加大重大节庆、展会、赛事等活动中的旅游宣传推广。

"十四五"时期,上海旅游业将围绕建设"高品质的世界著名旅游城市"这一目标,以"高质量旅游发展、高品质旅游生活、高频次旅游消费、高水平旅游交流"为发展主线,助力上海成为国内大循环的中心节点和国内国际双循环的战略链接。

在此背景下,课题组将外滩、陆家嘴、黄浦江作为研究对象,经过前期的实地调研和论证,外滩和陆家嘴已经具备世界级城市旅游地标的品质,借势"十四五"时期上海旅游业围绕建设高品质世界著名旅游城市的契机,推动将外滩—陆家嘴打造成为世界级城市旅游地标具有一定的现实意义。

第二节　外滩、黄浦江、陆家嘴休闲观光功能发展现状

一、范围的界定

外滩区域范围的界定,北起外白渡桥,南至复兴东路隧道,将新十六铺码头涵盖进外滩区域。黄浦江范围的界定,北起国际客运码头,西至金陵东路渡口,南至复兴东路渡口。陆家嘴范围的界定,陆家嘴环路与滨江大道内区域。

二、发展现状

通过在携程、同城等OTA平台上检索相关区域,对外滩、陆家嘴、黄浦江区域的休闲观光功能现状进行了梳理,可以获得需要购买门票的旅游产品信息。如表6-1所示。

表6-1　外滩、陆家嘴、黄浦江休闲观光功能现状

区域	景　　点	票　价	星级(线路)
外滩	Big Bus双层上海观光巴士	100元起	上海市区游(红线)、上海浦东游(蓝线)、上海老城游(绿线)
	外滩星空艺术馆	58元起	
	外滩观光隧道	60元起	
陆家嘴	金茂大厦88层观光厅	120元起	AAAA级景区
	东方明珠	120元起	AAAAA级景区
	环球金融中心观光厅	135元起	AAAA级景区
	上海中心大厦上海之巅观光厅	200元起	AAAA级景区

(续表)

区 域	景　　点	票　价	星级(线路)
陆家嘴	上海海洋水族馆	160 元起	AAAA 级景区
	震旦博物馆	55 元起	AAA 级景区
	上海大自然野生昆虫馆	78 元起	
	上海观复博物馆	80 元起	第一家民办博物馆
黄浦江	黄浦江游览(十六铺码头)	120 元起	新十六铺—滨江大道—陆家嘴—金茂大厦—东方明珠—秦皇岛码头—外白渡桥—人民英雄纪念碑—外滩—新十六铺
	"快乐船长"黄浦江游船	268 元起	网红特色自助餐
	黄浦江渡轮(金陵东路渡口、东昌路渡口、复兴东路渡口)	2 元	公共交通

注：数据来源：据各景区官网信息和数据整理。

外滩区域可供游客选择的旅游产品仅 3 项,通过多次现场调研发现,Big Bus 双层上海观光巴士在工作日和节假日均有游客乘坐,节假日上座率明显提升。相比较而言,外滩星空艺术馆的访问量次之,而外滩观光隧道鲜有游客问津。

陆家嘴是国家 A 级景区最密集的区域,以 5A 级景区上海东方明珠景区领先,4 家 4A 级景区以超高层城市景观观光厅为主要卖点,受商业地产开发先后影响,其观光厅产品的差异性不大,有雷同之嫌,且各景区间票价差异较大。上海中心上海之巅观光厅门票为 200 元,相较于另外两家差价在 30% 左右。此外,4A 级景区上海海洋水族馆主打海洋生物展览、3A 级景区震旦博物馆主打人文。非 A 级旅游景区上海大自然野生昆虫馆、上海观复博物馆相对小众。整体而言,陆家嘴区域销售门票的景点以超高层城市景观观光为主要卖点,上海中心上海之巅观光厅与东方明珠引领市场。

黄浦江游船产品单一、服务体验不佳。目前仅有新十六铺码头的浦江游览船,船票价格从 120 元起,产品单一,发船间隔较长,全日仅部分时段开船。"快乐船长"黄浦江游船主打自助餐,船票含餐饮价格 268 元起。此外,在上海公共交通体系中,渡轮作为供市民选择的公共交通保留下来,船票 2 元,每 30 分钟一班,上座率最高,但观景效果最差。

除上述需购买门票景点外,外滩、陆家嘴区域的休闲观光功能还以另外一种方式呈现,即高档社会餐饮与高星级酒店、开放式公共空间以及高档购物中心等。这些区域吸引着不同需求的游客前往,他们的产品或服务能够给游客带来更优质的体验,是外滩和陆家嘴区域不可或缺的组成部分。具体如表 6-2 所示。

表 6-2　外滩、陆家嘴区域高档社会餐饮与高星级酒店

	空　间	功　能	典　型　代　表
外滩	外滩源	高档社会餐饮聚集区	8 1/2 OTTO EMAZZO BONBANA
	半岛酒店	奢华五星级酒店	Sir Elly,逸龙阁
	罗斯福会馆	高档社会餐饮聚集区	罗斯福会馆
	和平饭店	豪华五星级酒店	华懋阁
	外滩 18 号	高档社会餐饮聚集区	MMB, Joe Robinson
	外滩 3 号	高档社会餐饮聚集区	Pop, Jean George
	华尔道夫酒店	奢华五星级酒店	百汇园
	万达瑞华酒店	豪华五星级酒店	
	十六铺码头	开放式公共空间	
	BFC 外滩金融中心(枫泾夜市)	夜经济、高档购物中心、CBD	
	外滩英迪格酒店	豪华五星级酒店	CHAR
陆家嘴	滨江大道	开放式公共空间、休闲餐饮聚集区	哈根达斯、星巴克、宝莱纳等
	浦东美术馆	文化场馆	

（续表）

空　间	功　能	典型代表
上海船厂滨江绿地	开放式公共空间	
浦东香格里拉酒店	豪华五星级酒店	翡翠 36
正大广场	高档购物中心	
上海国际会议中心	高档五星级酒店	
凯宾斯基酒店	高档五星级酒店	
浦东文化东方酒店	奢华五星级酒店	
IFC 国金中心	高档购物中心、CBD、休闲餐饮聚集区	
浦东丽思卡尔顿酒店	奢华五星级酒店	SCENA，金轩
陆家嘴中心绿地	开放式公共空间	
陆家嘴中心绿地吴昌硕纪念馆	文化场馆	
金茂君悦酒店	豪华五星级酒店	九重霄
上海柏悦酒店	奢华五星级酒店	世纪一百
上海中心 J 酒店	奢华五星级酒店	

注：表格最左侧合并列为"陆家嘴"。

　　表 6-2 中陆家嘴滨江区域商铺，休闲社会餐饮林立，涵盖休闲咖啡厅、精酿啤酒坊、冰激凌、酒吧、各类西餐厅等。这些餐饮场所除室内区域外均设有户外桌椅供客人使用，风景独特，就餐体验感较强，能增强游客的游览体验度和满意度，是浦江两岸从"工业锈带"变成"生活绣带"的典范。

　　一滩一嘴经过近几十年的发展取得了不俗的成绩，以国家 5A 级旅游景区上海东方明珠景区为引领的上海海洋水族馆、金茂大厦 88 层观光厅、环球金融中心观光厅、上海中心大厦上海之巅观光厅、震旦博物馆等 6 家国家 A 级旅游景区已形成特色各异的超高城市观光平台集群，覆盖博物馆、水族馆等多种城市休闲观光功能；以外滩、外滩源、滨江大道、十六铺码头、BFC 枫泾夜市等为代表的城市核心段公共开放空间同样为市民和游客提供休闲观光服务；半岛酒店、和平饭店、外滩华尔道夫酒店、浦东香格里拉酒店、浦东丽思卡尔顿酒店、上海柏悦酒店、金茂君悦酒店、上海中心 J 酒店等奢华五星级酒店构建了世界顶级住宿接待服务体系；外滩三号、外滩 18 号、罗斯福会馆、圆明园路等全球知名高端社会餐饮集聚，进一步提升了对海内外高消费群体的吸引力和知名度；万国建筑博览群、外白渡桥、原划船俱乐部、原新天安堂、女青年会大楼、林肯爵士乐中心、浦东美术馆、观复博物馆、吴昌硕纪念馆等历史、宗教、艺术文化遗产资源共同营造了世界级的人文生态环境；国际客运码头、十六铺码头、金陵东路渡口、复兴东路渡口、东昌路渡口形成了以休闲观光、公共交通等功能各异的航运通道。一滩一嘴已经成为具有国际大都市品质、具有上海地域特色、能够代表中国改革开放四十多年辉煌成就的世界级旅游地标，也是具备打造成为具有世界级旅游地标水准的国家 5A 级开放式景区样板条件的城市开放式公共空间。

但面对上海深化世界著名旅游城市建设的新要求，面对后疫情时代国内大循环、国内国际双循环发展带来的新契机与新挑战，建设成为世界级旅游地标，一滩一嘴在管理机制融合度、旅游产品协调度、休闲观光价值体现度、旅游服务体验度、旅游安全保障度等方面，还存在不少差距与短板，需要加以克服和突破。

三、管理机制模式现状

2019 年 7 月 10 日，上海市人民政府办公厅发布关于成立上海市"一江一河"领导小组的通知，经市政府研究，决定不再保留上海市黄浦江两岸开发工作领导小组（原浦江办），成立上海市"一江一河"领导小组，任命应勇为组长。2020 年 3 月 24 日，免去应勇组长职务，由龚正任组长。浦江两岸的开发建设与管理工作在"一江一河"领导小组指导下进行。

（一）外滩区域

2017 年 10 月 22 日黄浦区委、区政府，区建管委（滨江办）发布行政规范性文件《黄埔滨江公共空间综合管理试行办法》（以下简称《试行办法》），包括总则、环境和设施管理、运行秩序管理、许可管理、安全和应急管理、保障制度六个方面，基本明确了黄浦滨江综合管理的相关职能部门职责、管理工作内容和要求。内容包括以下三个方面。

1. 构建联动管理体系

拟由区建管委（滨江办）牵头建立管理平台，公安、城管、专业管理单位形成联动。区建管委（市政所）、商务委、公安分局（治安、消防、交警、南浦所）、财政局、绿化市容局（绿化所）、文化局、体育局、旅游局、城管执法局、市场监管局、网格中心、小东门街道、五里桥街道、半淞园路街道、外滩投资集团等相关行业部门和单位依法履行管理职能、做好相关工作，并鼓励吸纳社会组织参与管理。《试行办法》明确了上述部门的管理职责，通过联动机制，优化管理体系。

2. 明确管理内容

结合实际，《试行办法》细化明确了绿化、"三道"等公共开放空间环境设施的维护标准；制定了公共秩序、社会秩序和交通秩序等方面的公众行为规范；明确了社会公共活动等审批许可规定；针对大客流、突发事件等安全隐患建立了安全和应急管理制度。各职能部门依据统一管理标准，做好相关工作。

3. 强化组织保障

《试行办法》还提出了综合管理中的经费保障途径、督查考核制度、整改处罚办法等保障措施，为《试行办法》的有力有序推行提供了制度保障。

（二）陆家嘴区域

黄浦江两岸综合开发浦东新区领导小组办公室、东岸集团（上海东岸投资集团有限公司）、陆家嘴管理局、城运中心共同管理。

第三节　应对策略

一、加强统一管理

抓紧建立管理平台和运行机制。拟委托专业机构对黄浦滨江公共空间实施专业化的日常管理。专业机构要严格按照《试行办法》和有关政策法规要求，认真履行职责，接受相关职能部门的监督。并通过建立多级考核机制，开展定期与不定期自查、考核，把《试行办法》的各项管理要求落到实处。

二、建立综合执法机制

参照外滩风景区综合执法的经验，组建相对独立统一的行政执法机构。治安管理方面，拟扩大现南浦治安派出所管理范围，实现黄浦滨江公共空间治安管理全覆盖。

三、建立联勤联动机制

加强相关部门的沟通协调，实现管理与执法联勤联动。设置指挥中心，由公安、城管、物业等相关部门集中进驻，同步建设信息化管理平台，提高管理效率，确保安全稳定。

四、借势步行街东扩，调整升级消费场景和业态

消费品牌升级。新世界大丸百货招商升级；原华东电力大楼改造成

万豪国际集团旗下奢华品牌艾迪逊五星级酒店；原中央商场升级为"外滩·中央"项目，引入乔丹、新百伦、斯凯奇、林肯爵士乐上海中心、Lark Coffee 等国际知名品牌；历史保护建筑南京大楼，由新世界集团携手华为打造全球最大、规格最高的华为旗舰店。

集聚新消费新业态。打造四个城市新地标：城市经典传承地、时尚先锋引领地、美好生活体验地和全球消费汇聚地。成为中国民族商业、本土品牌重要的展示窗口，也将集聚更多新消费理念下的新业态模式和主题活动，突出主题店、快闪店、买手店等流行元素，集成应用 5G、人工智能、VR 等新技术。为实现这一目标，百联集团旗下的华联商厦将进行整体改造。原新世界休闲港湾定位于新一代中国自主品牌的数码科技产品与时尚元素融合地。大力推进包括世纪广场等公共空间的功能转型、争取免税、退税、保税十点、深化数字商圈建设等。

五、运用信息技术、预约制分流外滩大客流

运用 ArcGIS 技术在对 GPS 轨迹点实现时空路径三维可视化的基础上，进一步提炼出路径长度、游览时间、游览速度、覆盖面积和椭圆周长 5 项量化评价指标，并提出了具体的计算方法，在计算 5 项量化指标的基础上采用因子分析的方法探索基于 GPS 数据的旅游时空行为评价因子。从旅游供给的角度来说，为基于旅游者时空行为分析的产品提升和精细化管理提供指导，比如通过延长旅游者的游览时间、延长游览路径、扩大游览面积、降低游览速度、增加旅游消费、增加旅游体验和增强情感体验等措施，均能有效地提高旅游体验的数量和质量。

采用微信小程序预约方式，在节假日分流外滩大客流。探讨以河南中路步行街交界口（大丸百货）作为步行街进入外滩的入口，新十六铺观景平台作为南面方向分流出口，外白渡桥作为北面方向分流出口；延安东

路、广东路、福州路、汉口路、九江路、宁波路、北京西路、南苏州河路作为西面方向的分流出口。

六、"智慧公安"精准管理

外滩每天约 40 万人流量,高峰期瞬时人流量近 4 万。外滩治安派出所共计 134 名警力,完全靠人力管理不现实。运用集成视频采集、轨迹追踪和信息分析等功能的智能系统可有效管控各种问题。

引进智能机器人、无人机等设备,在疫情防控的新形势下,可以起到长时间、不间断的巡逻、喊话、处理突发事件等作用。外滩派出所的"铁骑队"由特警、派出所民警、交警等不同警种组成,承担街面治安巡逻、交通疏导等多种任务,起到突击手、多面手作用,如有任何突发事件,均可找"铁骑队"。

公安警务直升机,遇到突发警情时,无人机能利用承载的高灵敏度照相机进行连续不断的画面拍摄,获取影像资料,并将所获得信息和图像实时传回地面,可为尽快处理警情提供研判保障。

第四节 一滩一嘴打造成世界级 旅游地标的建议

一、重新认识一滩一嘴的战略地位与潜在价值

第一,从《黄浦江沿岸地区建设规划(2018—2035)》来看,一滩一嘴地处黄浦江沿岸核心段,是连接黄浦江上游段和下游段的重要区域,它具有高等级文化影响力、高活力公共空间,是景观特色鲜明的标志性展示窗口,是国际大都市发展能级的集中展示区。第二,从上海发展史的角度

看,外滩见证上海百年发展史,陆家嘴是改革开放的先行者和排头兵,这一发展高度上海其他区域难以比肩。第三,从上海"一江一河"沿岸地区"三段两中心"功能区建设角度看,核心段集中承载全球城市金融、文化、创新、游憩等核心功能;上游段以生态为基本功能;下游段大力发展创新功能;两个中心进一步集聚全球城市功能。因此,一滩一嘴打造成世界城市旅游地标的作用需要重估。

二、深度挖掘

要深度挖掘外滩、陆家嘴、黄浦江三者间的联动机制,优化休闲观光产品。南京路步行街东扩之后,节假日外滩的瞬时承载客流量压力剧增,不仅游客的游览体验感越来越低,安全也无法得到保障,武警官兵的拉链式过马路看似创新,实则站在世界看上海的角度绝非常态。要挖掘符合游客真实需求的旅游产品,结合有效的科技手段,在基于游客时空行为分析的产品提升和精细化管理上做文章。通过控制旅游者的游览时间、引导游览路径、扩大游览面积、提升游览速率、增加旅游消费、增加旅游体验和增强情感体验等措施,有效的提升旅游体验的数量和质量。

三、可行性评估

要评估外滩—陆家嘴越江步道可行性,为外滩区域游客直接进入陆家嘴区域提供路径。外滩作为实际上的城市旅游地标毋庸置疑,但来外滩观光休闲的游客是被陆家嘴的风景所吸引,陆家嘴区域的景区承载力很大,原有的过江方式为地铁 2 号线南京东路直达陆家嘴,但弊端凸显,游客从外滩乘地铁前往陆家嘴需要走一段折返路线,在大客流时段,易形成人流对冲,极易造成危险。而现有外滩观光隧道,作为旅游产品鲜有游客问津。因此,应评估改建成越江步道的可行性,若可行,将提供一条疏解外滩大客流的有效通道,同时也为陆家嘴区域的休闲观光导入游客。

四、打造黄浦江游览产品

要尽快打造高品质、个性化的黄浦江游览产品。巴黎塞纳河游船、纽约哈德逊河游船等享誉世界的城市旅游地标产品是上海黄浦江游船的典范。十六铺码头浦江游船的市场需求很大,但产品线单一、品牌推广不足、顾客体验不佳,亟需升级。由政府主导,加强对重点问题和难点问题的协调支持,借鉴申迪集团政企合一的一体化管理模式,充分发挥市场作用,采用市场化运作,积极引导社会资本、专业机构、智库参与规划、建设和管理,依靠市场力量推进项目开发和建设。此外,黄浦江核心区段游船项目的落地,将为未来打通北外滩、前滩、徐汇滨江等上、下游段黄浦江游览产品提供样板。

五、切实采取推动一滩一嘴创新发展的改革措施

一滩一嘴打造世界级旅游地标需要改革创新给予保障。一滩一嘴的改革发展应充分利用上海目前正在着力推进世界著名旅游城市建设、黄浦江沿岸地区建设、北外滩地区建设营造的良好环境,遵循上海市文化和旅游局提出的建设路径,深刻把握上海市文旅融合创新规律,在一滩一嘴休闲观光功能整合、交通体系优化、管理体制机制改革等方面,切切实实采取改革措施,努力把一滩一嘴建设成为世界级旅游地标,有力支撑上海建设高品质世界著名旅游城市。

本章参考文献

[1] 楼嘉军,李丽梅.成都城市休闲化演变过程及其影响因素[J].旅游科学,2017,
　　31(01):12-27.

［2］楼嘉军,刘松,李丽梅.中国城市休闲化的发展水平及其空间差异[J].城市问题,
2016(11)：29 - 35.

［3］徐冬,黄震方,吕龙,陈晓艳,曹芳东.基于 POI 挖掘的城市休闲旅游空间特/x 征
研究——以南京为例[J].地理与地理信息科学,2018,34(01)：59 - 64.

［4］寇敏,马波,郭为.基于委托—代理理论的公共旅游资源管理制度分析[J].旅游论
坛,2009,2(04)：509 - 512.

［5］杨萍芳,曾祥添.城市旅游休闲街区业态研究[J].三明学院学报,2015,32(03)：
91 - 96.

［6］马聪玲.从世界主要城市公园看城市公共休闲空间的形成与演变[J].城市,
2015(03)：53 - 56.

［7］张雅勤.国家治理现代化的价值导向:"形式公共性"与"实质公共性"相统一[J].
江苏行政学院学报,2015(02)：112 - 119.

［8］朱莉蓉,胡安明.《城市公共休闲空间分类与要求》读解[J].大众标准化,
2014(11)：8 - 11.

［9］付达院.基于休闲经济发展的城市休闲空间体系及其拓展[J].城市观察,
2014(01)：53 - 60.

［10］徐晓绵,周玉,赵旭.公共管理与公共服务用地分类标准重构[J].安徽农业科学,
2013,41(33)：52 - 54.

［11］李文侠,李煜.现代城市旅游标志物的选择模式[J].社会科学家,2013(04)：
90 - 92.

［12］吴必虎.泛旅游需要更完善的旅游公共服务体系支持[J].旅游学刊,2012,
27(03)：3 - 4.

［13］钟子杰.新公共管理下城市公园的综合治理[J].北京农业,2011(06)：152 - 154.

［14］刘懿.服务范式转变:基于公共空间的图书馆休闲价值的实现[J].图书馆建设,
2012(09)：5 - 7.

［15］唐晶,辛璐,马新蕾.图书馆与博物馆公共休闲服务合作初探[J].图书与情报,

2012(04)：48－51.

［16］赵有声,徐扬.克里斯托弗·胡德公共管理思想评议：主题、贡献及启示[J].国外

社会科学,2012(04)：120－127.

［17］钱智,李英杰,王伟.中央活动区：现代 CBD 的新形态[J].科学发展,2011(04)：

107－112.

［18］翟斌庆,伍美琴.城市更新理念与中国城市现实[J].城市规划学刊,2009(02)：

75－82.

［19］黄潇婷.基于 GPS 数据的旅游时空行为评价研究[J].旅游学刊,2016(09)：

40－49.

［20］孙九霞,周尚意等.跨学科聚焦的新领域：流动的事件、空间与社会[J].地理研

究,2016(10)：1808－1818.

［21］刘凌云.城市地标系统的历史演进及其优化探索[J].华中科技大学.

［22］张滋露.基于空间句法的广场空间拥挤模式分析[J].山东师范大学学报(自然科

学版),2016.09：103－110.

［23］周振鹤.上海外滩地区历史景观研究[N].文汇报,2015－4－24.

［24］翁瑾.全域和上海都市旅游的转型升级[N].文汇报,2017－01－20.

［25］李萌.外滩创 5A 有助于提升都市品质[N].中国旅游报,2015－05－23.

［26］李萌.上海都市旅游发展提升能级是当务之急[N].中国旅游报,2017－04－10.

［27］于秋阳.发展都市旅游上海有哪些经验[N].成都日报,2019－05－08.

第七章 文旅融合视角下杭州休闲商业街区高质量发展对策研究[①]

第一节 引　言

　　休闲商业街区是城市功能设施的基本构成，不仅满足本地居民和外来游客的通勤需要，更是休闲娱乐、商业购物、文化体育等元素的集合体。正因为商业功能的多元化特点，使得休闲商业街区成为我国商业体系中最为重要的组成部分，成为居民日常消费、休闲体验，以及外来游客观光游览的基本场所。可见，它的存在不仅能完善城市功能，构建城市形象，塑造城市地标，而且因其对人口的吸附和集聚能力，成为城市重要的消费场景。

　　2018 年年底，商务部流通司发布《开展步行街改造提升试点工作》的通知，提出培育一批具有国际国内领先水平的步行街，意图通过"规划布局、街区环境、商业质量、智慧街区、文化底蕴和规范管理"六个方面提升改造商业步行街区的品质和能级，发挥步行街在品牌集聚、产业融合、改革创新和资源整合等方面的辐射带动作用，进而进一步激发居民消费潜

① 本章作者：华钢（杭州师范大学　钱江学院）。
　课题资助：本文受杭州师范大学钱江学院 2020 年度"科研成果进课堂"课程改革项目资助。

力,推动流通创新,使其成为城市商务高质量发展的重要平台。之前,中共中央发布《"十四五"规划建议稿》,同样对休闲商业街区的发展提出目标:推动文化和旅游融合发展,打造一批文化特色鲜明的国家级旅游休闲城市和街区。这意味着,未来五年,在文旅融合驱动下,提升休闲商业街区的文化品位,彰显地方特色,同时营造旅游休闲环境,改进旅游休闲体验,扩大文旅消费业态,实现城市休闲商业街区的高质量发展将成为下一个阶段城市运营和商业创新的核心内容之一。

杭州是我国著名的风景旅游城市,休闲街区建设长期以来是城市建设的重要部分。至今已经形成了河坊街、南宋御街、湖滨路步行街、大兜路历史文化街区、小河直街等知名休闲商业文化街区。与此同时,随着数字经济的快速发展,杭州休闲商业街区的数字化改造也在紧锣密鼓开展,目前已经建成了西湖转塘霞鸣路、江干庆春商圈、萧山市心中路和拱墅胜利河美食街等数字化"口碑街"。同时,为了更好的实现休闲商业街区的"文商旅"功能,形成高质量的业态服务供给,刺激消费,扩大内需,杭州市政府于 2020 年 11 月推出 8 条"市级高品质步行街",加上之前已经批准设立的 1 条全国示范步行街(湖滨步行街),2 条省级试点步行街(杭州中国丝绸城步行街、清河坊步行街)和 2 条省级培育步行街(星光大道电影文化步行街、湘湖慢生活步行街)共同形成了城乡统筹发展、文商旅共振的多元层级的特色步行街强矩阵。可以说,不管是顶层设计,还是由下至上的街区改造,已经成为促进城市商业升级、优化街区业态分布,更好满足居民消费需求的重要抓手。但在业态、服务模式不断创新,消费偏好不断变化的今天,只有不时地了解需求端的直接反馈,找到休闲商业街区服务过程中消费者的新痛点,并进行持续提升,才能彻底释放休闲商业步行街的消费势能,发挥城市商业经济集聚地的作用,实现高质量发展的目标。

杭州市拥有湖滨商圈、武林广场商圈、四季青、钱江新城商圈和庆春商圈等高品质消费高地,是省内影响力大、知名度高的休闲商业街区。近年来,随着城市建设不断加快,功能不断完善,城市能级得到显著进步。作为杭州市重点的休闲商业街区,它们承载着城市形象窗口、城市文化传播平台、以及居民休闲商业消费场地的功能作用。站在下一个五年计划,以及双循环和高质量发展的战略背景下,从文旅融合视角出发,以顾客满意度分析作为切入点,探讨顾客体验杭州市休闲商业街区后的真实感受和实际评价,并以此剖析街区运行和管理中的痛点,并提出杭州市休闲商业街区高质量发展的对策。

第二节　相关文献回顾

步行商业自唐代以来一直都是我国商业体系的重要结构[1],特别是商业经济得到快速发展后,相关研究也逐渐增多。诸多研究中,对其概念的界定并未统一,主要文献分散在商业步行街、商业街区、休闲街区、特色文化街区等领域内[2]。对相关研究成果进行梳理分析发现,国内外对休闲商业街区的探讨主要集中在空间规划与设计、消费体验与感知评价、街区活力与更新三个领域。因本文主要关注街区的文旅融合、消费体验与顾客感知等问题,因此下文对"文旅融合""休闲街区""街区消费体验与感知评价"和"商业街区数字化"领域的相关成果进行总结。

一、文旅融合

20 世纪 80 年代,我国学术界开始对"文化与旅游发展"相关议题进行

---

[1]　田江.步行商业街的商业集聚作用分析[J].农村经济与科技,2020,31(08):159-160.
[2]　杨婉君.基于多元数据的商业街区活力研究[D].济南:山东建筑大学,2019.

阐述,平均每年有 3—5 篇论文问世,主要从旅游资源、旅游产品和旅游服务等方面探讨旅游和文化之间的关系。进入新世纪后,相关成果开始增多,据中国知网查询所得(篇名包含旅游和文化),1999 年该领域发表论文的总量第一次超过百篇,2009 年全年突破 1 000 篇,出现第一个研究高峰。这一时期,学界对文化与旅游之间关系得到进一步认识,认为两者存在共生共荣的基本关系,文旅融合是大势所趋。例如叶小明(2009)提出,民族传统体育文化资源和旅游两者相辅相成,民俗体育文化资源提升着旅游的品位,旅游推动着民族传统体育活动的开展。因此,他认为应从区域合作、挖掘特色、市场导向、统一规划和协调、坚持创新等角度推进两者的融合。王振如(2009)认为都市农业、生态旅游和文化创意产业的相互融合使三者形成相互提升的功能体系,从根本上脱离了单一的农业或旅游业的片面性,使之功能不断拓展以满足人们从物质生活到精神生活不断提升之需求。

　　进入 2010 年后,该领域的研究异常火热,高质量论文相继发表,至 2016 年,该领域发表论文的总量首次突破 2 000 篇,之后几年基本维持在 2 000 篇以上。这一时期,文旅融合的理念得到普遍认识,特别是 2018 年国家组建文化和旅游部后,文旅融合的研究更加深入。学术界的研究重心从过去探讨两者之间的关系,过渡到思考两者如何融合的问题。张海燕、王忠云(2010)提出旅游产业和文化产业的融合是产业发展的必然趋势和要求,并从技术、产品、企业、市场 4 个层面对两大产业的融合过程进行了解释。姜永常(2013)在分析文旅融合动力机制的基础上,提出多样化融合模式,包括资源融合、技术融合、产品融合和市场融合四个方面。侯兵(2015)则是较早的利用定量分析方法对长三角地区文化产业与旅游产业融合态势进行测度与评价,发现长三角地区文化产业和旅游产业发展水平逐年提升,两类产业在各地融合发展的差异性不大,但耦合协调度很低，文化产业发展水平较低、融合度低的情况，是该领域内较少的定量研究的文献，为精准把握文旅融合的现实情况提供了重要依据。

2018 年后，有关文旅融合的动力机制和模式研究再次引起学界关注，两年内较多学者对该议题发表意见，如方永恒、周家羽（2018）从体育旅游产业与文化创意产业融合，黄益军、吕振奎（2018）从文旅教体融合的内在机理、运行机制与实现路径三个角度，刘治彦（2019）从文旅融合发展理论、实践与未来方向，柴焰（2019）从文旅融合内在价值，黄大勇（2019）文化旅游融合的认知、动力与发展向度等方面开展深入探讨，研究成果质量与十年前相比明显提升。

对上述研究成果进行梳理分析后，发现尚有两方面不足：一是概念界定不统一。学者对"何为文化"这一元概念的理解充满分歧，内涵与外延不统一，导致文化概念极易泛化。从学理层面看，文化的概念、内涵、范畴十分宽泛，可以涵盖人类活动成果的所有内容；从实践层面看，文化行政管理部门理解的文化往往局限于文化设施、文化活动等具体管理服务内容。旅游行政管理部门希望让旅游插上文化的翅膀，从某种意义上讲，这是原先的文化行政管理部门力所不能及的。二是研究视角单一。多数学者是从旅游的功能与产品出发，集中论述旅游资源、旅游产品、旅游服务、旅游设施、旅游活动与文化的关系。

二、休闲文化街区

为了激发居民消费潜力，培育一批具有国际国内领先水平的步行街，满足人民日益增长的美好生活需要，2019 年 1 月商务部发文，决定对北京市王府井等 11 条步行街开展改造提升试点工作。同年 8 月，国务院办公厅印发《关于进一步激发文化和旅游消费潜力的意见》，提出继续推进文化产业和旅游产业融合发展，重点推进文体商旅综合体、具有文旅特色的高品质步行街建设。中央政府部门密集发文指导步行街区建设,为全国文化休闲街区发展带来前所未有的机遇。

早在上个世纪末就有学者开始探讨这一领域,当时更多关注历史文化街区的开发和建设的问题。进入新世纪后,休闲街区作为商业发展和居民生活的主要场合,得到城市建设者的重视。学术界也开始对其进行探讨。佚名(2007)研究南山路艺术休闲特色街区的开发思路,尚凤标(2008)分析城市居民休闲与历史街区复兴的实现条件,李蕾(2009)、朱华(2010)从城市规划角度解读现代商业休闲步行街区的设计要素和要求,蒋艳(2011)则从居民游览满意度的角度探讨了杭州小河直街的休闲体验问题,宋长海(2013)较为深入地思考休闲街区标准化的内涵及实践,为休闲街区的建设发展提高了层次,杨萍芳、曾祥添(2015)则对旅游休闲街区的业态进行详细分析,宋长海、何建民(2018)继续对城市休闲街区运营模式的构建与选择进行深入探讨。

梳理分析上述研究成果后,发现尚有不足:第一,鲜有文献从文化和旅游融合的视角研究休闲文化街区。即绝大部分研究仅从休闲街本身出发,对其设计要素、业态分布、消费体验和运营模式等方面进行分析,缺乏文旅视角的纵深思考;第二,缺少休闲文化街区与城市商业和旅游产业联动发展的量化研究,造成学界和业界对休闲街区发展的真实情况未能有精准把握。上述两个领域存在的研究不足,为本次研究提供了新的思考空间。在文化融合的大背景下,如何激发杭州市休闲文化街区的消费功能,如何提高其城市文化展示和居民休闲放松功能非常值得学界和政界的关注和探讨。

三、街区消费体验与感知评价

在"中国知网"以"商业街+消费"为题名进行检索,可以看到1984年发表于"瞭望周刊"的《多样化和个性化的消费潮流——日本"商业街"见闻》是较早关注到该领域的文章,其探讨当时日本商业街的消费文化特征,并指出商业街区在日本国民经济中的重要地位。之后,专门针对该领域的研究鲜少发表,直到进入 2000 年后,同类研究才陆续问世,但数量不多,"中国知网"收录至今共计文献 25 篇。从研究内容看,主要集中在以下两个方面。

(一)消费视角下的商业街区空间设计

商业街区的空间布局、形态设计和业态配置等直接影响消费者的愉悦度和满意度,最终决定体验质量。殷洁、许畅(2019)等以南京市珠江路商业街为例,探讨日常生活与城市消费空间的关系,认为消费空间是承载日常消费行为的城市空间,日常生活对消费的需求是影响消费空间构建的重要因素。李东君、查君(2007)、高玉(2008)和陈畅、周威(2010)则从消费行为视角提出街区的功能定位、规划布局、空间设计和业态配置。林厚宇(2015)和段炼(2012)则关注体验式消费的新趋势,认为在商业街区的设计中适当加入令人意想不到的空间体验,发挥体验者的能动参与性,可以大大提升空间环境的商业价值。商业街区是满足居民消费的主要载体,空间设计创造美观的前提是满足消费的需求偏好和符合消费的时代趋势。该领域的研究能发现消费在设计中的导向作用,但缺少对商业街消费行为和需求特点的深度把握,相关设计停留在概念或硬件配置上,缺少对消费人文元素的提炼和设计融合的研究。

(二)消费视角下的街区功能配置

功能配置是体现街区商业元素的载体[1],如何进行业态布局,是商业街区运营规划的核心。常伟、张道宏等(2008)开展实地问卷调研发现购

---

[1] 周春燕,李昕.老北京,新北京——商业街地标折射的都市消费本质[J].销售与市场(管理版),2013(08):32-39.

物、时尚和休闲三大需求是消费者对西安东大街改造的期许。赵航(2005)指出与消费需求一致的功能配置是商业街成功的关键因素,消费者是商业街区存在的基础,同时,商业街的功能和活动对消费者有反向作用。邢春芳(2000)则认为王府井与南京路商业街改造表明:适应现时消费趋向的商业布局将成为未来发展潮流。该领域的研究较深入地阐述了消费需求的内涵和趋势,以及辨析消费需求特征与街区功能之间的辩证关系,但研究以个案分析为主,还未形成较为系统的消费导向的功能配置理论。

四、商业街区数字化

消费数字化是近年来我国商业领域的极大创新,特别是电子商务模式的普及后,零售端的销售和服务方式通过互联网实现重塑,形成全新的商业格局。线上下单,线下提取的O2O方式成为终端店铺积极迎合市场需求、适应趋势的普遍做法,休闲商业街区由点及面,实现数字化升级改造,相关研究也陆续问世。在"中国知网"以"街区＋数字"作为题名进行搜索,共获得文献27篇。其中,较早探讨这一话题的是夏健和蓝刚(2003),他们提出数字时代历史街区保护的新观念和数字技术的保护方法。郑皓、任胜(2008)同样认为数字城市建设为历史街区保护带来新模式,并着重阐述了数字化技术在历史街区更新中的应用。2011年,周晓良概述了南通电信创建的首个"数字街区"(星湖数字街区),完成"数字围栏,电子巡更,智能停车,智能点餐"等功能的配置和运用。张嘉伟(2019)重点探讨了中小城市街区的数字化管理,并从四个方面构建管理的评价维度,指出街区数字化管理应该完善机制、丰富方法、提升手段和加强考核。可以说,该领域的研究才刚起来,围绕数字街区建设与改造的相关问题还未得到充分的关注,研究成果鲜少,认识尚浅。

第三节 "文旅融合"的理论分析

从产业内容和产业形态来看,文化产业与旅游产业相互间渗透和重叠的部分很多,水乳交融,不易分割。但透过麻学锋等提出的旅游产业与其他产业融合的 4 种路径方式,即资源融合、技术融合、市场融合和功能融合的理论可以深入理清两者之间的关系,并完整展示两产业融合的过程,如图 7-1 所示[①]。

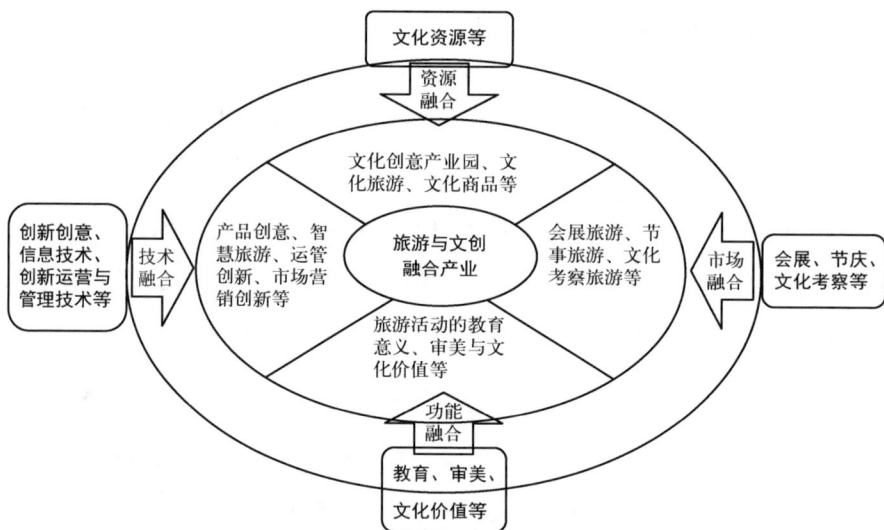

图 7-1 文旅融合的主要模式

一、资源融合

从资源融合的角度看,文化产业是旅游业赖以开发的基础资源。历史故事、民族民俗、古迹遗产、建筑街区、都市文化、时尚艺术等都是旅游

---

① 华钢.文创产业与旅游产业的灰色关联度分析——基于产业融合的杭州视角[J].嘉兴学院学报, 2014,26(04):27-32.

产品开发的主要对象,由此产生的文化旅游或文化创意旅游是旅游业的重要组成部分。同时,这些文化创意的元素和文化创意产业因为旅游的参与,提高了知名度和影响力,增加了产值和收入,起到进一步推动文化保护和文化开发的效果。

二、技术融合

从技术融合的角度看,创意和信息技术等元素是旅游产品实现创造创新的核心手段。在旅游产品设计、研发、生产、营销、销售以及售后服务等环节融入技术,通过技术改变产品形态、生产流程和运管方式,实现产业转型升级,推动产业多元化发展。

三、市场融合

从市场融合的角度看,文化产业消费与旅游消费都是审美的需要,是精神世界对美的追求和体验。因此,本质上说,两者给予市场的产品价值是一样的。既然如此,在进行市场分析、市场细分与市场开发时,如果把握好文化产业与旅游产业对客户在审美方面的需求,则往往能实现共赢。

四、功能融合

从功能融合的角度看,旅游产业与文创产业均具有寓教于乐的特点。旅游产业帮助文化产业展示其创新创意的文化价值,并达到传播文化和知识的效果,而文化产业的文化价值和教育价值融入旅游产业中,也将推动旅游价值的深刻化和旅游活动的内涵化,从而提升旅游品质。

因此,通过资源、技术、市场和功能四个路径,可以最终实现产业之间融合。而具体的融合模式主要取决于融合的形式和程度,如杭州文化产业与旅游产业的融合模式主要有延伸、重组和渗透三种类型,具体如表7-1所示。

表 7-1　文旅融合的主要模式

融合模式	融合含义	文化创意旅游产品	实　　例
渗透型	文创产业延伸到旅游产业。	动漫乐园、主题公园	杭州乐园、宋城
重组型	文创产业和旅游产业通过节事和会展进行产业重组融合。	节事活动、会展	西博会、休博会、烟花节
延伸型	将文创元素渗透到旅游资源和旅游产品中,在文化创意产品生产基地打造旅游功能。	实景演艺、文化创意产业园区、美术馆等	印象西湖、宋城千古情、杭州十大文化创意产业园区

第四节　研究方法与研究设计

一、研究对象

本文选择杭州市四季青、钱江新城商圈和庆春广场商圈等休闲商业街区为研究对象。四季青是中国最具影响力的服装一级批发与流通市场之一,其建筑面积 5 万平方米,拥有营业房 3 000 间,配套有物流中心、大型电子屏幕信息发布中心、银行等商务机构,及餐厅、医疗站、图书室等服务机构;钱江新城商圈集聚凯德来福士、华润万象城、平安悦坊、高德置地、杭州国际中心等知名商业综合体,新零售模式、新消费业态蓬勃发展,首店经济、夜间经济、直播经济如火如荼;庆春商圈以杭州市太平门直街为核心,该条街汇聚近 100 家的商家,其中不乏杭州城知名商业主体:杭州大厦 501、庆春银泰等。此外,街道周边汇聚各类业态,包括餐饮、超市、娱乐、休闲等。

二、研究方法

本文采用重要性——表现程度分析法,即 IPA 分析法。该方法的基本思想是顾客对产品或服务的满意度源自其对该产品或服务各属性的重视程度,以及各属性绩效表现程度的评价。通过计算获得重要性和表现程度(满意度)的均值,构建四象限 IP 图。第一象限为重要性和表现程度(满意度)都高的继续提升区域;第二象限是表现程度(满意度)高而重要性低的适度调控区域;第三象限是重要性和表现程度(满意度)都低的积极拓展区域;第四象限是重要性高但表现程度(满意度)低的急需改进区域[①]。

三、研究设计

(一)指标构建

休闲商业街区的体验感知和满意度评价在学术界已经积累了一定研究基础。叶洋洋、唐代剑(2019)从商业因素、交通因素、景观因素、休闲体验因素、设施因素、文化因素和服务因素 7 个维度构建商业游憩街区顾客满意度评价指标体系;郑文杰、王方等(2019)等认为特色街区满意度评测应从区位交通、功能业态、景观环境、文化特色、服务与管理 6 个方面开展;朱竑、郭婷(2009)年,则借鉴比较成熟的 ACSI(美国顾客满意度指数)指数评价体系,在此基础上结合商业街的实际,提出顾客满意度模型的指标体系,包括顾客期望、感知质量、感知价值、顾客满意度、顾客忠诚和顾客抱怨 6 个一级指标和 12 个二级指标。那么,数字化休闲商业街区的顾

---

① 王钦安,彭建,孙根年. 基于 IPA 法的传统型景区游客满意度评价——以琅琊山景区为例[J].地域研究与开发,2017,36(4):110-115.

客感知和满意度评价,除要考虑商业街区基本元素外,更要充分认识数字化改造后的体验感受和真实评价,在指标维度上需要在此方面进行补充和完善。因此,本文基于前人研究成果之上,提出数字化休闲商业街区的指标评价体系,如表 7-2。

表 7-2　休闲商业街区的指标评价体系

一级指标	二级指标	一级指标	二级指标
商业环境	业态种类	景观环境	环境卫生
	品牌等级		景观小品
	商品价格		绿化情况
	商品特色		夜间景观
	商品质量		建筑立面
	商品知名度	休闲环境	公共游憩设施
交通环境	交通可达性		公共休闲活动
	停车便利性		特色文化展示
	交通标识		商文旅结合情况
	公共交通服务	数字环境	网络信号
服务环境	咨询服务		线上下单
	服务态度		线上支付
	服务水平		线上线下活动融合
	街区管理秩序		线下智慧引导
			线下智慧服务

(二) 问卷调查

问卷内容包含两个部分,第一部分基本信息,包括性别、年龄、婚姻、学历、职业、收入等,第二部分为满意度调查,即重要性——表现程度评价题目,每题皆采用李克特量表计量,其中 1 为非常不重要和非常不满意,5 为非常重要和非常满意,中间数字依次过渡。

笔者于 2020 年 10 月 1 日至 15 日期间，在庆春商圈、四季青以及钱江新城商圈三地以随机拦截的方式向本地居民和外来游客发放问卷 400份，回收问卷 376 份，有效问卷 354 份，有效率为 88.5%，按照统计学问卷题数与问卷数量的关系，本次调查的样本总量满足分析要求。

（三）信度分析

利用 SPSS22 软件，对问卷进行信度分析，得到问卷总体信度系数 α为 0.913，大于 0.8，说明问卷可信度高。同时，对问卷重要性量表部分和表现程度（满意度）量表部分分别测算，信度系数 α 分为别 0.945 和 0.937，也皆大于 0.8，问卷调查结果的可信度较高。

第五节　调查结果分析

一、被调查者的基本情况

本次调查有效样本数为 354 份，从样本构成看，游客为 93 人，占比26.27%，本地居民为 261 人，占比 73.73%，表明本次调查的休闲商业街区以本地顾客为主，符合现实情况。从性别构成看，不管是游客，还是本地居民，都以女性顾客为主，占比分别为 61.29% 和 55.17%，表明逛街过程中女性还是绝对主力。从年龄结构看，26～35 岁的顾客数量最多，占全部比重的 34.18%；其次是 19～25 岁年龄段，占比为 29.10%，说明休闲商业街区的客源以青年群体为主；相对而言，未成年和 50 周岁以上的顾客占比非常少，两者相加也未超过 10%，游客和居民的年龄结构与样本总体相符。从职业方面看，学生和企业白领的占比数量显著领先，其中不管是游客类型还是本地居民，学生占比皆超过 30%，企业白领占比皆超过 20%，总占比超过客源市场的 50%，成为绝对主力；相对而言，农民和其他群体在客源中人数占比最少。从人均月收入看,40%左右的客源达到 4 001～7 000 元,30%左右的客源达到 7 000 元以上,说明逛街消费还是需要足够的财力支撑,因此以中高收入群体为主(见表 7-3)。

表 7-3　被调查者的基本情况

项目	内　容	游客	占比	居民	占比	总计	占比
性别	男	36	38.71%	117	44.83%	153	43.22%
	女	57	61.29%	144	55.17%	201	56.78%
	总计	93	(26.27%)	261	(73.73%)	354	(100%)
年龄	小于 18 岁	5	5.38%	13	4.98%	18	5.08%
	19～25 岁	28	30.11%	75	28.74%	103	29.10%
	26～35 岁	32	34.40%	89	34.10%	121	34.18%
	36～45 岁	17	18.28%	52	19.92%	69	19.49%
	46～50 岁	8	8.60%	21	8.05%	29	8.19%
	50 岁以上	3	3.23%	11	4.21%	14	3.96%
职业	公务员/事业单位员工	5	5.38%	13	4.98%	18	5.08%
	企业白领	20	21.51%	73	27.97%	93	26.27%
	专业技术/教育人员	8	8.60%	16	6.13%	24	6.78%
	工人	7	7.51%	16	6.13%	23	6.50%
	农民	5	5.38%	9	3.45%	14	3.95%
	学生	29	31.18%	91	34.87%	120	33.90%
	自由职业者	11	11.83%	23	8.81%	34	9.60%
	退休人员	7	7.53%	16	6.13%	23	6.50%
	其他	1	1.08%	4	1.53%	5	1.42%
人均月收入	少于 2 000 元	8	8.60%	11	4.21%	19	5.37%
	2 001～4 000 元	22	23.66%	58	22.22%	80	22.60%
	4 001～7 000 元	37	39.78%	109	41.76%	146	41.24%
	7 001 元以上	26	27.96%	83	31.80%	109	30.79%

二、顾客满意度分析

（一）顾客期望与感知的差异比较

为了更加直观的了解顾客对杭州市休闲商业街区的总体感知和评价情况，笔者采用差值的方式计算表现程度（满意度）与重要性之间的差异。情况如表7-4所示。

表7-4　顾客对杭州市休闲商业街区的期望与感知的差异分析

序号	观测变量	I值	P值	P-I值	序号	观测变量	I值	P值	P-I值
1	业态种类	4.56	3.84	—0.72	1	环境卫生	4.36	4.56	0.2
2	品牌等级	3.95	3.76	—0.19	2	景观小品	3.78	3.53	—0.25
3	商品价格	4.67	2.56	—2.11	3	绿化情况	3.25	2.89	—0.36
4	商品特色	4.14	3.11	—1.03	4	夜间景观	3.96	3.29	—0.67
5	商品质量	3.89	3.16	—0.73	5	建筑立面	3.34	3.56	0.22
6	商品知名度	3.68	3.53	—0.15	6	公共游憩设施	4.27	3.54	—0.73
7	交通可达性	4.68	4.04	—0.64	7	公共休闲活动	4.19	3.11	—1.08
8	停车便利性	4.75	2.76	—1.99	8	特色文化展示	3.41	3.66	0.25
9	交通标识	3.91	3.15	—0.76	9	商文旅结合情况	3.65	3.78	0.13
10	公共交通服务	4.17	4.23	0.06	10	网络信号	4.24	4.28	0.04
11	咨询服务	2.89	3.11	0.22	11	线上下单	3.54	3.86	0.32
12	服务态度	4.65	3.67	—0.98	12	线上支付	4.54	4.68	0.14
13	服务水平	3.82	3.15	—0.67	13	线上线下活动融合	3.78	3.65	—0.13
14	街区管理秩序	3.43	3.14	—0.29	14	线下智慧引导	3.17	2.89	—0.28
					15	线下智慧服务	4.12	3.34	—0.78

1. 满意度总体较高

由均值数据可见,29 个二级评价指标中,顾客对休闲街区评价均高于中值 2.5,且大部分高于 3.0,说明大家对杭州市休闲街区较为满意。其中,有四项观测要素:公共交通服务、环境卫生、网络信号和线上支付的均值高于 4.0,其中后三项的数字高于 4.5,说明顾客对杭州休闲商业街区的环境卫生、移动信号、手机在线支付方面持非常正面的肯定。这与近几年杭州地铁、公共自行车、卫生清洁、5G 建设、打造数字经济第一城和互联网之都等工作密不可分。

2. 老问题依旧存在

顾客对大部分观测要素持较高评价的同时,我们也看到,商品价格、停车便利性、绿化情况、线下智慧引导四项的表现程度(满意度)打分低于 3.0,特别是前两者较为接近 2.5,可以说老问题依旧存在。杭州作为准一线城市,知名风景旅游目的地,与一线城市相比,杭州物价相对较高,特别是餐饮价格、地铁票价等一直受到本地和外来游客的诟病。其次,顾客对休闲商业街区的绿化情况满意度不高,主要是被调查地块位于闹市区内,绿化方面以行道树为主,其他绿植较少,与新加坡等城市绿化情况相比,还是存在较大差距。虽线下智慧引导设施在街区的某些商店或主要通道口已经普及,但使用并不灵便,且顾客不容易察觉,因而导致对此评价不高。

3. 人文和数字环境被高度肯定

作为全国知名的历史文化名城和文明城市、阿里巴巴总部所在地的中国互联网之都,人文底蕴和数字经济一直是杭州的强项,也是被国人认可的主要成绩。从调查情况可见,29 个观测变量中有 9 个的表现程度(满意度)均值高于重要性(顾客期望),即差值为正。它们分别是公共交通服务、咨询服务、环境卫生、建筑立面、特色文化展示、商文旅结合情况、网络信号、线上下单和线上支付。由此说明,不管是本地居民,还是外来游客,对杭州市休闲商业街区的公共交通服务、卫生清洁、特色文化以及数字功能基础建设的成效非常满意,说明街区这些领域的工作做得出色,受到大众认可。

4. 个别问题十分突出

从表现程度(满意度)和重要性(顾客期望)差值看出,有几项变量,两者差距达到 1 分以上。如商品价格、商品特色、停车便利性、公共休闲活动等,说明顾客对杭州市休闲商业街区的商品价格和特色持否定态度,认为做得不够好。此外,自驾游客的停车问题一直困扰杭州居民,即便改造后开发了智慧停车功能应用,但在实际使用中还是存在停车位找不到、停车不便等问题。另外,商业街区的公共休闲活动不够丰富,互动体验的项目不多,也是被顾客诟病的地方。

(二)顾客满意度的 IPA 分析

以 29 个变量的表现程度(满意度)均值为横坐标,以 29 个变量的重要性(顾客期望)均值作为纵坐标。根据调查结果计算,所有变量的总体表现程度(满意度)均值为 3.50,所有变量的重要性(顾客期望)均值为3.96,两者的交点即为坐标原点,构建顾客满意度—重要性(IPA)分析矩阵,见图 7-2。

图 7-2 中,第一象限(高满意,高重要)为优势区,第二象限(低满意,高重要)为弱势区,第三象限(低满意,低重要)改进区,第四象限(高满意,低重要)保持区。

1. 第一象限优势区的分析

第一象限优势区,各要素应继续保持领先优势,明确发展方向。该象限内包含 9 个观测变量,其中线上支付是最具优势的因素,其满意度和重要性协调性最佳。其次是环境卫生、网络信号、公共交通服务,三者的满

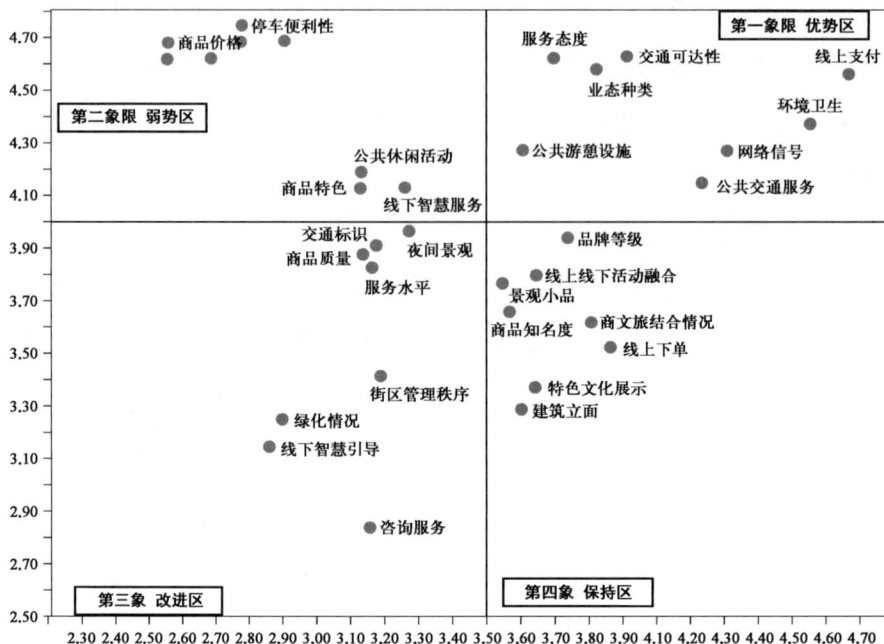

图 7-2　顾客对杭州市休闲商业街区的 IPA 分析

意度分值超过了重要性分值,应继续保持优势。再者,虽然服务态度、公共游憩设施、业态种类等收获平均值以上的满意度,但其分值不如重要性数值,因此也具有改善空间。

2. 第二象限弱势区的分析

该象限各要素的情况不容乐观,其重要性非常高,但顾客对其的满意度则较低,属于重点改进区。其中停车便利性、商品价格最为弱势,需要大幅度改进。公共休闲活动、商品特色和线下智慧服务也有较大的改进空间。从调研情况来看,外地游客觉得三条街区以大众商品为主,缺少杭州特色;此外,可参与、可互动的休闲活动不多,顾客体验效果依旧不佳。

3. 第三象限改进区的分析

落在该象限的观测变量包括咨询服务、线下智慧引导、绿化情况、街区管理秩序、商品品质、服务水平、交通标识、夜间景观等。总体而言,顾客对它们的预期感知要求不高,而实际体验后的满意度也稍差。该区域为次要改进区,随着休闲商业街区总体水平的提升,以及消费趋势的演变,可以逐步改进。

4. 第四象限保持区的分析

该象限内的休闲商业街区的构成要素,顾客对其的预期感知要求不高,但实际体验后的效果不错,满意度较高。且大部分要素的两个维度的评价数值都位于3.50~3.90,说明这部分元素在现实发展和顾客的期望中实现较好的协同,日后需要继续保持。

第六节　文旅融合视角下杭州市休闲商业街区高质量发展策略

主客共享已经成为休闲商业街区消费格局的基本特征。在我们的研究中发现,杭州市四季青、钱江新城商圈和庆春商圈等休闲商业街区均存在游客和本地居民共同消费的基本现状。从比重上看,本地居民比重占六七成。其次,我们也发现,客源群体中以19~35岁的青年顾客为主,占比超过一半,大部分是学生和公司白领,以及自由职业者。从IPA分析结果也进一步表明,杭州市休闲商业街区已经获得较大的成功,大部分观测要素的满意度均高于3.0,说明大家普遍认可,但也存在一些老问题和尖锐矛盾,有待下一步改进。因此,笔者认为,可以从以下几个方面,改善街区环境,提升街区品质,提高顾客满意度。

一、建立市级"商文旅"协作机制,统一建设管理

如何更好地提高杭州市休闲商业街区的文化品质和体验环境,使顾客在购物消费的同时,能增强文化感受和休闲舒适性,达到较高满意度,

需要协调文化、旅游、商业、环境和市场等多个部门的相关职能,并形成通力合作的机制,完成统一规划、建设和管理的目标,最大程度达到上述结果。因此,市级层面应该以机制建设作为休闲商业街区高质量发展的突破口,建立"商文旅"等多部门的协作机制,规划和创建新型休闲商业街区,同时不断优化和改造现有街区。

二、继续深化街区数字化改造,赋能街区运营水平

目前来看,以"口碑街"为模式的街区数字化改造普遍获得市场认可。消费者可以通过手机终端,快速了解街区内商店的基本概况、促销活动和优惠信息等,同时可以利用线上线下融合进行互动消费。今后,街区管理部门应进一步深化数字技术的运营。通过数字技术为顾客解决停车问题,方便自驾游客寻找到最近最合适的车位;利用智慧导览地区,帮助消费者寻觅目标商品,完成游览、购物等体验活动。此外,应深化数字技术的运用,为街区商家的运营赋能。数字技术后台,沉淀大量的消费者信息,利用大数据等技术,进行精确分析,把分析结果分享给街区内的商家,帮助它们选品采购、铺货、了解客源结构和消费偏好,开展针对性、定制化的客户服务。例如,旺季时做到温馨提醒,分时购物,合理分流;淡季时,把商家的促销活动和优惠信息及时传递给顾客,提醒它们淡季不淡,购物更优。再者,应运用数字技术,为街区管理单位的管理赋能。通过人工智能、物联网、互联网技术,实时捕捉街区内客流情况,必要时提醒和引流,让购物体验更舒适、更安全;还可以通过数字技术帮助实现动态调整灯光、卫生间用水等资源,形成智能节流。

三、增强商品特色,保持合理物价

街区客源群体的三成是外来游客,他们对杭州特色商品的需求量非

常大,特别钟情于杭派女装、杭帮特色小吃、江南丝绸、杭州工艺品等。因此,在商业街区的业态规划、招商,景观小品的建设,建筑风貌的选择以及宣传画布的配置等方面均要注重特色元素和特色商品的比重。同时,物价部门要做好市场监管,商品和服务价格做到内外一致,不虚报物价,不欺瞒外来游客。在供需关系的决定作用下,物价监管部门引导商家在合理范围内定价,为街区创造较佳的商誉。

四、改善游憩空间,美化环境,举办特色文化活动

休闲商业街区不仅是购物消费的地方,也是休闲放松的场所,除了丰富消遣娱乐类的业态,如网吧、美容会所、酒吧茶室、书店音像、展厅画室等外,更要注重城市家具的配建,游憩空间的打造。例如,丰富绿化形态,通过增加垂直空间的绿化,提高绿化率;通过合理设计,配建格式城市家具,让顾客随时可以休息,可以交流。此外,要注重环境的美化建设。例如,增加智慧交通指示牌的数量,建设展示本地特色的艺术空间,提供举办室内室外活动的场地等。再则,要丰富公共休闲活动,可以以 24 节气为主题,在不同的时节,结合街区的区位优势、文化底蕴、科技手段以及商家需求等,举办各种活动。活动方式力求参与性和体验性,让顾客能身临其境。

五、提高服务水平,做强综合服务质量

顾客在休闲商业街区的消费过程中,与商家、服务员的接触和交流最为密集,因此良好的服务态度和服务水平直接影响顾客的体验质量。街区应重视"服务立街"意识,主管部门应打响"杭州服务"品牌,加大对街区内商家和服务员的培训和宣贯,引导他们树立良好的服务态度,提供优质的服务内容,使得街区的综合服务质量全面升级。

本章参考文献

[1] 叶小明.江西民俗体育文化资源与旅游融合开发的理性思考[J].农业考古,2009(06)：223-225.

[2] 叶洋洋,唐代剑."慢哲学"思维下城市旅游绿道开发的理论路径——以杭州市为例[J].城市问题,2019(12)：41-48.

[3] 刘安全,黄大勇.文旅融合发展中的资源共享与产业边界[J].长江师范学院学报,2019,35(06)：40-47+126.

[4] 殷洁,许畅,李秋元.日常生活与城市消费空间发展研究——以南京市珠江路商业街为例[J].中国名城,2019(11)：34-42.

[5] 郑文杰,王方,王欠欠.特色街区满意度评测与活力提升策略研究：以合肥市罍街特色街区为例[J].湖南城市学院学报(自然科学版),2019,28(05)：34-39.

[6] 刘治彦.文旅融合发展：理论、实践与未来方向[J].人民论坛·学术前沿,2019(16)：92-97.

[7] 黄益军,吕振奎.文旅教体融合：内在机理、运行机制与实现路径[J].图书与情报,2019(04)：44-52.

[8] 张嘉伟.中小城市街区数字化管理的评价研究[D].安徽财经大学,2019.

[9] 柴焰.关于文旅融合内在价值的审视与思考[J].人民论坛·学术前沿,2019(11)：112-119.

[10] 方永恒,周家羽.体育旅游产业与文化创意产业融合发展模式研究[J].体育文化导刊,2018(02)：93-98.

[11] 宋长海,何建民.城市休闲街区运营模式构建与选择研究[J].生态经济,2018,34(01)：98-101+133.

[12] 侯兵,周晓情.长三角地区文化产业与旅游产业融合态势测度与评价[J].经济地理,2015,35(11)：211-217.

[13] 林厚宇.体验式消费下老旧住区商业街空间更新研究[J].四川建筑,2015,35(04)：38-40.

[14] 杨萍芳,曾祥添.城市旅游休闲街区业态研究[J].三明学院学报,2015,32(03)：91－96.

[15] 姜永常.旅游产业融合发展的动力、机制与策略研究——以文化旅游业为例[J].哈尔滨商业大学学报(社会科学版),2013(04)：107－112.

[16] 宋长海.我国休闲街区标准化的内涵及实践[J].城市问题,2013(04)：67－71.

[17] 段炼.结合体验消费的设计——以上海大华社区两个休闲商业街方案为例[J].新建筑,2012(02)：110－113.

[18] 周晓良.浅析云计算在南通海安的推广与应用[J].江苏通信,2011,27(04)：36＋38.

[19] 蒋艳.居民社区休闲满意度及其影响因素研究——以杭州市小河直街历史街区为例[J].旅游学刊,2011,26(06)：67－72.

[20] 陈畅,李彤,周威. 基于构成要素的城市街道景观导则研究——以《天津市城市道路界面景观设计导则》为例[C]. 中国城市规划学会、重庆市人民政府.规划创新：2010中国城市规划年会论文集.中国城市规划学会、重庆市人民政府：中国城市规划学会,2010：5157－5164.

[21] 朱华.现代商业休闲步行街区的设计与思考[J].四川建筑科学研究,2010,36(03)：231－233.

[22] 张海燕,王忠云.旅游产业与文化产业融合发展研究[J].资源开发与市场,2010,26(04)：322－326.

[23] 朱竑,南英. 旅游业对九寨沟扎如寺僧人宗教身份的影响[C]. 中国地理学会(The Geographical Society of China).中国地理学会百年庆典学术论文摘要集.中国地理学会(The Geographical Society of China)：中国地理学会,2009：289.

[24] 王振如,钱静.北京都市农业、生态旅游和文化创意产业融合模式探析[J].农业经济问题,2009,30(08)：14－18.

[25] 李蕾.现代商业休闲街区的设计解读——场景·文化·城市[J].建筑学报,2009(S1)：99－101.

[26] 朱竑,郭婷,南英.历史街区型购物场所顾客满意度研究——广州状元坊案例[J].旅游学刊,2009,24(05):48-53.

[27] 尚凤标.刍议城市居民休闲与历史街区复兴的实现条件[J].沿海企业与科技,2008(10):108-111.

[28] 郑皓,任胜.数字城市技术与历史街区的保护与更新[J].山西建筑,2008(29):10-12.

[29] 高玉.消费社会下的社区商业街设计策略[J].新建筑,2008(03):128-130.

[30] 常伟,张道宏,邬连东.基于消费行为特征的商业街功能定位问题研究——以西安市东大街调研为例[J].上海经济研究,2008(01):92-99.

[31] 李东君,查君.以消费行为为导向的商业街规划设计[J].建筑学报,2007(08):50-52.

[32] 南山路艺术休闲特色街区[J].杭州通讯(生活品质版),2007(S1):109.

[33] 赵航.基于消费需求特性的城市商业街功能规划——以湖南路商业街为例[J].现代城市研究,2005(11):56-61.

[34] 夏健,蓝刚.数字时代历史街区保护的观念更新初探[J].规划师,2003(06):29-31.

[35] 邢春芳.王府井与南京路商业街改造表明:适应现时消费趋向的商业布局将成为未来发展潮流[J].商业文化,2000(01):28-30.

第八章 基于网络文本分析的大运河遗产游客感知研究

——以青果巷历史文化街区为例①

2014 年,中国大运河申遗成功。2017 年习近平强调,大运河是祖先留给我们的宝贵遗产,是流动的文化,要统筹保护好、传承好、利用好。2019 年,党中央、国务院做出建设大运河文化带的决策部署,这是我国探索以文化引领区域创新协调发展的重大战略举措。《大运河文化保护传承利用规划纲要》明确指出,要提升大运河旅游休闲功能,高质量"推动文化和旅游融合发展",成为沿线省市建设大运河文化带的重点内容和实施路径。需要指出的是,游客感知塑造作为大运河旅游的重要方面,在大运河文化遗产的保护和利用中发挥极为重要的作用。

第一节 文献回顾

近 20 年来,运河研究得到国内外学者的广泛关注,尤其是 2010 年后研究成果数量明显增多。通过对现有文献的梳理发现,相关研究主要从主体开发利用切入展开。一是大运河文旅融合发展研究,Zhang 等人运

① 本章作者:刘松(常州工学院 经济与管理学院,常州工学院长三角文旅休闲产业研究院)
基金项目:2019 年度江苏高校哲学社会科学研究重大项目"协同推进大运河文化保护传承利用模式研究"(2019SJZDA023);大运河文化带建设研究院常州分院 2020 年度专项研究课题"常州'一带一城'内在机理及'以带促城'建设路径研究"。

用 GIS 等分析技术,研究了中国大运河文化带沿线游憩资源点数量分布和空间分布特征[1]。Ji 等人评估和比较了居民和非居民对大运河保护的支付意愿,认为居民与非居民的地方认同效应和重游意愿存在显著差异[2]。王秀伟发现,大运河文化带存在文旅融合水平不高、省际融合水平差异大和文旅产业协同性弱等现实问题,建议通过生产要素重组整合文旅产业价值链,形成文旅融合的内在动力[3]。熊海峰和祁吟墨基于共生理论框架,阐释了文化和旅游融合共生的条件、单位、界面、模式和环境,分析了文化和旅游融合发展的内在逻辑与机理[4]。张飞等人通过构建综合评价指标体系,对大运河 27 段遗产河道的游憩利用适宜性进行评价,进而探索科学合理的游憩利用模式[5]。二是大运河文化保护利用研究。任云兰研究了天津大运河文化保护传承利用的对策与措施[6]。孙静和王佳宁比较分析了大运河文化带文化产业发展的现状,并提出大运河沿线省市文化产业发展迅速并呈现差异化的发展模式,进而探索了大运河文化带文化产业发展的路径[7]。范周和言唱以协同创新理论为依据,从政策、人才、科技、资金和制度等五个维度提出了构建协同创新网络的思路和策略[8]。

部分学者基于居民个体层面,针对大运河游客感知和体验进行实证研究。李永乐等人研究了大运河游客体验要素的结构与质量,认为运河自然风光、文化展示场所、运河历史文化等是核心要素[9]。张瑛等人评估了游客对大运河文化遗产感知的特点和层次,并提出了大运河文化遗产感知的提升策略[10]。方田红和励栋磊实证分析了京杭大运河杭州段居民对当地旅游开发的经济、社会和生态影响三方面的感知状况[11]。

互联网技术对旅游业发展产生重要影响,互联网数据和网络文本分析广泛用于旅游研究,主要集中在以下两个方面。一是游客行为与旅游体验研究,Kim 和 Lee 运用数据挖掘技术,研究了报纸文章中医疗旅游的关注领域[12]。Li 等人针对旅游互联网数据进行了综合分类分析,认为搜索引擎、网络流量、社交媒体和多种来源的互联网数据有助于提高预测精度[13]。吴妙薇等人通过分析网络评论文本，探究了旅游者对旅游景区形象感知、旅游体验质量评价等内容，提出了景区形象优化的针对性建议[14]。阎友兵和郭亮宏采用情感分析和内容分析方法，对红色旅游游客情感特征进行了分析[15]。二是旅游意向与游客感知研究，Wang 等人利用百度旅游网站的评论文本数据，研究了旅游者对旅游目的地形象认知的差异和共性，探讨了影响旅游者对旅游目的地形象认知和感知的城市内部因素[16]。Yang 研究发现，旅游景点的受欢迎程度在旅游笔记和官方新闻中有所不同，政府和游客对旅游景区合作的偏好也存在显著差异[17]。宋振春等人从旅游跨文化交流的角度出发，研究了中国社会对于出境旅游的认知内容、特性以及与出境旅游发展过程的关系等[18]。彭丹和黄燕婷基于网络文本内容分析，研究了旅游地的景观意象、文化意象、地方意象和情感意象[19]。何月美等人对中国出境游客对马来西亚安全感知的内容与影响因素进行研究[20]。

从现有文献成果可以看出，文旅融合在大运河遗产研究中占有重要地位，其中有关主体开发利用的探讨相对较多，然而从受众客体角度切入研究大运河遗产体验的成果较少。本文基于文本分析方法，通过采集网络评论数据，研究大运河遗产旅游案例地的游客感知，分析游客对于青果巷历史文化街区（以下简称"青果巷"）的认知和情感倾向，以期为大运河文旅开发和可持续发展提供借鉴。

第二节　研究设计

一、研究区概况

青果巷地处常州老城区中部偏南地段，南临古运河，东起正素巷，西至晋陵中路,直通南大街商业中心,北至古村,占地约 8.7 公顷。街区内以明、清、民国时期的建筑为主,分布有名宅故居、祠庙殿宇、桥坊碑石、林泉轩榭、古井码头、戏楼剧场、学堂校舍,是常州国家历史文化名城的"活化石",呈现"河襟南北,街贯西东"的街巷形制和"古巷通幽,人家枕河"的江南神韵,素有"江南名士第一巷"之称。2021 年,青果巷(改建)入选江苏省级重点文旅产业项目,是研究大运河文化遗产旅游的重要节点和典型案例地。

二、数据收集与处理

本文选取数据量较大、可信度较高的携程网和马蜂窝网站作为数据来源。通过使用 Python 编写爬虫程序,从上述两个网站青果巷主页中采集用户评论数据,评论数据包括用户名、评论时间、评论内容、评分等字段。其中,携程网共采集有效评论数据 150 条,马蜂窝网共采集有效评论数据 61 条。

三、研究方法

(一)社会网络分析

社会网络分析(SNA)是 20 世纪 70 年代以来在社会学、心理学、人类学、数学、通信科学等领域逐步发展起来的一个研究分支。国内情报学领域一些学者已经利用社会网络分析方法,在竞争情报、知识管理、学科热点、引文分析、科研人员合著、网络链接、博客网络等方面展开了一系列研究。本文从社会网络的视角,分析青果巷历史文化街区各旅游要素之间的内在结构特征。

本研究使用 Gephi 软件对青果巷旅游要素进行社会网络分析。首先,提取高频关键词,即从青果巷评论数据中,抽取出现频次比较高的词语。在抽取高频词过程中,首先清理掉表情、空格、换行符等,然后借助 jieba 分词工具进行分词,通过 Python 统计每个词语的频次,在高频词统计过程中,只保留具有实际意义的名词和动词,并通过停用词典过滤停用词。其次,构建关键词共现矩阵。即在一条评论中两个高频关键词共同出现时,则记两者共现次数为 1,若下一条评论中又出现这 2 个关键词,则共现次数为 2,以此类推。将全部关键词两两共现次数计算出来,形成关键词共现矩阵。最后,将上一步的关键词共现矩阵输入到 Gephi 软件中,利用 Gephi 进行可视化,生成关键词共现网络。

（二）情感分析

情感分析是文本分类的一个分支,是对带有情感色彩（褒义贬义/正向负向）的主观性文本进行分析,以确定该文本的观点、喜好、情感倾向。情感分析通常可以分为基于机器学习的情感分析方法和基于情感词典的情感分析方法,前者依赖于人工标注训练语料来训练机器学习模型,通常在样本较大的情况下使用。由于本文选取的样本相对较少,适合使用基于情感词典的情感分析方法。因此,本文使用 ROST Content Mining 6 软件对青果巷的旅游评论进行情感分析,将青果巷的旅游评论数据,分行输出到一个文本文件中,通过软件读取评论文本,输出情感分段统计结果。

第三节　结果分析

一、词频分析

为有效获取青果巷游客的内在感知,本文对网络评论文本中的高频特征词按出现频次汇总排序,截取前 80 位统计如表 8-1 所示。

表 8-1 青果巷游客评论高频词统计

序号	高频词	词频	序号	高频词	词频	序号	高频词	词频	序号	高频词	词频
1	常州	95	21	南大街	12	41	古建筑	8	61	好看	6
2	青果巷	86	22	保留	12	42	保存	8	62	维修	6
3	历史	49	23	古老	12	43	居民	8	63	整修	5
4	建筑	39	24	门票	11	44	荆川	7	64	古巷	5
5	巷子	34	25	开放	11	45	小巷子	7	65	赵元任	5
6	文化	29	26	维护	11	46	老房子	7	66	史良	5
7	老街	28	27	周有光	10	47	集散地	7	67	古运河	5
8	名人	25	28	古色古香	10	48	破败	7	68	洋务运动	5
9	江南	25	29	店铺	10	49	底蕴	7	69	杨柳树	4
10	常州市	24	30	景点	10	50	刘国钧	6	70	同济	4
11	故居	24	31	景色	10	51	商业街	6	71	吴祖光	4
12	街巷	17	32	老城区	9	52	常州人	6	72	钱维城	4
13	改造	17	33	韵味	9	53	瞿秋白	6	73	吴瀛	4
14	运河	16	34	盛宣怀	9	54	古镇	6	74	钟楼区	4
15	特色	15	35	街道	9	55	游客	6	75	商铺	4
16	喜欢	15	36	城市	9	56	江南水乡	6	76	小店	4
17	保护	15	37	修缮	8	57	名士	6	77	拍照	4
18	房子	14	38	记忆	8	58	民居	6	78	白墙	4
19	古街	13	39	市中心	8	59	小吃	6	79	喝茶	3
20	小巷	13	40	免费	8	60	期待	6	80	桥站	3

由表 8-1 可以看出,游客感知基本能够反映青果巷的历史原貌和文化底蕴。第一,街巷形制和风貌。"建筑""巷子""老街"等高频词均排序前 10 位,"街巷""古建筑""保存""保护""保留""古巷"等多次出现,这充分说明了青果巷历史文化街区的打造定位,使之成为常州历史文化名城的地标和名片。第二,历史和名人文化。历史文化街区除了要保护好历

史建筑的外在躯壳,更要挖掘和保存承载的文化蕴含。"历史""文化""名人""故居"等高频词排序靠前,游客对青果巷历史文化形成深刻感知。"周有光""盛宣怀""刘国钧""瞿秋白""赵元任""史良""钱维城""吴祖光""(唐)荆川"等在评论文本中的频繁出现,再次证明了青果巷历史文化名人的地位和影响力,这也是常州名人名士文化的集中体现。第三,运河风光和遗产。"运河""古运河""记忆"是网络评论文本中的重要高频词,"居民""老房子""景色""景点""桥站"等也均能反映古运河风貌犹在,青果巷是大运河文化带常州段建设的重要节点。第四,江南风韵和特色。"江南""特色""古色古香""韵味""江南水乡"在很大程度上说明,青果巷是有别于其他历史文化街区的旅游目的地,当然历史文化的挖掘和呈现仍然是特色打造的内核所在。另外需要指出的是,"改造""维护""修缮""整修""期待"等高频词从侧面反映出游客对青果巷未来美好建设的渴望。

二、语义网络分析

词频分析只是反映青果巷游客感知的基本状况,为深入分析高频词间的内在联系以及感知维度间的结构关系,本文基于高频词之间的共现关系,使用 Gephi 软件绘制青果巷游客感知的语义网络图(见图 8 - 1)。其中,游客感知高频词为网络"节点",节点越大表明该词在游客评论中出现的频次越高;网络间的"连线"表示高频词之间存在共现关系,线条越粗则相应的共现次数越高,在游客感知中的关联更为密切。在此基础上,运用 Gephi 中的模块化算法对高频词间的语义关系进行聚类分析,最终识别出青果巷游客感知的核心模块。

高频词语义网络可视化分析显示,青果巷游客感知存在三个明显的话题聚类。一是多彩的自然人文景观。"运河""建筑""故居""江南""老街""巷子"等高频词与"青果巷"存在较强联系,形成第一中心聚集。运河

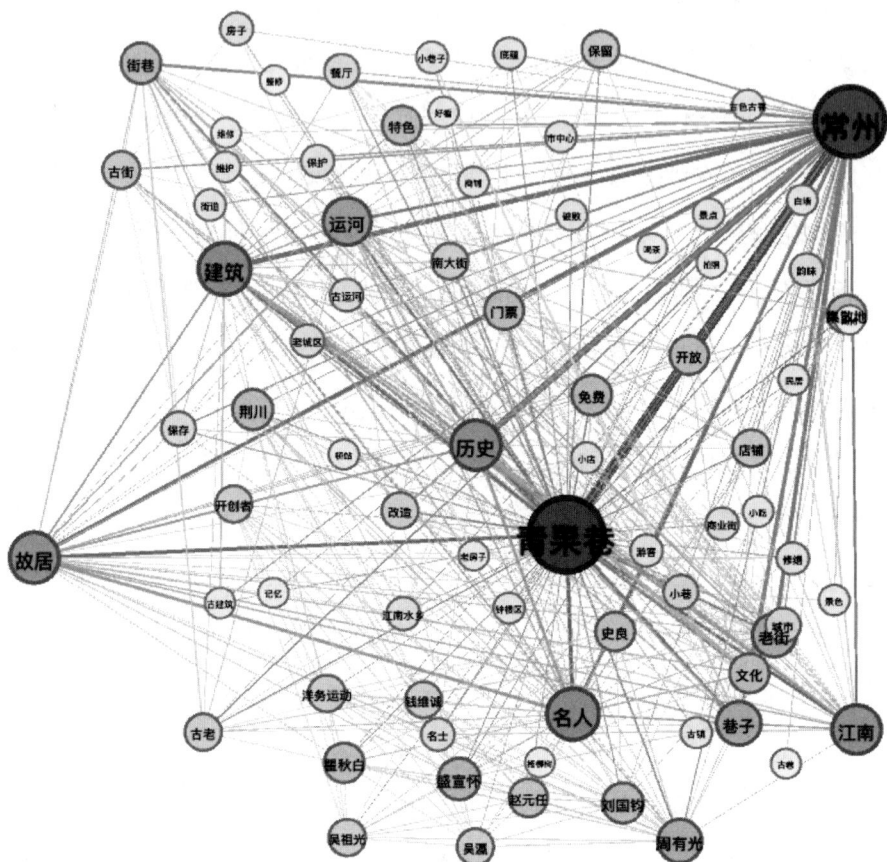

图 8-1　青果巷游客评论高频词语义网络

风貌、江南风情构成了青果巷独特的自然景观,老式建筑、旧时街巷、故居集群孕育着青果巷浓郁的人文情怀,正可谓"一条青果巷,半部常州史"。二是厚重的历史名人文化。"历史""文化"以及"赵元任""周有光""盛宣怀""刘国钧""(唐)荆川""史良"等名人名士高频词与"青果巷"存在较强关联,形成第二中心聚集。运河穿城而过,名人名士众多,常州具有明显优势的文化类型在青果巷得以集中体现,给游客留下了较强感知。三是综合性保护开发利用。"保留""开放""免费""改造""特色""店铺""南大街"等高频词与"青果巷"关联度高,形成第三中心聚集。青果巷历史文化街区的打造，除了科学保护街巷布局，合理修缮建筑群落，挖掘和传承悠久的人文历史以外，整合周边产业和配套资源进行综合性开发利用，也是游客的关注重点和期待内容。

三、情感倾向分析

情感倾向是判断游客满意与否的关键，也是塑造良好旅游目的地形象的重要参考。数据分析结果（表8-2）显示，绝大多数游客对青果巷呈现积极情绪。带有积极情绪的网络评论数占到80.57%，带有中性情绪和消极情绪的评论数分别为10.43%和9%。中性情绪更多反映游客对青果巷的中立评价，相较而言，通过分析游客积极情绪和消极情绪更有助于揭示青果巷的优势与不足，因此游客对青果巷持有较好的形象感知。值得强调的是，在带有积极情绪的网络评论中，高度积极情绪数量居多占到57.65%，这更加说明青果巷给游客留下了深刻而良好的印象。不过需要说明的是，本研究采集到的网络评论数相对较少，一定程度上反映出青果巷的知晓度和影响力仍然较弱，这说明青果巷历史文化街区的进一步打造尚有较大的潜力和空间。

表 8-2　青果巷游客感知的情感倾向

情感倾向	数量/条	比例/%	分段统计	数量/条	比例/%
积极情绪	170	80.57	一般（0～10）	28	16.47
			中度（10～20）	44	25.88
			高度（>20）	98	57.65
中性情绪	22	10.43	—		
消极情绪	19	9.00	一般（−10～0）	2	10.53
			中度（−20～−10）	10	52.63
			高度（<−20）	7	36.84
总　　计	211	100.00	—		

第四节 结论与讨论

推进大运河文旅融合发展,是加快建设大运河文化带的主要任务和实现路径。深入了解和全面评估大运河遗产的游客感知,能够为大运河文化的保护传承利用提供重要参考。本文借助 Python 爬虫技术采集青果巷游客评论数据,基于网络文本分析方法进行高频词、语义网络和情感倾向分析,研究大运河遗产的游客感知。主要研究发现有:① 游客感知反映出青果巷的历史原貌和文化底蕴。街巷形制风貌、历史名人文化、运河风光和遗产、江南风韵和特色体现淋漓尽致,同时游客对于青果巷的进一步打造充满期待。② 青果巷游客感知存在 3 个明显的话题聚类,包括多彩的自然人文景观、厚重的历史名人文化和综合性保护开发利用。③ 绝大多数游客对青果巷表现出积极情感,持有较好的形象感知。然而由于青果巷的知晓度和影响力偏弱,街区打造尚存潜力和空间。

基于上述研究结论,为更好地保护和利用大运河文化遗产,实现青果巷历史文化街区的深化打造,本研究建议如下。

一、坚持保护为先,实施战略规划

历史文化街区承载着城市的集体记忆和历史文脉,需保持历史真实性和风貌完整性。对青果巷进行科学保护整治,一方面要保留街区传统风格,保存建筑肌理和街巷布局;另一方面,要整治建筑环境和更新基础设施,保持居民生活的延续性。加强战略规划,划定核心保护区和建设控制区,确保整体环境的完整性。青果巷保护规划要形成以古运河风光和深宅名园为特色,以古运河文明、名人文化及传统人居文化为内涵,集居住、商业、旅游等功能为一体,集中体现典型江南水乡风貌特色的历史文化街区。

二、延展文化形态，加强资源联动

青果巷蕴含着厚重的人文历史、名人文化和运河文明，需深入挖掘内涵和灵活呈现，实现有效保护传承。工商文化、红色文化、美食文化、山水文明等地方文化形态的多元融入，无疑也会给青果巷注入血液和活力。青果巷地处城市中央和运河沿线，周边商业、文娱、旅游资源丰富，南大街、新世纪、吾悦等商业综合体以及场馆设施、红梅公园、天宁禅寺等文娱资源散落周边，与之形成良好互动。加强产业资源间的联动发展，发挥形象叠加效应，是青果巷历史文化街区可持续打造的重要保障。

三、探索活化更新，实现创新利用

坚持现代城市建设与文化遗产保护的和谐发展，是青果巷规划建设遵循的基本宗旨。结合青果巷发展特点，打造"红色青果"党建文化品牌，传承和创新红色文化。注重文旅融合，形成独具地方特色的旅游商业业态。引导鼓励企业、市民和社会组织以多种形式投资参与青果巷的保护和利用，建立严格规范的多重保护机制，共同推动城市历史文化的传承和延续。

本章参考文献

［1］Zhang F，Yang，L S，Leo X. A Study on the Distribution and Utilization of Recreational Resources Along the Grand Canal Culture Belt［J］. Chinese Journal of Urban And Environmental，2019，7(04)：1-15.

［2］Ji S Y，Choi Y，Lee C K，et al. Comparing willingness-to-pay between residents and non-residents using a contingent valuation method：Case of the Grand Canal in China [J]. Asia Pacific Journal of Tourism，2018，23(01)：79‐91.

［3］王秀伟.大运河文化带文旅融合水平测度与发展态势分析[J].深圳大学学报(人文社会科学版),2020,37(03)：60‐69.

［4］熊海峰,祁吟墨.基于共生理论的文化和旅游融合发展策略研究——以大运河文化带建设为例[J].同济大学学报(社会科学版),2020,31(01)：40‐48.

［5］张飞,杨林生,何勋 等.大运河遗产河道游憩利用适宜性评价[J].地理科学,2020,40(07)：1114‐1123.

［6］任云兰.加快推进天津大运河文化保护传承利用研究[J].城市发展研究,2021,28(01)：23‐26.

［7］孙静,王佳宁.大运河文化带文化产业发展的省际比较与提升路径[J].财经问题研究,2020,42(07)：50‐59.

［8］范周,言唱.大运河文化活化利用的协同创新网络构建研究[J].同济大学学报(社会科学版),2020,31(01)：29‐39＋59.

［9］李永乐,陈霏,华桂宏.基于网络文本的大运河历史文化街区旅游体验研究——以清名桥历史文化街区为例[J].南京社会科学,2021,32(02)：157‐165.

［10］张瑛,史凯静,刘建峰.基于网络游记的大运河文化遗产游客感知研究[J].地域研究与开发,2020,39(04)：79‐85.

［11］方田红,励栋磊.京杭大运河杭州段居民对旅游影响感知研究[J].华东理工大学学报(社会科学版),2017,32(05)：63‐72.

［12］Kim S，Lee W S. Network text analysis of medical tourism in newspapers using text mining：The South Korea case [J]. Tourism Management，2019，81(07)：332‐339.

［13］Li X，Law R，Xie G，et al. Review of tourism forecasting research with internet data [J]. Tourism Management，2021，83(04)(网络出版).

［14］吴妙薇,张建国,崔会平 等.诸葛八卦村游客行为特征与旅游体验评价研究——基于百度指数和网络文本分析[J].中国农业资源与区划,2019,40(12)：

259－267.

[15] 阎友兵,郭亮宏.基于网络文本的红色旅游游客情感特征研究——以韶山风景名胜区为例[J].湘潭大学学报(哲学社会科学版),2020,44(03)：131－136.

[16] Wang F，Lu L J，Xu L，er al. Alike but different：Four ancient capitals in china and their destination images [J]. International Journal of Tourism Cities，2020，6(02)：415－429.

[17] Yang Y. Understanding tourist attraction cooperation：An application of network analysis to the case of Shanghai，China [J]. Journal of Destination Marketing ＆ Management，2018，7(08)：396－411.

[18] 宋振春,赵彩虹,李旭东.中国出境旅游的社会认知研究——跨文化交流视角的网络文本分析[J].旅游学刊,2018,33(03)：75－88.

[19] 彭丹,黄燕婷.丽江古城旅游地意象研究：基于网络文本的内容分析[J].旅游学刊,2019,34(09)：80－89.

[20] 何月美,邹永广,莫耀柒.中国游客赴马来西亚的安全感知研究——基于网络文本分析[J].世界地理研究,2019,28(06)：200－210.

索　引